말하기 힘든 것에 대해 말하기

우치다 타츠루 **지음** | 이지수 **옮김**

서커스

목차

제3장

어른의 법도

제4장

어른의 상식

말하기 힘든 것에 대해
말하기

엄청나게 **긴**
서문

I

　오래 살며 깨달은 사실이 몇 가지 있는데, 그중 하나가 '옳은 이야기'를 한다고 해서 모두가 들어 주는 건 아니라는 점이다.

　이라크 전쟁 때 아사히신문 사설은 "영미군은 바그다드를 유혈이 낭자한 도시로 만들어서는 안 된다. 후세인 대통령은 국민을 방패로 삼으려는 생각을 가져서는 안 된다"고 썼다.

　이 문장은 전적으로 옳다.

　전적으로 옳지만, 대체 이 문장이 누구를 향해 말을 걸고 있는 것인지 나는 알 수 없었다.

　독자를 향해 말을 거는 걸까?

　아무래도 그건 아닌 듯하다. 왜냐하면 독자들은 영미군의 작전 내용에 말참견을 할 입장이 아니며, 후세인 대통령의 '생각'을 컨트롤할 능력도 없기 때문이다.

권한이 없는 사람에게 그런 말을 해봤자 소용없다.

독자들이 아니라면 이 기사는 대체 누구를 향해 쓴 걸까.

조지 부시? 아니면 사담 후세인?

설마.

"후세인 대통령은 국민을 방패로 삼으려는 생각을 가져서는 안 된다"는 건 아무리 상대가 흉악무도한 후세인이라도 무리한 요구다.

'생각을 가진다'는 것은 후세인의 머릿속에서 일어나는 일이며, 100퍼센트 후세인 씨의 자유다.

상대가 자기 자신이라도 머릿속에서 상상하는 것은 아무도 막을 수 없다. 하물며 타인의 머릿속이다. 타인은 그 안에서 일어나는 사고思考를 어찌할 도리가 없으며, 어찌해서도 안 된다고 나는 생각한다.

어찌할 수도 없는 일을 말해봤자 소용없다.

그럼에도 불구하고 그 '말해봤자 소용없는' 일을 이 논설위원은 술술 써내려갔다. 그리고 그 부분에 대해 본인은 아마도 위화감을 느끼지 않을 것이다.

이 사실 속에서 나는 우리 시대의 언설을 좀먹는 어떤 '병'의 징후를 감지한다.

내가 '병'이라 말하는 지점은 이 논설위원이 '말이 가닿게

하는 것'에 너무도 흥미가 없다는 부분이다. 그가 흥미를 지니는 부분은 '정론을 말하는 것'이며, 그 정론이 '가닿아야 할 사람에게 가닿는 것'에는 별로 관심이 없다.

하지만 이는 일의 순서가 뒤바뀐 게 아닌가?

영미군은 바그다드를 유혈이 낭자한 도시로 만들어서는 안 된다. 후세인 대통령은 국민을 방패로 삼으려는 생각을 가져서는 안 된다. 이 주장에 아사히신문 독자의 구십구 퍼센트가 즉시 동의할 것이다.

한데 이 논설위원은 독자 대부분이 '즉시 동의하는 의견'을 말하는 데 어떤 적극적인 의미가 있다고 생각하는 것인가? 나는 이 부분을 모르겠다.

"세계가 평화로워지기를 바랍니다"라는 기도의 말이 선의의 발현이라는 데 나는 어떤 의심도 품지 않는다. "법정속도를 지킵시다"든 "밝은 가정을 만듭시다"든 어떤 주장이라도 상관없다. 나는 이 주장들이 '옳다'는 것을 진심으로 인정한다. 하지만 이런 주장을 반복해서 크게 외치고, 간판으로 만들어 길모퉁이에 세우고, 신문 광고로 싣고, 텔레비전 광고로 내보냄으로써 뭔가 세상에 새로운 '선량함'이 태어날 것이라는 전망에는 동의할 수 없다.

이는 메시지 자체에 의미가 없어서가 아니라, 그 메시지가 '발송되는 방식'이 틀렸기 때문이다.

그 메시지는 누구를 향한 것도 아니다.

누구의 반론도 예기하지 않은 채 말하는 메시지란, 요컨대 누구에게도 향해 있지 않은 메시지다. '100퍼센트 옳은 메시지'는 종종 '어디에도 듣는 이가 없는 메시지'가 된다.

그러므로 나는 '메시지를 발신하는' 행위에 대해 가장 먼저 고려해야 할 사항은 그 메시지가 '올바를 것'이 아니라 '듣는 이에게 가닿을 것'이라고 생각한다.

Ⅱ

'옳은 의견이라면 반드시 가닿는다'는 순진한 생각에 동의하지 못하는 이유는 〈아침까지 라이브 텔레비전!朝まで生テレビ!〉이나 〈비트 다케시의 TV 태클ビートたけしのTVタックル〉* 같은 방송을 보면 알 수 있다.

그 정도의 논객이 다양한 의견을 말하는 만큼 그중 한 사람쯤은 '옳은 의견'을 말할 가능성이 있을 것이다. 하지만 누가 입을 열어도 그의 말은 반드시 반대 측에 의해 가로막히고 논

---

* 둘 다 일본의 정치 토론 방송.

박당하며 배척받는다. 어떤 사람이 입을 떼는 즉시 모두가 조용히 침묵하고 자신의 의견을 철회하며 그 사람의 말을 경청하는 광경을 나는 일찍이 단 한 번도 텔레비전 화면에서 본 적이 없다.

이 사실에 대해 가능한 설명은 두 가지밖에 없다. 이제껏 방송에 등장한 모든 논객이 '틀린 의견'을 말했든가, 아니면 '옳은 의견'이라고 해서 반드시 청자에게 '가닿는다'는 보장이 없든가, 둘 중 하나다.

나는 후자의 설명에 설득력이 있다고 생각한다.

'옳은 의견이라면 반드시 가닿는다'는 말을 나는 믿지 않는다. 그러나 그 반대 의견이 가닿을 경우, 그 의견에 '얼마쯤의 옳음'이 포함되어 있다는 것은 믿는다.

이를테면 '사랑한다'는 말이 있다.

우리는 이 말을 상당히 남용하는 경향이 있다.

나는 젊은 시절 연인에게 '사랑한다'는 말을 너무도 함부로 내뱉는 자신의 경박함을 반성한 적이 있다. 그리고 과감히 자신의 '내면'을 들여다보았다. 대체 어떤 심리적 근거가 있기에 '사랑한다'는 말을 이렇게 남발할 수 있나 해서 조사해본 것이다.

들여다본 나의 마음속에는 휑뎅그렁한 빈 굴이 펼쳐져 있었다.

놀랍게도 내가 습관적으로 입에 담았던 '사랑한다'는 속삭임에는 심리적 근거가 전혀 없었다(약간의 생리적 근거는 있었던 모양이지만).

나는 젊었으므로 이제 두 번 다시 이처럼 '무책임한 말'을 입에 담지 말아야겠다고 생각했다.

그래서 나는 여자 친구에게 이렇게 고했다.

"너를 사랑하는지 아닌지 잘 모르겠어. 하지만 '너를 사랑하는지 아닌지 잘 모르겠다'고 네게 고백하는 내 성실함만은 믿어줬으면 해."

물론 여자 친구는 화를 내며 떠나버렸다.

나는 여기서 다시 반성하는 사람이 되었다(젊은 시절에는 자주 반성하는 인간이었던 모양이다).

그리고 깨달았다.

나는 '사랑한다'는 기분을 정식으로 소유하고 있었기 때문에 '사랑한다'는 말을 입에 담았던 게 아니다. 그런데 '사랑한다'는 말을 입에 담으면 내 신체는 그에 호응하듯 뜨거워지고 목소리는 상냥해지며 기분이 온화해진다. 그와 동시에 여자 친구의 목소리도 상냥해지고 눈이 반짝반짝 빛나기 시작하며 피부가 매끈해진다.

나는 '사랑한다'는 말이 불러일으키는 그 효과를 '사랑했던'

것이다.

'사랑한다'란 내 안에 이미 존재하는 어떤 감정을 형용하는 말이 아니라, 그 말을 입에 담기 전에는 거기에 없었던 것을 창조하는 말이었다.

일의 순서가 뒤바뀐 듯하지만 사실 이래도 된다. 이 세상은 의외로 그런 곳이다. 그러므로 연인들이 질리지도 않고 "사랑해" "사랑해" "사랑해"라고 끊임없이 속삭이는 것은 이치에 맞는 행동이다. "네가 나를 사랑하는 건 알았으니까 이제 다른 이야기 좀 하지 않을래?"라고 할 수는 없는 노릇이다.

'분노' 역시 마찬가지다.

사람들은 인간이 화를 낼 때는 그 내면에 실체로서의 견고한 '분노의 감정'이 존재한다고 믿는다. 먼저 '분노의 감정'이 있고, 그 감정이 말이나 몸짓을 통해 '표현'되는 거라고.

정말로 그럴까.

당신은 분노의 말이나 분노의 몸짓을 '우선' 드러냈더니 그 '뒤'에 자신의 내부에서 분노의 감정이 끓어오르는 것을 느꼈다, 라는 순서의 전도를 경험한 적이 없는가? 무심코 입 밖으로 튀어나온 격한 분노의 말에 '이끌려' 분노의 감정에 불이 붙어서 아무리 해도 멈출 수 없었던 경험은 없는가?

그렇기 때문에 "가는 말이 고와야 오는 말이 곱다"는 속담이 있다. 상대가 입에 담은 말에 '이끌려' 내 입이 '할 생각이 없었던 말'을 멋대로 내뱉는 경우가 있다. 이때 내 두뇌는 이미 나의 언어활동을 완벽하게 컨트롤하지 못한다.

'기세 좋게' 말할 때도 상황은 비슷하다. '다음에 어떤 말을 해서 상대를 찍소리 못하게 만들어줄까' 하고 일일이 생각하며 '기세 좋게' 말할 수는 없다. 그것은 사고의 속도보다 혀의 회전 속도가 빨라지는 언어활동이다. 혀가 두뇌의 통제를 벗어나 자율적인 운동을 시작하여 그것이 그 자리에서 인간관계를 구축해나간다(혹은 파괴해나간다). 그리고 우리의 두뇌는 그것을 이제 어찌할 수 없다.

나는 '마음속 감정 그 자체'와 '신체화한 감정표현' 사이의 관계를 '먼저 감정이 존재한 뒤 그것이 표현된다'는 순서로 생각하지 않는다. 그 둘은 더욱 밀접하게 얽혀 있을 것이며, 경우에 따라 '감정표현'이 선행하고 '감정'이 그것을 뒤쫓는 일도 있을 것이다.

Ⅲ

'옳은 의견을 말하는 것'과 '말이 가닿는 것' 사이의 관계도 이와 비슷하다.

중요한 건 '말 자체가 발화자 입장에서 수미일관하며 논리적으로 엄정한 것'보다 '그 말이 듣는 이에게 가닿아서 거기서 무언가가 시작되는 것'이다.

가령 별로 사랑하지 않는데도 "사랑해"라고 말해서 그 말의 효과로 인해 말한 본인도 사랑하는 듯한 마음이 들었고, 들은 사람도 기분이 좋아져서 태도가 눈에 띄게 호의적으로 변했으며 마음씀씀이도 세심해졌다고 치자. 그런 식으로 두 사람이 전보다 사이가 좋아졌다면 '사랑한다'는 말에 현실적인 의미가 있었던 셈이 된다.

반대로 마음속에 사랑의 불꽃이 타오르고 있다 한들 열정을 담아 쓴 러브레터를 매일 쓰레기통에 던져 넣기만 한다면 아마 그 사람의 신상에는 아무 일도 일어나지 않을 것이다.

옳은 의견만 말하기를 바라는 사람은 '이미 옳다는 사실을 알고 있는 것'만 말하려 한다. 그러나 그 사람은 '사랑한다'는 말을 '100퍼센트 순수한 애정'이 자신의 마음속에 있다는 사실을 확인한 경우에만 입에 담기로 결심한 탓에 여자 친구가 떠나버린 어리석은 자와 어딘가 닮지 않았는가.

옳은 의견만 말하기를 바라는 사람은 '누구도 다른 의견을 내지 않을 정도로 옳은 것'만을 선택적으로 말하게 된다. 하지만 그 경우 할 수 있는 말은 "모두가 행복하게 살면 좋겠네"라든지 "세계가 평화로우면 좋겠네"라는 식의 무난한 의견이 될 수밖에 없다.

그렇다면 어떻게 '모두가 행복하게 살 수 있게' 되는가? 어떻게 하면 '세계가 평화로워지는'가? 그 부분을 구체적으로 이야기해 달라고 하면 '옳은 의견을 말하는 사람'은 우물쭈물한다. 구체적인 문제로 들어가면 그 즉시 다른 의견이 쇄도하기 때문이다.

'후세인 대통령은 국민을 방패로 삼으려는 생각을 가져서는 안 된다'는 의견은 옳다. '김정일은 도쿄를 불바다로 만들려는 생각을 가져서는 안 된다'는 의견도 마찬가지로 옳다.

하지만 그렇다면 어떻게 후세인이나 김정일의 '생각'에 영향을 줄 것인가에 대한 합의를 형성할 때, 이 의견의 '옳음'은 거의 관여하지 않는다. 포괄적으로 '옳은 것'을 말하는 사람이 반드시 개별적이고 구체적인 국면에서 '적절한 판단'을 내리는 사람은 아니라는 것을 우리는 다들 알고 있다.

그러한 국면에서 '적절한 판단'을 내릴 가능성이 높은 사람은 '후세인 대통령은 국민을 방패로 삼으려는 생각을 가져서는 안 된다'는 포괄적인 명제를 말하고 끝내는 이가 아니라, '후세인 대통령에게는 국민이라는 방패를 이용하는 것 말고 어떤 정치적 선택지가 있는가?'라든지 '러시아는 어떤 조건이라면 후세인 대통령의 망명을 받아들이고 그 재산과 신변상의 안전을 보장할 것인가?'라는 식의 개별적 질문으로 논의의 수준을 옮길 줄 아는 이다.

하지만 '옳은 것'을 고집하는 사람은 이를 꺼린다. 왜냐하면 그렇게 되면 언젠가는 구체적인 제언을 해야 하며, 구체적인 제언을 하면 반드시 누군가가 다른 의견과 대안을 내기 때문이다.

'옳음'은 전면적인 부정에 의해 조금도 손상되지 않는다('세계에 평화를'이라는 주장을 전면적으로 부정하는 입장은 '세계에 전쟁을'뿐인데 그런 악마적인 주장을 지지하는 인간은 우리 주위에는 거의 없다). 그러나 구체적인 제언(이를테면 '미국에 모든 군사력을 집중시킴으로써 세계에 평화를'이라는 식의 제언)에는 즉시 다른 의견이나 대안이 나온다.

그러면 그 주장의 '옳음'은 구체적이었던 만큼 손상된다.

따라서 옳은 말만 하고 싶어 하는 사람은 필연적으로 '구체적인 말'을 하지 않게 된다. 그러면 대체 누가, 어떤 자격으로, 누구를 향해 말하고 있는지도 불분명해진다.

지금 우리 사회는 그런 '구체성이 결여되어 누구를 향해 말하는지 알 수 없지만' 이의를 제기하지 못할 정도로 '옳은 의견'으로 가득하다. 신문 사설부터 뉴스 해설, 대신이나 관료의 국회 답변, 텔레비전 인생 상담까지 그런 의견투성이다.

Ⅳ

1년쯤 전부터 여러 출판사나 미디어에서 "젊은이에게 호되게 설교하는 책을 써주세요"라는 주문이 빗발쳤다.

어째서 내게 그런 주문을 하는지 영문을 모르겠다. 그도 그럴 것이 '젊은이에게 호되게 설교하는 책'은 지금도 산더미처럼 나와 있기 때문이다.

그러나 아무래도 젊은 사람들은 '그런 책'을 별로 읽지 않는 모양이다. '그런 책'을 쓰는 사람도 출판하는 사람도 읽는 사람도, 그러고 보면 젊은이들이 아니다. 그런 책은 '어른을 위해 쓰인 젊은이를 헐뜯는 책'이다. "요즘 젊은 애들은 정말로 변변치 못해요" "맞아요, 눈 뜨고 보기 힘들죠"라는 식의 내용이 쓰인 책이 절반이 넘는 것 같다.

이는 NHK 교육방송에서 가끔 방영되는 '중학생의 속마음'을 보여주는 프로그램의 시청자 대부분이 중학생들이며, 원래라면 그 속마음을 경청해야 할 어른들은 그런 방송을 거들떠보지도 않는 사태와 대조적이다.

어째서 세대가 다르고 가치관이 다르며 살아가는 태도가 다른 사람들에 대한 '속마음'이나 '설교'가 같은 세대의 집단 내부에서만 순환적으로 소비되어 원래의 청자에게는 가닿지 않는 것일까?

여기에는 상당히 깊은 문제가 있을 것 같다.

스페인의 철학자 오르테가 이 가세트Ortega Y Gasset는 일찍이 '시민'의 책무에 대해 다음과 같이 썼다.

> (생략) 문명은 무엇보다 우선 공동생활을 향한 의지다. 타인을 고려하지 않으면 않을수록 비문명적이고 야만적이다. 야만이란 분해를 향한 경향이다. 그러므로 모든 야만적인 시대는 인간이 분산되는 시대이며, 서로 분리되어 적의를 가지는 소집단이 만연한 시대다.
>
> (중략)
>
> 자유주의는 (생략) 최고로 관대한 제도다. 왜냐하면 그것은 다수파가 소수파에게 인정해주는 권리이기 때문이며, 따라서 지구상에 메아리친 가장 고귀한 외침이다. 그것은 적과, 심지어 약한 적과 공존하는 결의를 선언한다. (생략)
>
> (생략) 적과 함께 산다! 반대자와 함께 통치한다!
>
> (오르테가 이 가세트 『대중의 반역』)

오르테가가 이렇게 쓴 것은 지금으로부터 70년 정도 전이지만, 내게는 이 문구가 거의 그대로 현대의 우리 사회에도 해당하는 이야기로 들린다.

내가 이 가운데 특히 유의하고 싶은 부분은 "약한 적과 공존

한다"는 대목이다.

'강한 적'과는 누구나 공존할 수밖에 없다. 쳐부수고 싶어도 쳐부술 수 없으므로 '강하다'고 일컬어지는 것이며, 우선은 공존하거나 종속하는 것 말고 우리의 선택지는 없다.

그러나 '약한 적'은 그 생살여탈권이 우리 쪽에 있다. 우리는 그를 배제할 수도 박해할 수도 차별할 수도 있다.

하지만 그 마음을 자제하고 '적과 함께 살면서 반대자와 함께 통치하는' 것이 시민의 기본적인 자세라고 오르테가는 썼다.

나는 이러한 사고방식이 지금의 우리 사회에 가장 결여된 요소가 아닐까 생각한다.

V

내가 '애국심'이라는 말을 들을 때 늘 생각하는 것은, 과연 애국자를 자칭하는 사람들에게 오르테가적 의미로 '시민'의 자격이 있는가 하는 것이다.

우리 사회에는 자신의 '애국심'을 특별히 자랑하며 "국기를 게양하라, 국가를 불러라, 황실을 경애하라"고 주위 사람들에게도 애국의 몸짓을 강요하는 이들이 있다. 그러나 그때의 '국가'란 무엇인가? 그들은 사사건건 '일본의 국익'을 말하는데, 그때의 '국익'이란 누구의 이익인가?

일본의 '국익'을 논할 때 그들은 '자신의 의견에 반대하는 인간'을 '일본인'으로 치지 않는다. 자신의 의견에 반대하는 사람은 간단히 '비국민'이라고 잘라내 버린다. 그들에게는 '자신에게 찬성하는 사람'만이 '일본 국민'이며, 자신에게 반대하는 사람은 이익을 지켜줘야 할 '일본 국민'에 포함시키지 않는다.

'국가'가 자신의 '일가'만으로 구성되는 공동체라면 '나라를 사랑하는 것'은 간단하다. 누구라도 할 수 있다. 하지만 그런 '애국심'은 '애기심愛己心'과 거의 다를 바 없지 않은가.

만약 자기 자신이 너무나 좋아서 자신을 지키고 자신의 이익만을 최우선으로 생각하는 것만으로는 부족해서 '나의 깃발'을 집에 매달고 '나를 찬양하는 노래'를 소리 높여 부르는 사람이 있다면 그 녀석이 '바보'라는 건 누구나 안다.

'일본 국민'은 자신과 정치적 의견이 같은 사람뿐이며, 그렇지 않은 사람의 의견이나 이해는 고려하지 않는다고 거리낌 없이 말하는 '애국자'는 본질적으로 '애기자'와 다를 바 없는 바보다.

'국익'이나 '공익'을 규정하기 곤란한 이유는 우리가 자신을 반대하는 사람, 적대하는 사람이라도 그 사람이 같은 집단의 멤버인 한 그들의 이익도 대표해야 하는 의무를 짊어지고 있기 때문이다. 반대자나 적대자를 포함하여 집단을 대표하는 것, 그것이 '공인'의 일이며, 반대자나 적대자를 잘라 낸 '자신의 지지자들만' 대표하는 사람은 '공인'이 아니다. 아무리 규모가 큰 집단을 이끌어도 그는 '사인私人'일 뿐이다.

오르테가는 자신의 의견에 반대하는 사람, 자신과 정치적 입장이 다른 사람, 자신의 이익을 해치는 사람이라도 그가 '같은 일본 사회'의 구성원인 한 그 사람은 '동포'이고, 그의 권리를 지키고 그의 이해를 대표하는 일이 자신의 일이라고 단언할 수 있는 사람만이 엄밀한 의미의 '공인', 즉 '시민civis'이라고 생각했다. 나는 그 생각을 지지한다.

그렇다 해서 나를 간단히 '다민족 공생'이나 '다문화 혼재'를 주장하는 '진보파'로 꼽는 것도 곤란하다.

왜냐하면 '다민족 공생'을 주장하는 분들 역시 그 '다민족' 가운데 '약한 적'이 포함되어 있다는 사실을 인정하려 하지 않기 때문이다.

마음씨 좋은 다민족 공생론자들은 참으로 태평하게 '타자'라는 말을 입에 담는다.

'타자와의 공생' '타자를 향한 열림' '타자와의 커뮤니케이션'…… '타자'라는 말은 마치 그들의 지적 성실성이나 커뮤니케이션 감도를 증명하기 위한 '성능 증명서'처럼 취급받는다.

물론 피부색이 다르고 언어가 다르고 생활 습관이 다르고 종교가 다르지만, 그럼에도 '마음이 서로 통하는' 사람들은 적지 않다(내게도 피부색이 다른 친구는 얼마든지 있다).

그러나 모든 '타자'가 호의적인 것은 아니다.

우리의 '동포'인 '타자' 중에는 '내 의견에 반대하는 사람, 나와 정치적 입장이 다른 사람, 내 이익을 해치는 사람, 나의 자기실현을 가로막는 사람'이 포함되어 있다.

'동포'에는 나와 정치적 의견이 같은 사람만 있는 것도 아니고, 또 '나'의 자기중심성을 심문하고 나를 윤리적으로 드높이며 나의 커뮤니케이션 감도를 개선해주는 교화적인 '타자'만 있는 것도 아니다. 동포에는 우리에게 그 어떤 '좋은 것'도 주지 않을 뿐만 아니라 오히려 사사건건 우리의 생활을 방해하는 '불쾌한 이웃들'도 포함되어 있다.

'불쾌한 이웃들'. 그것이 오르테가가 '약한 적'이라는 말을 빌려 나타낸 구체적인 의미다.

그런 '불쾌한 이웃들'과 공생하고 그 이익을 배려하며 그 권리를 옹호하는 것, 그것이 '시민'의 조건이라고 오르테가는 말한다.

'사인'으로서는 불쾌할지언정 '시민'으로서는 해야 하는 일이 있다. 그 모순을 견디는 것이 '공사의 구별'이다.

보수파든 다민족 공생파든 '옳음'을 주장하는 사람들의 공통점은 '불쾌한 이웃'을 셈에 넣으려 하지 않다는 것이다.

그들은 양쪽 다 '성의의 집행'을 본질적으로 '쾌적한 것'으로서 구상한다.

한쪽 사람들에게는 모든 국민이 일장기를 휘두르고 〈기미가요〉를 절창하며 니주바시*에서 절을 하는 사회가 '옳음'의 이상향이다.

다른 한쪽에게는 온갖 인종적, 민족적, 종교적 차이를 뛰어넘어 단 하나의 '정치적 올바름' 속에서 모든 구성원이 편히 쉬는 사회가 '옳음'의 이상향이다.

둘 다 '옳음'이 성취되면 '매우 쾌적한 사회'가 오리라 생각한다.

하지만 이 두 종류의 사람들은 대체 어떤 근거가 있기에 '옳음'의 실천은 그 자체로 '쾌적'하며, '옳은 일'을 성취하면 '쾌적한 사회가 실현된다'고 믿을 수 있는 것일까.

오르테가가 넌지시 하는 말은 '시민으로서 옳은 행동'이란 대부분의 경우 '불쾌함'을 견디는 일이라는 것이다.

법규를 지키고 미풍양속을 따르며 사리의 추구를 자제하고 욕망의 실현을 억제하는 것이 시민으로서의 '옳은 행동'이다. 그리고 그 '인내' 가운데 으뜸가는 것이 '약한 적'과의 공생이

---

* 일본 천황이 사는 궁성인 고쿄 안에 있는 다리의 통칭.

다.

아무리 생각해도 그것이 유쾌한 경험일 리 없다.

그것은 나의 예로 말하자면 야스쿠니 신사에서 머리를 조아리는 사람들의 심정을 헤아리는 동시에 김정일에게 충성심을 품고 있는 재일조선인의 권리도 존중하지 않으면 곤란하다는 성가신 배려를 뜻한다.

'사인으로서의 나'에게 그들은 양쪽 다 '불쾌한 이웃'이다. 하지만 유감스럽게도 그들은 틀림없는 나의 '동포'다. 그러므로 '시민으로서의 나'는 그들의 이데올로기적 일그러짐을 포함하여 그 심정을 존중하고, 그들의 정치적 잘못을 포함하여 그 정치적 자유를 보장해야만 한다. 오르테가가 우리에게 바라는 것은 '그런 일'이다.

우리는 '사인으로서 불쾌한 일'이 종종 '시민으로서의 책무'가 되는 상충된 상황 속에서 살아가기를 요구받는다.

그러므로 '성가신 일'이라고 말씀드리는 것이다.

하지만 '대립하는 사람이 포함된 집단을 대표한다'는 이 '성가신 일'이야말로 '시민'의 기본적인 책무라는 것이 우리 사회의 '상식'으로 등록될 때까지, 나는 이 이해하기 까다로운 주장을 계속 반복할 수밖에 없다.

VI

어째서 내가 오르테가 이야기를 장황하게 늘어놓는지 모르겠다는 독자도 있을 수 있으니 다시 한 번 처음 문제로 되돌아가자. 나는 이렇게 썼다.

어째서 세대가 다르고 가치관이 다르며 살아가는 태도가 다른 사람들에 대한 '속마음'이나 '설교'가 같은 세대의 집단 내부에서만 순환적으로 소비되어 원래의 청자에게는 가닿지 않는 것일까?

여기에는 상당히 깊은 문제가 있을 것 같다.

세상에 유포되는 '설교 책'은 결국 '저자와 같은 의견을 가진 독자'를 선택적으로 지향한다.

'어른들'은 '젊은이들'의 의견이나 이해를 대표할 마음이 없으며, '젊은이들'은 '어른들'의 의견이나 이해를 대표할 마음이 없다.

같은 일본 사회에서 옷깃을 맞대고 살아가면서도 '어른들'과 '젊은이들'은 서로를 '동포'로서, 다시 말해 '약한 적'으로서 받아들일 마음이 없는 것이다.

그러므로 그들은 저마다 '자신의 의견에 찬동해주는 사람'만을 청중으로 삼고, 자신과 이해관계가 같은 사람의 이익만을 대표하여 말하기에 머물러 있다. 그것을 끝없이 반복한다.

하지만 이는 자신과 정치적 의견이 같은 사람만 '동포'로 인지하는 자칭 '애국자'들과 똑같은 정신 구조 아닌가?

나는 그래서는 곤란하다고 생각한다.

그래서는 곤란한 일을 우리는 이 반세기 동안 뼈에 사무치게 경험했다.

현실 사회는 '자신의 의견에 찬동해주지 않는' 무수한 사람들을 포함하고 있다. 그들을 통째로 무시하고 일을 진행시키는 것은, '이야기는 간단'할지도 모르겠지만 실효성이 거의 없다.

현실이 복잡할 때는 이야기도 복잡하게 하는 것이 일의 순서다.

현실의 복잡함과 '이야기'의 복잡함이 딱 맞아 떨어질 때 세계는 아주 명쾌해질 것이다. 물론 그런 일은 현실에서는 일어나지 않는다. 하지만 그것을 목표로 삼는 게 '일의 순서'라고 나는 생각한다.

우리는 '자신의 의견에 동의해주지 않는' 사람들과 공생해나가야 한다.

이를 위해서는 아무래도 우선 '우리는 자신의 의견에 동의해주지 않는 사람과도 공생해나가야 한다'는 부분에 대해서 '만'은 합의를 형성해두지 않으면 곤란하다.

어떤 회의든 그렇지만, 회의를 하는 목적은 한 제안에 대해

동의를 구하기에 앞서 우선 '무언가를 결정할 때는 합의를 하는 편이 좋다'는 의견에 대한 합의를 형성하는 것이다. 먼저 필요한 일은 개별적인 사안에 대한 합의가 아니라 '합의하는 것의 중요성에 대한 합의'다.

이 두 합의는 수준이 다르다.

그리고 나는 '합의하는 것의 중요성에 대한 합의'만 형성된다면 그다음은 세상이 어떻게든 굴러간다고 생각한다.

이미 이야기가 복잡해지기 시작했지만, 이것이 '일의 순서'이므로 이 정도는 참아주시지 않으면 곤란하다.

이 책이 상정하는 독자는 '젊은이들'이다. 그러나 나 자신은 '젊은이'가 아니므로 '젊은이들'이 내 의견에 찬동해주는 것은 그다지 기대하지 않는다(전혀 기대하지 않는다고 해도 좋다). 하지만 그럼에도 불구하고 나는 '젊은이들'에게서 '합의하는 것의 중요성에 대한 합의'만은 어떻게든 이끌어내고 싶다.

그 일을 어떻게 이루어낼 것인가.

VII

제2차 세계대전 동안 미국의 문화인류학자 루스 베네딕트는 훗날 일본문화론의 고전이 될 『국화와 칼』이라는 리포트를 썼다. 베네딕트에게 일본사회론 집필을 의뢰한 것은 미 국무부였다. 종전 뒤 일본 점령 정책을 효과적으로 실시하기 위해 일본인의 규범의식이나 조직론, 미적 감수성에 대한 '학술적' 데이터가 필요했기 때문이다.

혹은 그러한 문화인류학적 사찰이 오르테가가 '약한 적'이라고 이름 붙인 '동포들'과의 공생을 위한 최초의 일일지도 모른다. 왜냐하면 '적'의 발상법이나 행동 패턴을 모르는 사람과는 타인이든 동포든 공생할 도리가 없기 때문이다.

내가 이 책에서 하고자 하는 것은 어떤 의미로 베네딕트의 일과 조금 비슷하다.

그것은 '적'의 심정을 이해하고, 그 민족지에 실릴 법한 기이한 풍습의 체계성을 해명하고, 그 트라우마의 내력을 알고, 그 정치적 억단의 '주관적 합리성'을 확고히 하는 일이다(이를테면 베네딕트는 일본인에게는 '의리와 인정을 저울에 달면 의리가 무거운' 이유에 대해 실로 합리적인 해석을 시도한다).

단, 착각하지 말아주셨으면 하는데(아마 오해하고 있겠지만) 내가 이 책에서 하려는 일은 '요즘 젊은이의 사고와 행동'을 조사하는 것이 아니다. 그런 종류의 정보라면 주간지나 월간지에서 질릴 만큼 읽을 수 있으며, 원래 사회학자가 몹시 좋아하는 영역이므로 그런 부분에 이제 와서 책으로 낼 정도의 새로운 정보는 아무것도 남아 있지 않다.

내가 하고자 하는 것은 그 반대의 일이다.

내가 하고자 하는 것은 '어른의 사고와 행동'이란 무엇인지에 대해 '젊은이들'에게 인류학적 리서치 리포트를 제출하는 일이다.

"여러분, 어른은 이런 식으로 생각하고 이런 식으로 행동합니다. 이상하지요? 하지만 거기에는 주관적으로는 합리적인 이유가 있답니다. 설명하겠습니다."

이런 내용을 젊은 분들에게 알리려는 것이다.

이는 몹시 드문 종류의 문서다. 혹은 '전대미문'이라 해도 좋을지 모른다.

대개 '어른의 사고와 행동'에 관한 정보는 '리포트'라는 형식으로는 주어지지 않기 때문이다. 그것은 '교육'이라는 회로를 통해 '젊은이들'에게 반강제적으로 주어진다.

지금까지 '어른의 사고와 행동'은 "어른은 여차저차 이런 식으로 행동하는 존재다. 그러니까 잠자코 어른이 하는 말을 듣고 어른이 하는 행동을 따라 해라"라는 수행적 명령을 동반한 형태로만 서술되었다.

나는 그와는 다른 일을 하려 한다.

왜냐하면 내가 '어른'이 아니기 때문이다(엄밀히는 '아직 어른이 아니기' 때문이다).

나는 '어른의 사고와 행동 전문가'인데, 이는 나 자신이 '어른이란 무엇일까?'라는 의문에 집착하여 이제까지 오랜 시간을 들여서 그것을 집중적으로 연구해왔기 때문이다.

루스 베네딕트가 일본인이 아니듯, 장 앙리 파브르가 곤충이 아니듯, 오카다 도시오*가 울트라맨이 아니듯, 나는 어른이 아니다. 그러나 어른에 대해서는 매우 자세히 안다.

이 책은 그러한 '어른 문화의 전문가'가 쓴 '적의 동정을 시찰한 리포트'로서 젊은 분들이 읽어주셨으면 한다. 본문 여기저기서 저자인 나 자신이 '어른'인 양 말하는 대목이 조금씩 보이겠지만, 이는 문화인류학에서 현지어에 정통한 통역이 '현지 언어 자료 제공자informant'의 발언을 '나는……'이라고 통역하는 것과 마찬가지이므로 별로 신경 쓰지 마시기를.

서문이 몹시 길어져 면목 없다.

그럼 본론으로 들어가자.

---

* 〈신세기 에반게리온〉으로 유명한 애니메이션 회사 가이낙스의 설립자. 오타킹(오타쿠+킹)이라는 별명으로 널리 알려져 있으며 〈돌아온 울트라맨 매트애로mat arrow 1호 발진 명령〉이라는 8mm 인디 영화의 각본을 썼다.

제 1 장

처음으로 어른이 되는
사람에게

교육 상실과 에구치 히사시 현상

샐러리맨 1년차인 하라가 도장에서 돌아오는 길에 느닷없이 "선생님, 어째서 우리 세대 사람들은 이다지도 교양이 없을까요?"라고 물었다.

하라는 어떤 화제든 '느닷없이 핵심'을 찌르는 질문을 해서 말문이 막히게 하는 인물이다. 하지만 어떤 질문이든 순식간에 대답해낸다는 것이 내가 스스로에게 부과한 규칙이므로 즉시 대답했다.

"그건 자네 세대가 다른 세대에 대해 닫혀 있기 때문일세."

하라는 곤란한 표정으로 다시 질문했다.

"세대가 닫혀 있다는 건…… 무슨 뜻입니까?"

설명하겠다.

'같은 세대끼리만 통하는 화제'로 분위기가 달아오르는 것은 상당히 유쾌한 일이다. 고등학교 동창회 등에서는 이미 30년도 더 된 일인데도 아직까지 "그때 너 사기꾼이 불러내서 정학 먹었잖아"라는 등의 화제가 다시 등장한다.

딱히 기억이 흐려져서 정학을 먹은 게 나인지 헨미인지(혹은 둘 다인지)를 확인하기 위해 이야기하는 것은 아니다. 자신들이 '동일한 시간을 공유했다'는 사실을 확인하기 위해 이야기하는 것이다.

그러므로 거기서 언급되는 화제는 정학 같은 스펙터클한 사건일 필요는 없다. 오히려 화제가 사소하면 사소할수록 '동일한 시간을 공유한 감각'은 명확하고 리얼해진다. "그때 헨미가 중간에 낀 패를 기다리다가 아키라가 낸 패로 최고점으로 이겼잖아(폭소)"처럼, 기억하고 있어도 아무 쓸모없는 추억이 같은 세대끼리 분위기가 달아오른 자리에서는 존중된다.

그건 딱히 신기한 현상이 아니라 옛날부터 그래왔다. 오즈 야스지로 감독의 영화에서도 동창회의 화제는 그런 종류뿐이다.

술집에서 옆자리 학생들의 분위기가 이상할 정도로 달아올라 있기에 대체 어떤 화제인가 싶어서 귀를 기울여봤더니 1990년대 텔레비전 만화영화에 관한 이야기였다. 그것도 오후

다섯 시 무렵에 방영된 상당히 마니악한 방송에 대해, 스토리의 디테일을 이야기하며 몹시 흥분하고 있었다.

꽤나 배타적인 화제라고 생각했다.

그도 그럴 게, 오후 다섯 시에 방영되는 만화영화를 볼 수 있는 건 기껏해야 중학생까지다(그런 시간에 텔레비전 앞에 앉아 있을 수 있는 어른은 어지간한 사정이 있는 분뿐이다).

다시 말해 이 화제는 단순히 '마이너하고 코어한' 게 아니다. 화제 선정 자체가 '세대 한정적'이다.

술집 옆자리에서 젊은이들은 '다른 세대에게는 구조적으로 공유될 수 없는 화제'만을 끝없이 계속 선택했다. 아마 그 '배타성'이 그들에게 일종의 '공생감共生感'을 담보해줄 것이다.

내가 보기에 이 경향은 '단카이 세대'[*]에서 아래로 내려갈수록 점점 짙어지는 것 같다. 특히 지금의 마흔 살 정도부터 그 경향이 한층 두드러지지 않을까.

이 경향을 나는 '에구치 히사시 현상'이라 이름 짓고 싶다.

어째서 그렇게 이름 짓는지에 대해 다음에서 그 내력을 밝히겠다.

에구치 히사시가 20년쯤 전《소년 점프》에 나타났을 때의

---

[*] 제2차 세계대전 직후(1947~1949년)에 태어난 일본의 베이비붐 세대.

충격을 나는 지금도 뚜렷이 기억한다.

충격을 받은 이유는『나아가라!! 해적』의 등장인물이 '다운 재킷'을 입고 있었기 때문이다.

만화의 등장인물이 '그 시즌에 유행한 옷'을 입고 나온 것은 일본 만화 역사상 에구치 히사시가 처음이다(아마도).

나는 그때《소년 점프》를 손에 쥐고 "오오오" 하고 일어선 뒤 아내(당시에는 그런 존재가 있었다)에게 "에구치 히사시는 천재야!"라고 흥분해서 연설했던 것을 지금도 선명하게 기억한다(전혀 상대해주지 않았지만).

만화에 대해 잘 모르는 분도 있을지 모르니 설명하자면, 전통적으로 만화는 '시대를 초월한' 것이어야만 했다. 즉 만화 속에는 '특정 시대 고유의 것', 다시 말해 '그 시대가 지나면 사라져서 다른 시대의 독자에게 함의가 통하지 않는 것'은 그려넣어서는 안 된다는 불문율이 있었다.

에구치의 데뷔와 거의 같은 시대의 만화―가령 데즈카 오사무의『블랙 잭』이나 야마모토 스미카의『에이스를 노려라!』, 혹은 오시마 유미코의『솜의 별나라』나 미우치 스즈에의『유리가면』등―는 어느 것이나 '현대'가 무대지만 작품 속에 '동시대적 의장'은 전혀 등장하지 않는다(『에이스를 노려라!』의 무나카타 코치가 입는 '거미집 무늬 유카타'나『유리가면』의 쓰키카게 선생이 입는 잠옷 등은 '초현실적'이라는 말 외에는 형용할 도리가 없다). 그러므로 이상한 이야기지만 그로부터 30년이 지나도 이 '초현실적' 현대 만화들은 여전히 '어딘가 다른 차원 같은 현대 일본'의 이야기로 읽을 수 있다.

그러나 에구치의 만화는 그런 식으로 읽는 것이 허용되지 않는다. 왜냐하면 에구치는 컷 속에 '현대와 함께 사라지는 것'을 무수히 그려넣었기 때문이다('다운재킷'뿐만 아니라 '슈퍼카'* 나 'YMO',** 〈먹보! 만세〉,*** 그 외에도 가지가지).

『두 사람의 산호초』에서 무인도에 닿은 여고생은 "이제 다카나카****나 다쓰로*****의 카세트테이프만 있으면 더 바랄 게 없는데"라고 중얼거리고, 『히노마루 극장』의 첫 장면에서는 토킹 헤즈, 스티비 원더, 류이치 사카모토, 마쓰토야 유미, 로버트 파머, 야마시타 다쓰로……의 레코드가 바닥에 흩어져 있다.

이 그림은 명백히 '선택적'인 기능을 수행한다.

---

* 일본에서는 이케자와 사토시의 만화 『서킷의 늑대』 등의 영향으로 1976년부터 1978년까지 슈퍼카 붐이 일었다.
** 일본의 음악 그룹 Yellow Magic Orchestra의 통칭.
*** 일본의 장수 요리 방송.
**** 1971년에 데뷔한 일본 록음악계를 대표하는 기타리스트 다카나카 마사요시.
***** 1973년에 데뷔한 싱어송라이터 야마시타 다쓰로.

이늘은 1980년대 초라는 집필 시기 고유의 의장이므로 그 시대를 공유하지 않는 독자(80년대에 '아직 록을 듣지 않았던 독자'와 '이미 록을 듣는 것을 그만둔 독자')는 그 그림이 무엇을 의미하는지 잘 모르기 때문이다. 바꿔 말하자면 에구치가 그 컷을 본 순간 '소리가 들리는 독자'와 '소리가 전혀 들리지 않는 독자'로 독자를 명확하게 나누어 후자를 말없이 배제했다는 뜻이다.

만화가 쪽에서 '동시대성'을 기준 삼아 독자를 '선택'하고, 자신의 '눈짓'을 이해하지 못하는 독자를 (예의 바르게) '배제'했다는 점에서 에구치 히사시는 아마 이 나라 최초일 것이다.

나는 이를 중요한 사회사적 지표로 본다.

실제로 에구치 자신도 '동시대성'에 대한 집착에 관해 다음과 같이 말했다.

'동갑'이라는 존재는 어쩐지 신경 쓰인다.

학교 제도로부터는 이미 옛날에, 10만 년쯤 전에 벗어났는데도 우리는 아직 "나이는 같지만 학년으로 하나 위"라든지 "나이는 거의 한 살 차이지만 학년으로는 같아"라는 확인을 하며 서로 납득한다.

서른도 넘어 보이는 얼굴을 한 남자가 뭐가 '학년'인가(웃음). 그런 거, 사실 아무 의미도 없는데.

더구나 크리에이터에게 나이 따위! 관계없다는 건 알지만, 내게 자극적인 일을 하는 사람이 한 살이라도 위라면 안심하고 한 살이라도 아래라면 질투한다.

우리는 나이라는 기준으로부터 좀처럼 달아날 수 없다(이 대목, '우리는'이 아니라 '나는'일지도 모른다).

(에구치 히사시 『THIS IS ROCK!!』)

여기서 에구치는 매우 중요한 이야기를 하고 있다.

에구치는 같은 학령인지 아닌지를 기준 삼아 '안심'하기도 하고 '질투'하기도 하며 태도를 바꾼다. 즉 학령이 다른 집단은 그가 자기 일의 질을 조정할 때의 참조항으로서는 별로 의미가 없다.

아마 에구치 세대에게는 앞뒤로 최대 다섯 살 정도의 '또래 집단'이 자신의 퍼포먼스를 고려할 경우 비교 대상의 한계이지 않을까. 그러므로 또래 집단 가운데 탁월한 재능이 있으면 질투하고 초조해하고 경쟁심을 불태우고 스스로를 채찍질하며 각고면려하거나, 반대로 풀이 죽어 횟술을 들이켜는 동기가 되기도 한다. 한편 또래 집단 가운데 자신을 뛰어넘는 재능이 발견되지 않을 때는 고요한 자족 속에서 평온해질 것이다.

자신의 위치를 알기 위해 오로지 같은 학령 집단을 참조하고, 나이가 위아래로 떨어져 있는 사람들은 '경쟁'의 대상으로 의식하지 않는 경향. 나는 이를 '에구치 히사시 현상(멋대로 이름을 빌려서 미안하다)이라 이름 짓겠다. 그리고 이 경향이 1980년대 이후에 힘차게 기세를 뻗쳐 젊은 세대 전체로 퍼졌다는 인상을 받는다.

이 현상의 원인 중 하나는 명백히 '편차치'다.

편차치란 같은 학령 집단의 '어디쯤'에 자신이 위치하는지를 파악하기 위한 수치로 '절대 학력'과는 관계없다. 같은 학령 집단 전체의 절대 학력이 떨어지면 심각한 점수를 받아도 경우에 따라서는 편차치 70*을 얻을 수 있다. 어느 쪽이든 대학 입학의 경쟁 상대는 같은 학령 집단(기껏해야 위아래로 두 학년까지)이므로 당장은 그 좁은 집단 내부에서 어느 위치에 있는지만 중요하며, 절대 학력은 물을 필요가 없다.

하지만 대형 입시학원은 매년 같은 시기에 비슷한 난이도의 모의시험을 실시하므로, 각 해의 채점 점수를 비교함으로써 세월에 따른 학력 변화를 대강 알 수 있다. 예전에 순다이 입시학원의 고문古文 강사였던 친구에게 들은 이야기인데, 국어 평균은 채점 점수로 치면 매년 약 1점씩 떨어진다고 했다.

1년에 1점이라 하면 대단치 않게 느껴지지만, 생각해보면

* 상위 약 2.3%에 해당한다.

1년에 1점이라는 건 10년이면 10점, 30년이면 30점이라는 이야기다.

대학에서 가르치다 보면 몇몇 교과가 '1년에 1점씩 떨어진다'는 사태가 뼈저리게 실감 난다.

요전에 내가 가르치는 대학에서 1학년을 대상으로 토익 시험을 실시했다. 집계를 끝낸 나바에 선생이 어깨를 축 늘어뜨리고 있기에 물어봤더니 무려 우리 학과의 평균점은 ✱✱✱점이라는 것이다(대학의 체면이 걸린 수치이므로 굳이 숫자를 숨기겠다). 영어 교육 사정에 어두운 내게는 그 숫자의 의미가 잘 와닿지 않아서 "그건 어느 정도의 학력이에요?"라고 물었다.

나바에 선생의 대답은 "뭐, 우치다 선생님 연령대라면 중학교 3학년짜리 정도의 학력일까요……"

곤란한 일이다.

그러나 이 원고의 주제는 우리 학교의 영어 교육 재구축 같은 게 아니므로 이 건은 제쳐두고 이야기를 진행하겠다. 내가 강조하고 싶은 점은 '1950년생 학령 집단에서는 중학교 3학년짜리' 학력이 '1985년생 학령 집단에서는 대학교 1학년짜리' 학력이 되었다는 '학력 저하라는 사실'이 아니다. 그게 아니라, 이 '학력 저하라는 사실'이 해당 학생들에게는 필시 절실하게 '감지되지 않는다'는 사실 쪽이다.

그것도 당연하다.

당사자인 학생들은 '현재 대학교 1학년짜리의 학력이 옛날 중학교 3학년짜리와 같다'는 사실을 모르기 때문이다.

학생들은 같은 학령 집단을 참조항으로 삼아 자신의 사회적 포지션을 파악하고, 같은 학령 사람들과의 비교를 통해 '안심'하거나 '질투'한다. '옆자리 아이도 나와 비슷한 점수'인 한, 세대 전체가 학력이 떨어지고 있다는 사실이 의식화될 일이 없는 것은 당연하다.

물론 어느 시대나 마찬가지로 같은 세대를 참조하는 현상은 일어난다.

나 역시 같은 세대 '크리에이터'의 동향은 늘 신경 썼다. 재능 있는 동세대인이 등장하면 우리 세대의 '대표자'로서 공감과 질투를 동시에 느꼈던 것이다.

우리 세대 중 가장 빨리 미디어에 데뷔한 '크리에이터'는 야하기 도시히코다.

야하기는 열여덟 살 때 '대디 구스'라는 필명으로 《극화 코믹 선데이》에 미국 만화 분위기를 풍기는 '철학 만화'를 그려서 극적으로 데뷔했다. 이때 나는 나와 나이가 같은 '크리에이터'가 이미 등장했는데도 아직 아무런 '작품'도 만들어내지 못한 채 그저 입시학원에서 빌빌거리고만 있는 자신을 부끄러워함과 동시에, 야하기를 '동세대의 챔피언'으로서 자랑스럽게 느끼기도 했다.

하지만 나는 '동세대'뿐만 아니라 '현재의 자신과 같은 나이인 옛날 사람'에 대해서도 질투나 공감을 느꼈다.

이것이 아마도 현대 젊은이의 동세대 참조 경향과의 커다란 차이점이 아닐까 한다.

열여덟 살 무렵의 나는 야하기 도시히코를 질투하는 동시에 레몽 라디게*도 폴 니장**도 프랑수아즈 사강도 미시마 유키오도 오에 겐자부로도 질투했다. 그들이 '내 나이' 때 이미 훌륭한 작품을 선보였기 때문이다.

열여덟 살의 나는 그들에 비해 이미 출발이 매우 뒤쳐졌고, 나는 그 점을 진심으로 분하게 여겼다(멍청이다).

그러나 나보다 훨씬 나이 많은 사람들이나 외국인도 '지금의 내 나이였던 적이 있다'는 이유만으로 '같은 학령 집단'의 한 사람으로 인지했던 것은 결과적으로는 교육적인 기능을 수행했다. 무엇보다 그것은 모든 시대의 모든 사람을 어느 시점에서는 '나와 같은 학령의 사람'으로 보고 자신과 비교하여 생각한다는 뜻이니까.

---

* 열네 살 때 시를 짓기 시작한 프랑스의 시인이자 소설가. 대표작으로『육체의 악마』 등이 있다.
** 프랑스의 소설가. 고등사범학교 재학 당시 반 친구였던 사르트르와 보부아르 등에게 큰 영향을 주었다.

그렇게 비교해보면, 당연히도 그런 비교 따위를 해봤자 아무 소용없다는 사실을 절실히 깨닫게 된다. 선인들과 나를 비교하면 이제 "하하하" 하고 웃는 수밖에 없다.

그렇게 같은 학령 집단을 무한히 확대하다가, 어느 시점에서 나는 누군가와 자신을 비교함으로써 '안심'하거나 '질투'하는 일을 일절 그만뒀다. 그야말로 헛짓이었으니까.

'지금의 내 나이였던 적이 있는 사람'을 '같은 학령 집단'에 넣으면, 결과적으로는 '같은 학령 집단 속에서 나의 위치를 결정하는' 습관 자체를 버릴 수밖에 없다.

이는 나 혼자만의 특수한 예가 아니라, 많든 적든 우리 세대 이상에서는 볼 수 있었던 현상이다. 그리고 이것이 현대 젊은이와 (나를 포함하는) 그 이전 세대가 '동세대를 참조'하는 방식의 결정적인 차이가 아닐까 한다.

이리하여 겨우 이야기가 한 바퀴 돌아 첫머리의 질문으로 돌아왔다.

하라가 "선생님, 어째서 우리 세대 사람들은 이다지도 교양이 없을까요?"라고 물었던 부분이다. 대답은 이제 대체로 아실 것이다.

문제는 젊은 사람들의 '교양 부족'이 아니다.

자신을 '교양이 부족한' 동세대인과만 비교하기 때문에 '우리에게는 교양이 부족하다'는 사실 자체를 인지하지 못하는 점, 이것이 문제다.

지난번에 우리 학교에서 실시한 어느 설문조사에서 "당신은 어느 방면의 지식이 부족하다고 생각합니까?"라는 질문에 절반이 넘는 학생이 '정치 경제에 대한 지식'이라고 대답한 반면 (이는 자기 평가로서 적절하다), '문화 예술에 대한 지식'의 결여를 느끼는 학생은 20퍼센트밖에 없었다.

이는 80퍼센트의 학생이 '문화 예술에 대해' 충분한 지식을 지니고 있다는 뜻이 아니다(당연한 얘기다). 그게 아니라, 자신들이 '문화 예술에 대한 지식'이 있는지 없는지를 확인할 기회가 없다는 뜻이다. '지식이 풍부한 사람'과 자신을 비교하는 습관이 없는 사람은 지식의 결여를 자각하지 못한다. 당연한 얘기지만.

그러므로 "어째서 우리 세대는 교양이 없을까요?"라고 하라가 물었을 때, 즉 자기 교양의 비교 대상항을 '나와 같은 학령의 사람들'에서 '나와 같은 학령이었던 적이 있는 사람들'로 확대했을 때, 그는 '교양을 향한 왕도'를 걷기 시작한 것이다.

교양이란 새삼스레 말할 필요도 없지만 '실체'가 없는 것이다.

교양을 정보나 기술처럼 정량적인 것이라고 생각하는 사람도 있으나 그렇지 않다. 교양은 지식의 '양'과 관계있지만, 관게가 있을 뿐 지식의 '양' 그 자체는 아니다.

'교양'의 깊이는 자신의 '현재 위치'를 파악하려 할 때 얼마나 '큰 지도책'을 상상할 수 있는지에 따라 계측된다.

'교양 없는 사람'이란 '자신이 누구이고 어느 위치에 있으며 어디를 향해 나아가는지'를 생각할 때 살고 있는 맨션의 배치도 따위밖에 떠올리지 못하는 사람이다. '교양 있는 사람'이란 세계사 지도 같은 두꺼운 책을 떠올리며 그 어디쯤의 시대, 어디쯤의 지역에 '자신'을 놓아두면 좋을지('킵차크한국 같은 데는 아니겠지') 생각할 수 있는 사람이다.

그런 뜻이다.

길어졌으므로 다음 이야기는 언젠가 다시.

가상의 늙은이를 권함

　마사오카 쓰네노리*가 배호**를 '시키'로 지은 것은 메이지 22년(1889) 5월의 일이다. 시키는 게이오 3년(1867) 9월에 태어났으므로 이때 만 스물한 살. 동갑인 나쓰메 긴노스케가 '소세키'라는 호를 지은 것도 같은 무렵의 일이다.

　'소세키漱石'라는 아호의 출처는 『진서晉書』. 한자 '수漱'는 '양치질하다'라는 뜻이다. 진나라 사람 손초가 "돌을 베개 삼고 흐르는 물로 양치질하고 싶다(침석수류枕石漱流)"라고 하려

---

* 하이쿠, 단가, 신체시, 소설 등 다방면에서 창작 활동을 전개하여 일본 근대 문학에 커다란 영향을 끼친 작가 마사오카 시키의 본명.

** 일본의 정형시인 하이쿠를 짓는 사람의 호.

다 그만 "돌로 양치질하고 흐르는 물을 베개 삼고자 한다(수석 침류漱石枕流)"라고 말실수하여 타박을 당하자, "'수석'이란 '이를 닦는 것'이고 '침류'란 '귀를 씻는 것'이라네"라고 우기며 결코 잘못을 인정하지 않았다는 고사에서 비롯되었다. 그러므로 수석, 즉 '소세키'는 '한 번 꺼낸 말을 거두지 않는 완고한 사람'을 뜻한다.

소세키가 아마도 자신의 성정을 놀리는 이 아호를 고른 것은, 시키가 그의 문집 『칠초집七艸集』을 친구들에게 보여주며 평을 구한 데 응하여 책 마지막에 감상을 아홉 수의 칠언절구로 썼을 때의 일이다.

나는 딱히 여기서 일본 문학사에 대한 토막 지식을 선보이고 싶은 것이 아니다. 그게 아니라 스물한 살의 청년이 고전을 섭렵하여 색다른 취향이 깃든 아호를 고르고 즉석에서 초고를 쓴 한시문으로 그 문학관을 이야기하는 습관이 지금으로부터 100년쯤 전에는 존재했으나, 그런 지적 습관은 100년이 지나자 완전히 사라졌다는 사실을 지적하고 싶은 것이다.

'옛날 사람은 지금보다 지적이었다'고 말하는 게 아니다. 무엇보다 그것은 사실이 아니다. 이러한 지적 곡예를 펼치는 게 가능한 사람은 당시라도 한 줌의 엘리트에 불과했을 것이며, 국민의 평균 문해력은 아마 지금이 훨씬 높을 것이다.

'옛날 사람은 지금보다 지적이었던' 것이 아니다. 옛날 사람은 젊은 나이에 아호를 고르고 한시문으로 세상을 개탄하는 말을 늘어놓기를 즐겼지만, 지금은 그런 취미 자체가 사라졌다는 점을 말씀드리고 싶다.

메이지 때 존재했으나 21세기 들어서 사라진 것, 그것은 '빨리 늙은이가 되고 싶다'는 소망이다. 젊은이가 '빨리 늙은이가 되고 싶다'고 소망하는 것은 예부터 내려온 일본의 지적 전통 중 하나였다.

『도연초徒然草』*는 요시다 겐코가 20대부터 60대까지 써 모은 짧은 문장인데, 지금 우리가 그 글을 읽어도 "이건 젊을 때 쓴 문장, 이건 만년의 문장"이라고 식별할 수 없다. 그 정도로 문체에도 가치관에도 흔들림이 없는 것이다.

이는 다시 말해 겐코 법사는 20대 때 이미 '가상의 늙은이'라는 상상 속에서 확보된 시점으로 세상을 바라보았다는 뜻이다.

옛날 사람들은 '그런 것'을 몹시 좋아했다. 아직 본인은 젊디젊은 청년으로 지위에도 명성에도 색욕에도 연연하는 '번뇌의 개'**지만, 일단 붓을 잡을 때는 그런 속된 일을 시원하게 초

---

* 일본의 3대 수필 중 하나로 평가받는 가마쿠라 시대 말기의 수필집.
** "번뇌의 개는 내쫓아도 떠나지 않는다", 즉 번뇌가 사람에게 붙어서 떨어지지 않는 것을 개에 비유한 일본 속담을 인용한 표현.

월한 '늙은이'가 된 척하며 강 건너 불구경하는 사세를 취했던 것이다.

나는 이것이 상당히 뛰어난 지적 조작이라고 생각한다.

헤겔은 이처럼 '상상으로 마련한 타자의 관점'으로 옮겨가서 자기 자신을 돌아보는 것을 '자기의식'이라 칭하고 "인간이란 자기의식이다"라고 간파했다.

이 '상상으로 타자가 되어 지금의 시스템에 박혀 있는 자신을 성찰하는' 지적 조작은 예부터 일본의 지식인 사이에서 널리 행해진 '게임'이었다.

기노 쓰라유키의 "남자도 쓴다는 일기라는 것을 여자인 나도 써보려 한다"라는 문장으로 시작되는 『도사일기土佐日記』*에는 남자가 여자인 척했다가 다시 남자 흉내를 내는 이중의 장치가 깔려 있다(이 정도로 급진적인 문학적 모험을 시도하는 작가는 현대에는 더 이상 없다).

'가상의 늙은이'는 실체가 아니다.

자기의식으로 들어가기 위한 탈자脫自적＝상상적 거점이다. 이는 일단 시스템으로부터 '벗어남'으로써 철저한 비평성을

---

* 도사노가미(土佐守)의 임기를 마친 기노 쓰라유키가 도사에서 교토까지 55일 동안 여행하며 경험한 자연과 인간에 대한 감상을 적은 일본 최초의 일기문학.

획득하기 위한 장치였던 것이다.

　장황하게 문학사를 강의하고 말았는데, 내가 하려는 말은 이제 대충 짐작이 가실 것이다. 최근 100년 동안 일본인이 잃어버린 것은 '소세키'에게서 볼 수 있는 '지금의 나'를 과격하게 야유하는 시점이다. 자신의 초라한 욕망이나 건방짐을 스스로 웃어넘기는 웃음이다.

　옛 사람은 '나는 대체 이렇게 정색하면서 무슨 바보 같은 짓을 하고 있는 걸까?'라는 깨어 있는 성찰을, 홀로 반성하거나 신에게 질문하거나 '타자'의 규탄에 머리를 숙임으로써가 아니라 자신이 상상으로 만들어낸 탈속적이고 원숙한 '시스템 밖 성자'의 관점으로 행했다. 이는 매우 '가성비'가 좋은 지적 습관이라고 생각한다.

　'나는 젊다'는 상정은 곧 '나는 현재 사회제도의 여러 모순에 대해서는 책임이 없고 오히려 피해자다'라는 자기 면책으로 그대로 연결된다. 이런 사고방식이 사람을 전혀 윤리적으로 만들지 않는다는 점은 여러분도 이미 잘 아실 것이다.

　그러나 이는 요즘 노인이 '에버그린'이나 '죽을 때까지 현역', '늙어도 청춘'에 집착하고 '가상 청년'으로의 퇴행에 필사적인 것과 같은 형태의 발상이다.

　어느 쪽이든 '경망스럽다'는 점에서는 차이가 없다.

　'가상 늙은이의 부활'. 이것이 내가 여러분께 제안하는 '일본인이 살아가는 방식'이다. "무슨 무례한 소린가" 하고 화를 내는 분도 계실 테지만, 나는 이미 거동이 불편한 노인이므로 그 부분은 모쪼록 용서해주시기를.

책이 읽는다

대개는 '나'를 주어로 하여 "나는 책을 읽는다"고 말하지만, 내 경우 굳이 말하자면 '책이 나를 읽는다'는 느낌을 받을 때가 많다.

처음 그 사실을 깨달은 것은 1966년 봄이었다.

나는 당시 고등학교 잡지부에 갓 들어간 참이었다. 도쿄 도립 히비야 고등학교 잡지부는 그 고등학교에서 가장 건방진 학생들이 모이는 부서였고, 상급생들은 코로 담배 연기를 내뿜으며 거창한 기세로 문학론이나 정치론을 주고받았다. 이제 막 고등학교에 입학한 나는 그들이 말하는 고유명사를 거의 하나도 몰라서 '고등학생이란 얼마나 수준 높은 분들인가' 하고 무릎을 치며 깊이 감탄했다.

그런데 나와 같은 1학년인 M다가 어느 날 한 편의 원고를 들고 편집회의에 임했다. 거기에는 내가 그때까지 들어본 적도 없는 니체라든지 윌리엄 제임스, 스베덴보리 등의 이름이 줄줄이 나열되어 있었는데, 원고를 훑어봤더니 M다는 아무래도 그런 사람들에게 오랫동안 가르침을 받아 그 난해한 사상을 손바닥 보듯 훤히 아는 것 같았다.

잡지부의 건방지기 짝이 없는 상급생들도 어떤 자는 새파랗게 질리고 어떤 자는 말문이 막혔다. 나를 포함한 1학년들은 이 이상하게 조숙한 동기의 출현에 깜짝 놀랐다.

일견 종잡을 수 없는 풍모의 M다가 이렇게 현대 철학에 정통하다니, 나는 의외인 동시에 약간의 회의감에 사로잡혔다.

그리고 비틀비틀 집으로 향하는 길을 더듬어 가다가 문득 서점으로 발길이 향했다.

서점이라 해도 기노쿠니야나 준쿠도* 같은 엄청난 규모는 아니었다. 월간지와 문고본, 중간소설밖에 없는 내림 두 간, 안쪽 길이 두 간쯤 되는 동네의 초라한 책방이었다. 나는 빨려 들듯 그 서점으로 들어가 그대로 무언가에 사로잡힌 듯 단행본 책장으로 향했고, 거기서 책 한 권을 발견했다.

---

* 둘 다 일본의 대형 서점 체인.

콜린 윌슨이 쓰고 후쿠다 쓰네아리와 나카무라 야스오가 옮긴 『아웃사이더』.

거듭 말하지만 이 서점은 '그런 책'을 팔 법한 가게가 아니었다.

『아웃사이더』는 시대소설 『네무리 교시로 무뢰공』이나 대하소설 『미야모토 무사시』, 추리소설 『점과 선』 같은 '할아버지' 취향의 책들 가운데서 몹시 어울리지 않게 오도카니 놓여 있었다.

나는 무언가에 이끌리듯 그 책을 손에 들고 그대로 가게 안쪽의 계산대로 가서 지갑 사정도 고려하지 않은 채 "이거 주세요"라며 책을 내밀었다. 신기하게도 내 얇은 지갑에 어째서인지 그때만큼은 『아웃사이더』 한 권분의 돈이 들어 있었다.

나는 집까지 돌아오는 길에 호시노 우유 가게나 아노네야 게다 가게 사이를 누비며 그 책을 계속 읽었다(1966년 무렵의 도쿄 상점가에서는 책을 열독하며 집까지 걸어가도 자동차에 치이는 일은 없었다. 좋은 시대였다).

이미 여러분이 눈치채셨듯, 『아웃사이더』를 몇 페이지 읽은 시점에서 나는 M다의 원고 가운데 나를 얼빠지게 만든 대목이 모조리 이 책의 인용이라는 것을 발견했다. 그대로 나는 책을 계속 읽어나갔고, 내 작은 공부방에서 새벽녘에 이 책을 다 읽었을 때는 바이런이나 샤토브리앙, 오스카 와일드가 얼마나 위대한 작가인지, 또 프로이트나 후실, 헤겔이 사상사에서 차지하는 위치가 얼마나 중요한지에 대한 입문적인 지식을 거의 습득한 상태였다(그다음 날 이후, 내가 그 엄청나게 건방진 고등학생 부서에서 '위협적인 신입생 제2호'로 선배들이 경의를 표하는 존재가 되었다는 것은 두말하면 잔소리다).

인간은 반드시 필요할 때 필요한 책과 만난다, 라는 것은 이때 내가 얻은 확신이다.

그 뒤 나는 그런 식으로 '문득' 집어든 책이야말로 '인연 있는 책'이라는 신념을 관철해왔다. 친구들이 아무리 난해한 책을 읽어도 나는 웃으며 상대하지 않았고, "×××도 안 읽었어, 우치다?"라는 '위협'에는 콧방귀를 뀌었다.

내가 책을 고르는 기준은 '그 책을 읽지 않으면 그 책을 읽은 녀석에게 속을 위험이 있는' 책을 찾아내는 데 있었다. 나는 딱히 남보다 영리해지고 싶은 것은 아니었다. 속는 게 싫었을 뿐이다.

나는 그런 식으로 마르크스를 읽고, 니체를 읽고, 프로이트를 읽고, 사르트르를 읽고, 레비스트로스를 읽고, 카프카를 읽고, 시부사와 다쓰히코를 읽고, 요시모토 다카아키를 읽고, 오에 겐자부로를 읽고, 이나가키 다루호를 읽고, 미시마 유키오를 읽었다('60년대적인 근사한 독서' 리스트로다). 그리고 대학생이 된 무렵에는 누군가가 무언가에 대해 잘난 척 말할 때마다 그 '출처'를 알아맞히는 아니꼬운 청년이 되었다.

분명 이런 독서법은 건전하다고는 할 수 없다.

그러나 '어린애다'라는 건 바꿔 말하자면 '약하다'는 뜻이다. 우선 방어를 단단히 한 뒤에 시시한 녀석에게 속아 넘어가지 않도록 하는 것은 '연약한 어린애'가 자기 방어를 할 때의 기본이다. 그 부분을 나무라면 곤란하다.

그렇게 '방어적 독서'를 하던 십수 년의 나날이 지난 뒤, 나는 두 번째 '인연'과 조우했다.

석사 논문을 쓸 때 참고문헌으로 주문한 어느 프랑스 철학자의 책을 읽기 시작하자마자 느닷없이 책의 저편에서 '부름'을 받은 것이다.

그 책은 '유대교에 대한 시론試論'이라는 부제가 달린 난해하기 짝이 없는 철학서로 내 보잘 것 없는 프랑스어 독해력을 훨씬 뛰어넘는 복잡하고 기괴한 논리가 전개되어 있었고, 나는 거기에 쓰인 글을 한 줄도 이해하지 못했다. 그럼에도 불구하고 그 책의 저자는 돌연히 나를 불렀던 것이다.

"어이, 거기 자네."

나는 무심코 대답하고 말았다.

"네? 저 말입니까?"

"그래, 자네 말이야. 자네에게 볼일이 좀 있다네."

이리하여 나는 에마뉘엘 레비나스라는 철학자와 '만나'버렸다.

그로부터 스물다섯 해 가까이 나는 이 철학자를 인생의 '스승'으로 우러러보며, 곤란한 일이 생기면 그의 저서를 펼치고 '선생의 계시'를 들으며 살고 있다(최초의 만남으로부터 얼마 뒤 나는 이 '가상의 스승'을 만나기 위해 머나먼 파리까지 갔다. 그 결과 '가상의 스승'은 나의 '진짜 스승'이 되었다).

레비나스 선생의 책은 경이적으로 난해해서, 나는 거기에 무엇이 쓰여 있는지 아직도 잘 모른다. 잘 모르지만 그것을 전 생애에 걸쳐 이해하는 게 나의 숙명이라는 데 대해서는 깊은 확신을 가지고 있다.

게다가 역시 25년이나 읽다 보면 점점 알게 된다.

그러나 '점점 알게 된' 것은 내가 지적으로 성숙했기 때문이 아니라, 그저 레비나스 선생의 책을 되풀이해서 읽었기 때문이다. 그 어법이나 말투의 리듬, 사고의 발걸음에 익숙해져서다.

레비나스 선생의 책을 이해하게 된 것은 다름 아닌 레비나스 선생의 책을 읽은 덕분이다. 나를 '레비나스의 책을 읽을 수 있는 주체'로 형성한 것은 '레비나스의 책'이지 나의 노력이나 지능이 아니다. 오히려 나는 내가 '어떤 사람'인지를 이 독서를 통해 발견했다.

그러므로 "내가 책을 읽는다"고 말하는 것은 다소 자기중심적인 표현이라고 생각한다.

책이 나를 고르고, 책이 나를 불러들이고, 책이 나를 읽을 수 있는 주체로 구축한다.

나는 그렇게 생각한다.

책에게 불리는 것, 책에게 선택되는 것, 책의 '부름'을 감지할 수 있는 것. 그것이 아마 책과 독자 사이에서 이루어지는 가장 행복하면서도 풍요로운 관계가 아닐까 한다.

학력이 지성의 지표가 되지 않는 시대

초등학교 저학년부터 학원에 보내고 중학교부터 사립에 넣지 않으면 제대로 된 대학에는 못 간다는 게 '상식'이 된 모양이다.

그 결과 가정의 경제력 차이가 그대로 아이의 학력 차이로 이어져 새로운 '신분제'가 형성되고 있는 게 아닌가 근심하는 사람이 있다.

과연 그럴지도 모른다. 하지만 그다지 걱정할 일은 아니라고 생각한다.

분명 거액의 교육 투자를 하면 수험 기술은 익힐 수 있고, 단기적으로 학력이 향상되는 것처럼 보이리라. 그러나 실례를 무릅쓰고 말씀드리건대 인간의 '지적 자원'에는 선천적인 개인

차가 있어서, 아무리 막대한 교육 투자를 하더라도 주위의 지원이나 강제로 개발할 수 있는 인간의 능력은 그 가운데 극히 일부에 지나지 않는다. 인간이 잠재 능력을 폭발적으로 꽃피우는 경우는 '하고 싶은 일을 할 때'뿐이다.

부모의 경제 격차가 아이의 학력 격차로 이어지는 현실은 확실히 존재할 것이다(어머니의 학력이 낮을수록 학생의 교외 학습 시간이 현저하게 줄어든다는 통계적 사실은 분명히 지적되고 있다). 그러나 '학력은 돈으로 사는 것'이라는 사회적 합의가 형성되면, 그것은 그것대로 딱히 실질적인 손해는 없으리라 생각한다.

그때 학력은 가구나 차나 와인과 마찬가지로 그저 값비싼 상품이 될 것이기 때문이다.

'고학력'이 '고급차'와 비슷한 것으로 받아들여지게 되면, 그것을 부러워하는 사람은 있어도 '지성의 지표'라고 생각하는 사람은 없어지리라.

그렇다고 누구 곤란한 사람이 생길까?

'어긋나' 있기 때문에 대학이다

미디어는 역사상 첫 '대학 도태'의 시작을 크게 보도하고 있다. 어느 은행이 망하는지는 예금을 넣은 사람에게 절실한 문제지만, 어느 대학이 망하는지는 대부분의 독자에게 '남의 일'이다.

그러나 "시장이 대학을 도태시키는 시대가 왔다"고 떠들어대는 것은 조금 기다려줬으면 좋겠다.

'시장'이란 대학에게 무엇인가?

대학에는 일단 두 종류의 '시장'이 있다.

수험생과 취직처다.

수험생이 모이지 않으면 대학은 망한다. 이 점은 분명하다.

하지만 기업이 요구하는 기술이나 지식을 제공하지 못하는 대학은 망하라고 말하는 건 다소 성급하지 않은가.

얼마 전까지만 해도 재계와 문부성은 '영어와 컴퓨터를 쓸 수 있는 즉전력卽戰力'을 대학에 요구했다(그리하여 교양 과정이 없어졌다). 그런데 요즘은 '논리적 사고력'이나 '철학'을 대학에 요구하기 시작했다. 얼마 전까지만 해도 "그런 건 필요 없어"라고 말했던 것이 아닌가.

나는 대학의 사회적 기능 중 하나는 그 시대의 지배적인 가치관과 '어긋나 있는' 것이라고 생각한다. '뒤쳐져' 있든 '지나치게 앞서' 있든, 어쨌거나 그 '어긋남' 속에 사회를 활성화하고 풍요롭게 만들 가능성이 숨어 있지 않을까.

'시장에 곧장 반응하여 주문한 대로의 인재를 제공하는 대학' 따위, 내가 수험생이라면 사양하고 싶다.

한문이 사라지는 불행

사립대학 입시의 국어 출제 범위에서 '한문'이 사라지고 있다.

아직 센터 시험*에는 남아 있지만 언젠가 사라지겠지. 입시 과목에 없으면 수험생에게 한문을 공부할 동기가 사라진다.

머지않아 일본인에게 한문은 '제2외국어'가 될 것이다.

한문을 빼는 이유는 '수험생의 부담 경감'이다. 하지만 '경감된 부담'의 대가로 젊은 일본인이 그 뒤 얼마나 많은 것을 잃게 될지, 그 손실과 이득을 계산해볼 필요는 없을까.

---

* 일본의 대학 입학 시험.

고콘테이 신쇼의 라쿠고*에 등장하는 어설픈 지식을 자랑하는 집주인은 "어묵 가게에서는 신발을 신지 말고, 머리에 직접 관을 쓰지 마라"면서 "어묵 가게에 와서 신발을 벗지 않는 손님은 어묵값을 떼먹고 달아날 수 있으니까 주의해야 해. 또 관처럼 딱딱한 걸 머리에 직접 쓰면 아프잖아"라고 해석했고, 쇼와 30년대(1955~1964)의 객석은 폭소했다. 요즘 공연장이라면 관객의 절반도 웃지 않을 것이며, 앞으로 20년이 지나면 아무도 웃지 않게 될 것이다.

신쇼 시대의 관객이 웃을 수 있었던 이유는 사람들이 언동을 조심해야 할 필요성에 대해 이야기할 때 "과전불납리瓜田不納履 이하부정관李下不整冠(오이밭에서는 신발을 고쳐 신지 말고 오얏나무 아래에서는 관을 고쳐 쓰지 마라)"이라는 옛 속담을 반복해서 인용했기 때문이다.**

내가 아이였던 무렵만 해도 이미 주위의 어른들은 더 이상 그런 한자어는 입에 올리지 않았다. 그러므로 내가 지금 신쇼를 듣고 웃을 수 있는 이유는 그나마 수험 공부 덕분이다.

---

* 우스운 내용의 이야기로 청중을 재미있게 만드는 일본의 전통 예능.
** 신쇼는 '직접(じか, 지카)'과 '오얏나무 아래(李下, 리카)', '어묵(おでん, 오뎅)'과 '오이밭(瓜田, 가뎅)'의 끝 글자가 같은 것을 이용하여 언어유희를 한 것이다.

'부담 경감'을 당하지 않아서 정말로 다행이다.

정신연령 계산법

올해도 신입생을 맞이하는 계절이 찾아왔는데, 아무래도 대학 신입생이 해마다 점점 어려지는 듯한 기분이 든다.

학생뿐만 아니라 입학식에 따라 오는 부모도 점점 젊어진다.

'이런 젊은 사람들에게 벌써 대학교에 다니는 자식이 있다니' 하고 놀랄 정도로 부모님들이 젊다.

"그건 우치다 씨의 착각이고 그저 당신이 나이 들었을 뿐이야"라며 동료는 상대해주지 않지만, 그건 아니라고 생각한다. 정말로 일본인은 점점 젊어지고 있다.

생각해보면 당연한 일로, 평균 수명이 여든 살을 넘은 지금과 '인생 50년'이던 시대의 인간이 같은 속도로 성숙한다고 생각하는 게 무리다.

정말로 그렇다면 고령화 사회란 '원숙의 경지에 다다른 인생의 달인'들이 북적이는 사회가 되어야 하는데, 전혀 그런 기미가 없지 않은가.

하지만 지금의 여든 살이 옛날의 쉰 살에 해당한다고 생각하면 이야기의 앞뒤가 맞아떨어진다.

'현재의 실제 나이'에 8분의 5를 곱하면 소세키나 오가이 시대의 '정신연령'이 나온다는 게 나의 계산식이다.

그 등식으로 계산하면 지금의 대학 신입생은 옛날의 열한 살, 『키 재기』* 속 미도리 정도의 나이다. 과연.

이런 나도 그 계산식으로 말하자면 서른두 살, 『그 후』**의 다이스케 나이 정도다. 과연, 과연.

---

* 히구치 이치요의 소설. 주인공 미도리는 어릴 때부터 에도 시대의 유곽인 요시와라의 예비 유녀로 키워진다.
** 나쓰메 소세키의 소설. 주인공 다이스케는 대학을 졸업한 서른 살의 백수로 자신에 대해 사색하기를 즐긴다.

내가 수업에서 화내지 않는 이유

겉모습만 보고 나를 '버럭쟁이'라고 생각하는 사람이 많은 데, 사실 나는 '화내지 않는' 사람이다. 정말로 전혀, 하나도 화 내지 않는다. 가끔 학생이 수업 중에 자거나 잡담을 나누면 가 볍게 '욱'할 때는 있지만, 곧바로 화가 폭발하지는 않는다.

왜냐하면 이런 계산을 하기 때문이다. 이를 크게 꾸짖으면 학생의 마음속에는 나에게 혼난 것에 대한 원망이 오래도록 남는다. 그 원망은 그 후 나의 수업을 어떻게든 합리적으로 방 해하려는 다양한 행동으로 나타날 것이다. 이 학생이 온몸으로 내뿜는 '당신 수업은 지루해'라는 분위기는 누차 교실 전체로 퍼져서 나의 의욕과 학생들의 지적 향상심을 함께 갉아먹을 가능성이 있다.

나는 가성비를 항상 염두에 두는 비즈니스 마인드를 갖춘 사람이므로, 시끄러운 학생의 입을 다물게 하는 단기적인 메리트와 교실 전체를 울적하게 만드는 장기적인 디메리트를 맞바꾸는 불리한 장사는 하지 않는다.

그러므로 수업을 방해할 성싶은 학생에게는 내 쪽에서 생긋 웃으며 말을 건넨다.

내 경험상 이런 종류의 반항적인 학생 대부분은 초중등 교육 기간 가운데 선생님에게 '우호적인 대접'을 받은 적이 없다. 교실에서 어떤 발언을 해서 선생님이 '받아준' 경험이 없기 때문에 교실에 있기만 해도 그만 진절머리가 나는 것이다.

반항적인 학생은 오히려 순진한 인간이다.

따라서 '자네는 훌륭하군. 자네같이 비평성을 지닌 학생이야말로 대학에 어울린다네'라는 표정을 얼굴 가득 띠고 웃어주면, 이제까지의 교육에 대한 그들의 부정적인 환상은 꽤 간단히 무너지고 '뭐야, 대학은 제법 즐거운 곳이잖아'라고 생각하게 되어 하룻밤 만에 성실한 공부벌레로 변모하기도 한다. 정말이다.

읽을 잡지가 없다

정기 간행물을 읽는 습관을 잃은 지 오래다.

중학생 시절에는 《주간아사히》와 《문예춘추》를 읽었다. 고등학생 때는 《세계》와 《아사히저널》을, 대학생 때는 《만화액션》과 《소년매거진》을, 대학원생 시절에는 《현대사상》과 《멘즈클럽》을 읽었다.

그리고 마흔이 넘자 읽을 것이 없어졌다.

나를 독자로 상정하고 발행하는 잡지가 일본에 한 권도 없기 때문이다.

딱히 내가 정신적으로 성장한 탓에 일본 문화의 수준을 뛰어넘은 것은 아니다.

《멘즈클럽》을 사던 시절에는 '언젠가 돈이 생기면 이런 옷을 사야지'라는 생각에 가슴이 두근거렸다. 그러나 옷을 살 돈이 생기자 이제 내 또래의 남자가 입을 수 있는 옷이 《멘즈클럽》에는 실리지 않았다.

《현대사상》에 쓰여 있는 내용은 '언젠가 어른이 되면 알게 되겠지'라고 생각했다. 어른이 되어도 역시 이해할 수 없었다.

《사라이》나 《태양》, 《브루투스》 등이 내 나이에 어울리는 매체겠지만, 어디의 샤토 와인 몇 년산이……라는 식의 이야기는 내 이해의 범주를 넘어선 것이며, 재규어도 포르쉐도 살 돈이 없다. 온천 맛집 여행을 함께 할 반려자도 없다.

어쩔 수 없이 아사히신문을 읽는다.

딱히 나를 위한 미디어라고 생각하진 않지만, 누구를 위한 것도 아닌 듯하니 소외감만은 맛보는 일이 없다.

역사를 이야기하는 것의 효용

　내년도 교과서 채택이 끝나 역사 왜곡으로 물의를 빚은 후소샤의 『새로운 역사 교과서』는 채택수 521권, 채택률 0.039퍼센트에 그쳤다. 이 전말에 대해 니시오 간지[*]가 《문예춘추》(2001년 12월호)에 항의하는 글을 보냈다.

　그 가운데 니시오가 『새로운 역사 교과서』에 담은 이상을 이야기하는 대목을 나는 흥미롭게 읽었는데, 그는 어느 독자가 보낸 투서를 후소샤판 교과서의 특징을 파악한 글로서 소개했다.

---

[*] '새로운 역사 교과서를 만드는 모임'의 설립자 중 하나. 이 모임은 일본의 침략 전쟁과 식민지 지배를 정당화하는 극우 역사관을 주장한다.

"지금의 제 교과서에 비해 '용어'보나 '의미'와 '흐름'을 숭시한 (후소샤판의) 서술 방식에 진심으로 감동했습니다. 기존의 교과서를 몇 번이나 읽어도 '어째서 그렇게 되었는지' 알 수 없었던 부분이 이 교과서를 읽자 속 시원히 이해되었습니다."

이 중학생이 말하는 대로, 우리가 학교에서 읽은 지금까지의 역사 교과서는 역사적 사실이 기계적으로 나열되어 있을 뿐이어서 '어째서 그렇게 되었는지'에 대한 인과관계의 설명까지는 거의 다루지 않는다.

내가 대학 수험생 때 즐겨 읽었던 책은 야마카와 출판사의 『사료 세계사』다. 이 책은 마르크스주의적 역사관에 입각하여 펴낸 참고서여서 단 하나의 '역사를 관통하는 철의 법칙'에 따라 세계사의 모든 사건이 '어째서 그렇게 되었는지'를 말끔하게 설명한다.

나는 이 교과서를 읽었을 때 느낀 '진정한 감동'을 여태껏 기억하고 있다. 단, 그 감동은 '지금까지 〈어째서 그렇게 되었는지〉 몰랐던' 것을 '알게 되었기' 때문에 받은 것이 아니다.

나는 책을 읽고 그것이 지어낸 이야기라는 사실을 간파했다. 그러나 '지어낸 이야기'일지라도 인과의 실로 말끔히 꿰어져 있는 역사서는 이야기적 연관성 없이 사실만을 나열한 역사서보다 훨씬 더 암기하기 쉽다. 수험생인 나에게 중요한 과제는 무엇보다 세계사를 '통째로 암기하는 것'이었다. 방대한 역사적 사실을 암기하기 위해서는 그것을 배열한 '간단한 이야기'가 필요하다. 그것은 원소 주기율표를 "헤헤(H He) 리본(Li Be) 비싸네(B C N) 예쁘네(O F Ne) 나만 알지(Na Mg Al Si) 펩시콜라(P S Cl Ar) 크카(K Ca)……"라고 외우거나 공식을 노래로 만들어서 부르는 것과 완전히 같은 상황적 요청이다.

이 점에 대해서는 기쁘게도 니시오 간지도 나와 의견이 같다.

> 계급투쟁사관을 노골적으로 내세운 일본의 기존 교과서에는 그나마 나름대로의 이야기가 있었다. 한심한 내용이지만 설득하려는 열의가 있었다. (앞과 같음)

내가 수험생의 입장이라면 '역사는 이야기되어야만 한다'는 니시오의 역사관에 전폭적인 지지를 보낼 것이다. 알기 쉽고 단순한 이야기 위에 배열된 역사 기술은 암기를 강요받는 아이들에게는 복음이기 때문이다.

그러므로 단순한 '이야기'이기만 하면 세계사는 '보이지 않는 신의 손'이 이끄는 것이건 '계급투쟁의 역사'이건 '절대정신의 현현의 심급'이건 '베스트팔렌 체제 안에서의 제로섬 게임'이건 수험생에게는 아무래도 상관없다. 아무리 '한심한 내용'이라도 '설득하려는 열의'만 있으면 그 책은 수험생에게는 '좋은 교과서'가 아닐까. 그리고 그런 다양한 '이야기'로 엮인 각종 교과서를, 수험생들이 '어느 논술이 가장 논리적이고 가장 명확한가'라는 쿨한 '소비자'의 시선으로 심사하여 결정하는 것이 교과서를 채택하는 가장 좋은 방법이라고 나는 믿는다. 만약 그런 심사와 결정 작업을 통해 고등학생들의 마음속에 어떤 '이야기'도 간단히는 믿지 않는 회의 정신이 길러진다면, 역사의 교육 효과로서는 이만한 것이 없으리라.

"요즘 젊은이들에 대해"라는 질문을 듣고

　요즘 젊은이들은……이라는 말은 아저씨가 푸념을 늘어놓을 때의 관용구다.

　관용구란 일단 운을 떼기만 하면 뒷말이 막힘없이 나오는 편리한 구문이므로 진부한 의견을 개진할 때는 몹시 편리하다. 하지만 독창적인 견해가 관용구로부터 나오는 일은 드물다.

　그러나 "요즘 젊은이들에 대해 어떻게 생각하십니까?"라는 질문을 들으면 아무래도 그런 관용구로 시작하는 수밖에 없다. 그런 경우에는 입에서 튀어나오려는 말을 우선 삼키고 '그와 반대되는 말'을 하려고 애쓴다.

　"정말로 믿음직할 따름입니다."

　실제로 그렇게 말해놓고 보면 왠지 '그런 느낌'이 드는 게 신기하다.

전혀 공부를 하지 않는 대학생이나 프리터에 대해 나쁘게 말하는 사람이 많은데, 그들은 그래 봬도 실업률을 낮게 억누르는 데 다대한 공헌을 하고 있다.

뮤지션이나 만화가, 댄서를 지망하는 젊은이가 넘쳐나는 현상을 나무라는 사람도 있지만, '어쨌든 나 자신보다 다른 사람들을 즐겁게 만드는 일을 하고 싶다'는 마음가짐으로 지망하는 것이라면 상당히 훌륭하지 않은가.

지저분한 몰골로 땅바닥에 주저앉아 있는 패거리들에게 쏟아지는 시선도 차갑지만, 그들은 머지않아 닥칠 만년의 홈리스 생활에 대비하여 각오를 게을리하지 않는 것이라고 말할 수도 있다.

내 눈에는 대체로 요즘 젊은이들이 앞으로 다가올 '별로 신통치 못한 일본의 미래'에 순응하기 위해, 가난하고 검소하면서도 나름대로 서로 돕는 생활 방식의 모델을 모색하는 것처럼 보인다. 그러한 '시대의 흐름'은 젊은이 개인의 의견이나 결단과는 관계없이, 말하자면 동세대 전체를 감싸듯 하여 어떤 방향으로 흘러가게 만든다. 그리고 일본이 향해 가는 그 '방향'에 대한 젊은이들의 미래 예측은 크게는 빗나가지 않는 듯하다.

대화를 시작하기 위한 조건

"당신은 대화가 부족하다" "남과 대화할 때 열린 자세를 취하지 않는다"는 말을 성가시게 하는 사람이 최근 내 주위에 많다. 멋대로 나를 비판하는 말이 줄줄이 담긴 편지나 메일을 보내는데, 답장을 쓰지 않으면 그렇게 말하며 화를 내는 것이다.

꽤나 제멋대로인 사람들이다.

하지만 나는 그런 사람은 상대하지 않는다.

'대화'란 그런 게 아니기 때문이다.

'자신과는 다른 견해를 가진 사람'과 흉금을 터놓고 이야기를 나누는 것, 그것이야말로 대화라 말하는 사람이 있지만 이는 얕은 소견이다. 아무리 타인이 자신과는 다른 견해를 말한다 해도 그것만으로는 대화가 시작되지 않는다.

대화가 시작되기 위해서는 조건이 필요하다.

상대가 확실히 나와는 다른 견해를 가지고 있는데 아무래도 그 사람의 견해가 나의 견해보다 넓고 크고 깊다는 직감이 드는 경우. 이는 '스승'과의 대화다.

상대가 나와 비슷한 지적 형성 과정을 거쳤고 지금도 비슷한 상황에서 비슷한 문제를 껴안고 있는 경우, 게다가 나와는 견해가 다른 경우에는 어째서 그런 차이가 발생했는지, 또 어느 부분이 같은지 흥미가 샘솟는다. 이는 '친구'와의 대화다.

나와는 지적 형성 과정도 다르고 껴안고 있는 문제도 다른데다 애초에 생각하는 것 자체가 도무지 깊다고도 넓다고도 여겨지지 않는 사람과 "자, 대화를 나누게"라고 해봤자 그건 무리다.

하지만 그래도 여전히 필사적으로 이야기를 해야만 하는 경우도 있다.

바로 무슨 생각을 하는지 전혀 알 수 없으며 통 공감도 안되는 타인이지만, 그대로 귀를 기울이지 않고 방치해두면 내게 화를 끼칠 가능성이 있는 사람을 상대하는 경우다.

이 경우에는 분명히 대화가 필요하다.

그러나 이는 엄밀한 의미로 '대화'가 아니다. 이는 오히려 태곳적 의미의 '축문'에 가까울 것이다.

'축문'이란 옛날에는 토지의 이신異神에게 지벌을 입을 것을 두려워하여 사악함을 가라앉히기 위해 '말'을 선물로 바치는 것을 뜻했다. 이렇게 '축복'을 보내어 재앙을 미리 막는 말의 거래도 있다.

나는 국가와 국가 사이의 커뮤니케이션도 '대화'만으로는 성립하지 않는다고 생각한다. 무엇을 생각하는지 잘 모르겠지만 화를 끼칠 듯한 나라(어느 나라라고는 말하지 않겠다)에게는 '대화'를 시도하는 것보다 먼저 '축복'을 보내는 것이 인류가 예부터 써온 편법이다.

그러므로 나도 '아, 이분은 화나게 만들면 위험하겠는데'라는 생각이 드는 사람의 메일에는 우선 '축복'의 말을 보낸다.

정론을 믿지 않는 이유

세상을 개탄하는 고견을 보이는 사람을 아무래도 신용할 수 없다.

어릴 때는 선생님을 신용할 수 없었다. 커서는 마르크스주의자를 믿지 못했고, 이어서 페미니스트에게 회의적인 시선을 보냈으며, 그 뒤로도 탈식민주의자나 젠더론자, 문화연구 관계자 등 '옳은 이론'을 말하는 사람은 아무래도 믿음이 가지 않았다. 어째서 '옳은 사람'을 믿지 못하는 것인가. 때로는 나의 좁은 도량에 진절머리가 난다.

그런데 요전 날 텔레비전 토론 방송에서 북한 문제에 관해 좌우 논객이 열변을 토하는 장면을 보던 중 별안간 그 이유가 짐작되었다.

"그런 느긋한 소리를 하다가 북한이 쳐들어오면 어쩔 텐가?"라고 보수파 논객이 기세 좋게 떠들어대고 있었다. 그렇고 말고, 라고 나는 생각했다. 북한이 정말로 쳐들어오면 그때야말로 당신이 옳았던 게 된다. 거기서 나는 '옳다구나' 하고 무릎을 쳤다. 이 사람, 사실은 '북한이 쳐들어오는 것'을 바라는 게 아닌가.

'북한에 의한 영토 침범 위험과 대비의 시급함'을 호소하는 그의 이론이 '옳다'는 것을 증명하는 데는 북한의 영토 침범이라는 '사실'보다 더 확실한 증거가 없기 때문이다. 공작선이 일본 바다 연안에 상륙하고, 원자력 발전소를 점거하고, '유사법제'*가 갖추어져 있지 않아서 우물쭈물하는 자위대를 가뿐히 격파하고, 수만 명의 주민을 학살하는…… 식의 시나리오야말로 그의 '북한 위협론+유사입법 긴급론'이 '옳았다는 것'을 그 어떤 데이터보다 명백히 증명할 것이다.

게거품을 무는 이 논객에게 '가장 행복한 상황'은, 지금 이 스튜디오에 '북한 공작선이 상륙하여 육상 자위대와 교전 중'이라는 임시 뉴스가 날아들어 대북한 유화론자의 얼굴이 창백

---

* 일본이 외국으로부터 무력 공격을 받을 경우의 대응 방침을 명시한 법제. 일본의 평화 헌법 이념에 어긋나는 데다 동북아시아의 안보를 위협하므로 주변국과 시민단체 등이 지속적으로 반대했음에도 불구하고 2003년에 관련 법안 3개가 통과되었다.

하게 질리고 말문이 막히는 것임에 틀림없다. 그는 "거봐라!"라며 승리의 기쁨에 전율할 것이다.

정말로 이상한 일이다.

국방의 중요성을 주장하는 사람이 가장 바라는 것은 '국방의 파탄'이라는 사태다. 마찬가지로 경제 정책 전환이 시급함을 주장하는 사람이 가장 바라는 상황은 현재의 경제 정책이 화려하게 실패하는 것이다. 성차별 및 인종차별이 반드시 해소되어야 한다고 주장하는 사람이 바라 마지않는 것은 차별 받는 경우가 '여기도 저기도 광범위하게 존재한다'는 증거다.

정론가가 옳았다는 것은 '세상이 보다 나빠지는' 사태로만 증명된다. 따라서 정론가는 반드시 '세상이 보다 나빠지기를' 무의식중에 바라게 된다.

'세상을 보다 살기 편하게 만드는 것'보다 '자신의 의견이 옳음을 증명하는 것'을 먼저 신경 쓰는 사람을 나는 믿지 않는다.

내가 정론을 싫어하는 이유는 아마도 이 때문이리라.

오리지널과 카피

'이상한 책'을 냈다. 왜 '이상한가' 하면, '웹사이트에 쓴 글'을 모아서 책으로 만들었기 때문이다. 다시 말해 인터넷에서 (스크롤하는 수고만 아끼지 않으면) '공짜로 읽을 수 있는' 글을 유료로 배포한 것이다.

'공짜로 가질 수 있는 것'을 돈 내고 사는 사람이 있을 리 없을 텐데, 사는 사람이 꽤 있다. 신기한 일이다.

나는 내 홈페이지에 쓰는 글에 대해서는 '카피 프리'를 선언하고 있다. 인터넷에 올린 시점에서 그 텍스트는 이미 내 소유를 떠나 일종의 '공공성'을 지닌 영역에 귀속된다고 생각하기 때문이다.

그러므로 누구든지 자유롭게 복사&붙여넣기해서 써도 된

다.

"우치다, 말은 그렇게 해도 만약 자네가 쓴 텍스트를 다른 사람이 복사&붙여넣기해서 책으로 만들어 팔아치우면 어쩔 텐가? 인세를 그 사람이 가져가도 화나지 않겠나?"

조금 어려운 문제다.

그러나 내 방침은 "응, 괜찮아. 상관없어"라고 말하는 것이다.

왜냐하면 내가 스스로 '오리지널이다'라고 믿고 쓰는 글 대부분이 실은 '누군가의 카피'이기 때문이다. 내 주장의 과반은 이제까지 누군가가 말한 것을 내가 나의 치수로 수선해서 베낀 것에 지나지 않는다(실제로 내가 방금 쓴 이 말은 롤랑 바르트의 말을 그대로 옮긴 것이다). 내가 다른 사람의 식견을 카피해두고 남에게는 그것을 금지한다면 이치에 맞지 않는다.

게다가 누군가가 내 글을 무단 전재한 경우도 거기에는 그 나름의 '오리지널리티'가 생길 것이라고 생각한다.

내 문장의 일부를 잘라내어 그 사람의 문장 속에 붙여 넣든 통째로 베끼든, 그 사람과 나의 '사고방식'이 다른 이상 텍스트 글귀가 같더라도 그 텍스트가 발신하는 의미는 이제 다른 것이 된다.

말의 의미는 철저하게 '문맥 의존적'이므로 '인용'은 이미 '오리지널'이다.

나의 홈페이지 게시판에는 가끔 상당히 험악한 말투의 글이 올라올 때가 있다. '고약한 사람이군' 하고 생각하지만, 어느 정도 거친 욕설이 있어도 그 글을 지우지 않는 것이 내 방침이다.

왜냐하면 '삭제'한다는 것은 그 글이 내 홈페이지의 '문맥'에 받아들여지지 못한다는 것을 '의미'하기 때문이다. 그 글이 나의 약점을 호되게 공격해서 내가 '상처를 받았고', 하지만 '효과적인 반론이 생각나지 않아서', 홧김에 '언론을 억압했다'는 '멋대로의 해석'을 이 '작성자'에게 허용해버리기 때문이다.

나는 예의를 모르는 자에게 그러한 '의미의 선물'을 갖다 바칠 정도로 아량 있는 사람이 아니다.

그런 글은 무시할 뿐이다. 다른 작성자들도 나를 따라 그 글을 무시한다.

그러면 일정 시간이 지난 뒤 게시판에는 나와 작성자들 사이의 '우호적인 대화'라는 '토양' 위에 '욕하는 글'이 홀로 우두커니 우뚝 솟아 있는 꼴사나운 '그림'이 또렷이 떠오른다. 그 글은 마치 '박물관'에 전시된 '품성이 상스러운 인간이 쓰는 글의 표본'처럼 우리에게 감상된다.

텍스트의 '의미'는 글귀 자체가 아니라 그 텍스트가 어떤 문맥 속에 놓이는지에 따라 결정된다. 어떤 글귀를 어떻게 카피할지 생각할 때 이미 사람들은 오리지널리티를 발휘하기 시작한다. 그러므로 설령 어떤 이가 내가 쓴 글을 통째로 베껴서 책으로 낸다 한들, 인용한 부분의 의미는 내 책 속에 놓여 있을 때와는 완전히 달라질 것이다.

제 2 장

어른의
사고법

'나답게 사는 것'은 당연한가

무술 연구가 고노 요시노리 선생이 추천한 데구치 야스아키의 『대지의 어머니』를 읽는다. 재미있다.

손자가 쓴 데구치 오니사부로[*]의 전기. 성聖과 속俗이 같은 인물 안에서 동거하는 축제형 인격이 매력적으로 그려져 있다.

오니사부로는 한 인간 안에 천사 같은 요소와 악마 같은 요소, 천상의 요소와 지상의 요소가 뒤섞여 있는 종잡을 수 없는 인물이다. 이러한 복합적 인격의 깊이와 폭에 대해 현대 사람들은 상상이 잘 안 갈 것이다.

---

[*] 일본의 신흥 종교 오모토(大本)의 두 교조 중 한 명.

현대 사람들은 "천사인가 악마인가, 한쪽으로 정하라"거나 "천사와 악마를 뒤섞어서 보통 사람으로 만들어라"고 말한다. 하지만 어느 쪽이든 인격이 단일한 것을 명백하고 자연스러운 현상으로 보는 점에서는 차이가 없다.

이런 시각이 괜찮을까 의문이다.

어째서 사람의 인격은 단일해야만 하는가.

"그런 게 당연하잖아"라고 말하는 사람이 있는데, 정말로 '그런 게 당연한' 일인가?

인간에게는 다면적인 활동을 통합하는 단일하고 중추적인 자아가 있어야 한다는 사고방식이 지배적이 된 것은 지극히 최근의 일이다. '내면'이나 '참된 나'는 근대적인 개념이다.

알려진 대로 '내면'은 메이지 시대에 들어서서 비로소 나타났다(문학사에서 가르치는 바로는 작가 구니키타 돗포의 '발명'이다). 그러므로 에도 시대의 무사에게는 물론 '내면' 같은 게 없었으며, 당연히 '아이덴티티'도 있었을 리 없다.

야마모토 슈고로의 소설 『전나무는 남았다』*의 주인공 하라다 가이가 '실제로는 무슨 생각을 하고 있었는지'는 이 소설을 종이가 뚫어져라 반복해서 읽어봐도 알 수 없다. 왜냐하면 이

---

* 에도 시대 전기에 센다이 번의 영주 다테 가문에서 일어난 내분을 제재로 삼은 역사소설.

사람은 정치적 상황의 변화에 따라 말하는 것도 달라지고 태도도 급변하며 적군과 아군도 바뀌기 때문이다. 그러므로 곁에서 보면 '천사인지 악마인지, 충신인지 간신인지' 종잡을 수 없다.

그러나 하라다 가이 자신은 필시 주관적으로는(하라다 가이의 '주관'에 의미가 있을 경우의 이야기지만) 전혀 주저하거나 머뭇거리는 일 없이 올곧게 살고 있다고 생각할 것이다. 그는 그때그때의 정치적 배치 속에서 다테 번의 존속에 가장 좋다고 여겨지는 정치적 결단을 망설임 없이 내렸을 뿐이기 때문이다.

그는 주저 없이 외길 인생을 살아가지만, 그것은 '언제나 자신답게 사는 것'과는 전혀 다르다. 그가 그 '외길'을 걷는 이유는 그것이 가로*로서 요청받은 직무이기 때문이다. 그 직무가 아니라면 그의 행동은 완전히 달라졌을지도 모른다(아무도 모를 일이지만). 어느 쪽이든 '어떤 상황에서도 변치 않는 자신다움'이란 아마 하라다 가이의 머릿속에 한 번도 떠오른 적 없는 개념일 것이다.

정치적 상황에서 '나'를 고정적으로 설정하면 선택할 수 있는 옵션은 줄어든다. 그러므로 정치적 인간은 시스템에 가장

---

* 가신의 최고위 직.

좋은 선택을 하기 위해 '나'를 되도록 고정하지 않으려고 노력한다. 아이덴티티의 유지보다 시스템의 유지가 자신에게도 '모두'에게도 우선순위가 더 높기 때문이다. 아이덴티티란 시스템의 '사후 효과'일 뿐이다. 그 점을 아는 것이 정치적 인간이자 넓은 의미에서의 '어른'이다. 나는 그렇게 생각한다.

〈망나니 쇼군〉* 재방송을 보던 중 어느 번藩 중신의 아들이 "나답게 살고 싶으니 무사를 관두고 상인이 되겠습니다"라고 선언하자 다들 "장하다, 장해"라고 칭찬하는 장면이 나와서 깜짝 놀랐다.

각본을 쓴 사람은 이를 농담이라 생각하며 쓰지는 않은 것 같다. 어쩌면 옛날 사람도 우리와 마찬가지로 '아이덴티티 신화' 속에서 살아갔다고 생각하는 건가. 외국 사람이나 옛날 사람도 틀림없이 지금의 우리처럼 생각하거나 느낄 것이라고 상정하여 의심치 않는다면 꽤나 상상력이 빈곤하다.

에도 시대의 무사가 장소가 어디든 상대가 누구든 상관없이 언제나 '자기 동일성'을 관철하기 위해 "나답게 살고 싶다" 같

---

* 1978년부터 2002년까지 방영된 시대극. 에도 막부의 쇼군 도쿠가와 요시무네가 변장한 모습으로 시내에 나와 백성들과 교류하며 악의 무리를 응징하는 내용이다.

은 말을 할 리 없다. 그도 그럴 게, '무사'란 '공적'인 것, 즉 '사私가 없는' 것을 본질로 삼는 존재이기 때문이다.

'무사さむらい'의 어원은 '모시다さぶらふ', 즉 귀인의 곁에서 봉사하며 신변을 경호하는 것에서 유래되었다. 그 어원 자체가 '신종臣從하는 대상', 자신보다 '공공성이 높은 대상'을 위해 몸을 바치는 직분을 가리킨다. '자신보다 공공성이 높은 대상'은 때로는 인격적 표현(주군)이고 또 때로는 이데올로기적 표현(대의)인데, 그 대상을 항상 '나'보다 우선하는 것이 무사의 행동에서 수미일관성을 담보한다.

요정에서 여자와 논 다음 기라吉良 저택을 습격하는 것은 오이시 구라노스케*라는 무사에게 조금도 모순된 일이 아니다. 현대인이라면 '여자와 노는 것'은 '사'이고 '습격'은 '공'이라 생각해서 '쳇, 습격이라니 귀찮은데'라는 식으로 느낄 수도 있지만, 그것은 이데올로기적인 착각에 지나지 않는다. 오이시에게 당장의 목적은 오로지 '원수 갚기'이며, 가장 효과적으로 그 목표에 도달하기 위한 기술적 문제의 해법 중 하나로서 '정치적'으로 요정 나들이를 하고 있을 뿐이기 때문이다.

---

* 에도 시대 전기의 무사로 아코 번의 가로. 아코 번의 무사들이 주군의 복수를 위해 적(기라 고즈케노스케)의 저택을 습격했던 아코 사건으로 널리 알려졌다.

『가나데혼 주신구라』*에서 습격을 위한 기술적 문세는 '매번 가장 적절한 정치적 판단'을 내리는 사람들에 의해 해결된다. 이야기는 기라 저택 습격 작전에서 생사가 걸린 모든 정보는 '예사로 주위를 속이고 완전히 다른 사람이 되는' 의사義士들이 가져온다는 것을 가르쳐준다. '나는 언제나 나답게 살고 싶다'는 아이덴티티 신화를 내세우는 사람은 이 이야기에 등장하지 않는다. 만약 그런 인간이 있었다 하더라도, 이 같은 기밀성 높은 정치적 프로젝트에 관여할 기회는 결코 주어지지 않았을 것이다.

상대에 따라, 장소에 따라, 입장에 따라 여러 개의 인격을 구분해서 쓰며 그때마다 '다른 사람'이 되는 것, 그로써 '공공성 높은' 목적에 봉사하는 것은 고작 반세기 전까지만 해도 일본의 어른에게는 지극히 자연스러운 행동이었다. 아니, '자연스럽다'기보다 살아남기 위해 필수적인 행동이었다. 그도 그럴게, 어떤 정치적 목적을 밝히는 일이 생명과 신체, 재산을 위협하는 상황에서는 "모든 국면에서 나다움을 계속 표현하는 일이 최우선이다" 같은 말을 하는 사람은 눈 깜짝할 사이에 포박

---

* 아코 사건을 바탕으로 만들어진 이야기. 여기서 오이시 구라노스케는 아코 번의 무사들을 결집시키는 역할을 한다.

당할 수밖에 없기 때문이다.

다르게 표현하자면 우리는 '그런 말'을 하고 다닐 수 있을 정도로 '태평한 사회'에 살고 있다는 뜻이다.

나는 여기서 '태평하다'는 말을 나쁜 뜻으로 쓴 것이 아니다.

'태평한 사회'에서 살 수 있다는 것은 매우 행복한 일이다. 정말로 행복한 일이라 생각한다.

어떤 정치적 신조를 가지는 일이 즉시 생명의 위험으로 이어지는 '우울한 사회'에서 사는 것 따위, 나는 딱 질색이다.

현대가 전국 시대나 에도 시대보다 살기 편하다는 점에 대해서는 나는 전혀 이론이 없다. 보수파 논객들은 종종 "옛날에는 좋았지"라고 말하지만, 그런 말을 하는 당사자들을 타임머신에 태워 전국 시대로 보낸 모습을 상상해보면 좋으리라. 그 견식이나 담력, 무예로 '저쪽'에서 제몫을 인정받을 사람이 그들 가운데 대체 몇이나 될까.

'아이덴티티를 우선하는 삶'이 가능하다는 것은 우리가 그만큼 태평하고 자유로운 정치적 제도 안에서 사는 것에 대한 '결과'다. 그것은 어떤 역사적 조건이 갖추어짐으로써 획득되고 분배된 '이득'이다. 우리는 이처럼 역사상 예외적으로 안전한 사회에서 살면서도 그런 안전에 완전히 보호받고 있다는 사실을 쉽게 잊는다.

이는 반대로 역사적 조건이 변하면 그런 '이득'은 순식간에 사라져버린다는 뜻이기도 하다(이를테면 북한 주민들 사이에서는 '국가적 대의보다 나다움을 우선한다'는 이데올로기가 정착하지 않았을 것이다. 그런 이데올로기를 내세우면 오래 살지 못할 테니까).

오해하지 말아주셨으면 하는데, 나는 "사적인 이익을 돌아보지 말고 멸사봉공하라"고 말하는 게 아니다. 그게 아니라, '인간은 항상 자신다워야 한다'든지 '언제나 사적인 이해를 가장 먼저 고려해야 한다'와 같은 의견을 형벌의 위험 없이 주장할 수 있는 경우는 지극히 예외적으로 혜택 받은 정치적 상황 아래에서뿐이라는 사실을 잊지 않는 편이 좋다는 것이다.

지금의 일본은 역사적으로 봤을 때 그런 '한정적으로 혜택 받은 정치적 상황' 속에 있다고 생각한다(아마 좌우를 불문하고 많은 지식인들이 내 판단에 반대할 테지만).

'평화 얼간이平和ボケ'*라는 단어는 종종 부정적인 뜻으로 사용되지만, 나는 '평화 얼간이로 지낼 수 있는 사회'란 이상적인 사회라고 생각한다. '전쟁 속에서 살아가는 덕분에 명석한' 것보다 '평화로운 상태가 지속되어 머리가 돌아가지 않는' 편이 백만 배는 더 행복하다.

게다가 '평화 얼간이'라는 말에는 교화적인 의미도 있다.

---

* 평화(平和)와 명함(ボケ)의 합성어로 평화가 지속되어 무뎌진 상태.

왜냐하면 둔감해진 사람에게는 평화를 효과적으로 유지할 능력이 없기 때문이다.

우리는 언제나 이 '예외적으로 혜택 받은 정치적 상황'이 '상실될 가능성'을 염두에 두고 정치적 판단을 내려야 한다.

이를 위해서는 일본이 다시 전쟁에 휘말리거나 억압적인 정치 체제로 돌아갔을 때, 그런 부정적인 상황에서 여전히 살아남기 위해서는 어떤 식으로 행동하면 좋을지를 '평상시'에 생각할 필요가 있다. 만약 '평화 얼간이' 상태를 비판적으로 언급하는 데 의의가 있다면 그런 상상을 환기하는 계기가 된다는 것이며, 그 외에는 의미가 없다.

이해하기 어려울 수도 있지만, '학정 속에서도 살아남기 위해서는 어떻게 행동하면 좋을지'를 생각하는 것은 '학정 속에서 살아남기 위해서'가 아니다(그런 일은 친구를 팔고 이웃을 제물로 삼아서라도 살아남을 수 있는 이기적인 사람에게는 하나도 어렵지 않다). 우리가 '잔혹하고 강권적인 사회에서도 살아남기 위해서는 어떻게 하면 좋을지'를 생각하는 이유는 그런 정치 체제를 결코 실현시키지 않기 위해서다.

상상력이란 현실에 존재하지 않는 것을 상상으로 눈앞에 불러내기 위해서만 쓰는 게 아니다. 현실에 존재해서는 안 되는 것을 결코 현실로 불러내지 않기 위해서도 쓴다.

후회는 뒤에 서지 않는다

20세기도 이제 남은 날이 11일뿐이다. 뭔가 20세기 안에 못한 일은 없는지 곰곰이 생각해봤는데, 놀랍게도 '하나도' 없다.

스스로도 대단하다고 생각한다. 나는 '하고 싶은 일은 그 자리에서 즉시 한다'는 방침을 가지고 있으니 못한 일이 없다는 것은 이 태도가 관철되었다는 뜻이다.

후회에는 두 종류가 있다.

'무언가를 해버린 후회'와 '무언가를 하지 않은 후회'다.

대개 '후회'라 하면 사람들은 전자를 떠올린다.

'아아, 그런 말만 하지 않았더라면……'이라는 등, '그때 술만 마시지 않았다면……'이라는 등, '그때 갑자기 마가 끼지만 않았더라면……'이라는 등.

그러나 그로 인해 친구를 잃든 면허정지를 먹든 성희롱으로 고소당하든 선물거래로 전 재산을 날리든, 그런 행동들은 분명 '그 사람 자신의 욕망'이 형태를 취한 결과다.

그만 입을 잘못 놀려서 친구를 잃은 사람은 마음속으로는 상대를 원래 '친구'로 여기지 않았던 것이다. 술을 마시고 이성을 잃은 사람은 '마시면 이성을 잃는다'는 사실을 이성적으로 알고서 취한 것이다. '마가 끼어서' 선을 밟고 넘어버린 사람은 '밟고 넘어가고 싶었기' 때문에 '밟고 넘어간' 것이지 누가 그러라고 강제한 게 아니다. 잠재적 욕망을 본인의 동의하에 겉으로 드러냈을 뿐이다.

나는 그런 것은 '후회'라 부르지 않는다.

우리의 마음을 오랜 세월에 걸쳐 산酸처럼 침식하여 우리를 폐인으로 몰아가는 종류의 '후회'는 '무언가를 하지 않은 후회'다.

둘도 없는 시간, 둘도 없는 사람, 둘도 없는 만남을 '놓친' 것에 대한 후회, '일어나지 않은 사건'에 대한 후회는 그 일이 일어나지 않았기 때문에 우리의 상상을 끝없이 계속 도발한다.

나는 열여섯 살 때 그 사실을 배웠다.

"후회는 뒤에 서지 않는다"는 말은 동급생인 '오구치 갓짱'[*]이 내게 한 말이다. 이 얼마나 함축성 짙은 말인가(갓짱은 "무쇠팔 아톰 우리에게 쏴라鐵腕アトムうちに打て"[**]라는 격언도 남겼다. 이 말은 무슨 뜻인지 잘 모르겠다).

물론 국어로서 올바른 표현은 '후회는 앞에 서지 않는다'다. 그러나 잘 읽어보면 아시겠지만 '국어로서 올바른 격언'은 '무언가를 저질러버렸다는 후회'에 대한 격언이지 '무언가를 하지 않았다는 후회'에 대한 격언이 아니다.

'무언가를 하지 않았다는 후회'는 문맥 의존적이어서 인생의 한 구간에 일단 마침표가 찍혔을 때만 '후회'로서 눈앞에 나타난다.

반면 '무언가를 저질러버렸다는 후회'는 그 일을 저질러버린 직후에(경우에 따라서는 하고 있는 와중에) '아, 이건 위험한데'라고 뼈저리게 느낀다.

즉 '하지 않은 일에 대한 후회'는 오랜 세월에 걸쳐 '후회'로서 뿌리를 내리며, 그 '후회' 자체가 인격의 일부를 이룬다. 반면 '해버린 일에 대한 후회'는 '되도록 빨리 잊는 편이 좋은' 종류의 후회이며, 대체로 우리는 '사건'과 '후회'를 한데 합쳐서 즉시 잊어버린다.

어떤 '후회'가 보다 독성이 강한지는 생각해보면 금세 알 수

---

* 훗날 쇼와대학 이사장이 된 오구치 가쓰지.

** '쇠는 뜨거울 때 두드려라(鐵は熱いうちに打て)'라는 격언과 발음이 비슷한 것을 이용한 말장난.

있다.

나는 이 귀중한 조언을 받아들여서, 일단 '나중에 돌이켜봤을 때 〈하지 않은 것〉을 후회할 법한 일'이라면 닥치는 대로 '하는 것'을 삶의 기본 방침으로 삼아 오늘에 이르렀다.

그 결과 나는 셀 수 없을 정도의 어리석은 행동을 되풀이했지만 그 점을 전혀 후회하지 않는다.

어제 빌려온 영화 〈아이들의 제국ガキ帝國〉을 봤더니, 거의 마지막쯤에 1967년 오사카의 미나미 거리에서 조방호가 기동대원이 된 옛 불량배 동료인 뽀빠이에게 "어이, 뭐하는 거야?"라고 말을 걸었다가 "체포할 테다, 이 녀석"이라는 도발에 울컥해서 갑자기 기동대원 대열의 한가운데에서 그를 때려눕히는 장면이 나왔다.

왠지 몹시 그리운 느낌이 들었다. 곰곰이 생각해봤더니 나도 같은 짓을 한 적이 있다는 게 떠올랐다.

1970년 12월, 무슨 데모였는지 잊어버렸지만 긴자 거리에서 데모한 적이 있다. 이미 거리는 크리스마스 분위기였고, 나도 데모할 기분이 확 나지 않아서 적당한 곳에서 대열을 빠져나와 데모대를 규제하는 기동대의 대열 바깥쪽에서 터덜터덜 걷고 있었다.

그러던 중 기동대 분대장으로 보이는 지휘봉을 든 아저씨가 멈춰 서서 무전기로 데모를 규제하라는 지시를 내리고 있는 장면과 마주쳤다. 그 아저씨는 스무 살이었던 내 앞에 커다란 엉덩이를 내보이며 거만하게 길을 가로막고 있었다.

내게는 그 무신경한 엉덩이가 '국가 권력'의 상징처럼 보였다. 나는 '즉단즉결'로 회심의 토킥을 기동대 대장의 항문에 내리꽂았다. 그는 그대로 1미터쯤 공중에 뜬 뒤 얼굴부터 가로수 밑동에 처박혔다.

너무도 멋진 발차기의 효력에 나조차 놀랐다. 주위의 기동대원들도 무슨 일이 일어났나 싶어 잠시 동안 얼이 빠져 있었다. 나는 기동대원 몇십 명이 둘러싼 한가운데에서 대장의 엉덩이를 걷어찬 것이다. 대장이 일어서서 "저 녀석을 체포해!" 하고 고함치자 나도 대원들도 제정신으로 돌아왔다.

나는 그 뒤 생애 최고의 속도로 긴자 거리를 달렸다. 한번은 대원 하나의 손이 내 코트의 모자 부분에 닿았지만, 다행히도 맥그리거 더플코트의 모자에는 '뗐다 붙였다' 할 수 있는 단추가 달려 있었기 때문에 단추가 모조리 뜯어지며 모자만 그의 손에 남기고서 나는 긴자 4번가의 모퉁이를 돌아 유라쿠초 쪽으로 달아날 수 있었다.

30년 전 이맘때의 일이다.

그때 '즉단즉결로 엉덩이를 걷어찼기 때문에' 나는 이런 사람이 되었다. '심사숙고 끝에 차지 않았을' 경우, 그 뒤 내가 어떤 사람이 되었을지는 상상이 잘 되지 않는다. 아마 지금의 나보다는 '상냥한 사람'이 되었겠지만 그건 '내'가 아니다.

논리적인 사람과 따지기 좋아하는 사람

나흘 만에 집에 들어갔더니 메일이 마흔다섯 통 쌓여 있었다. 그 가운데 이십여 통이 '졸업 논문 계획'과 '봄방학 숙제'. 위스키를 기울이며 학생들의 작문을 읽는다. 꽤 재미있다. 착안점은 언제나 재미있다. 센스 있는 아이들이니까.

그러나 이 '재미있는 착안점'에서 '깊이 있는 고찰'로 나아가려면 앞으로 커다란 장애물 두 개를 더 뛰어넘어야 한다. 바로 '자료적 기초 만들기'와 '논리적으로 사고하기'다.

자신의 일상적인 식견(텔레비전에서 본 것, 잡지에서 읽은 것, 친구한테 들은 것……)만을 자료적 기초로 삼아 학술논문을 쓰기란 매우 어렵다. 우선 선택한 주제에 대해서는 '조사'라는 작업을 해야만 한다. 문헌을 읽고 인터넷으로 검색하는 게 손쉬운 자료 검색이지만 '손쉬움'에는 '손쉬움'의 한계가 있다.

이들은 모두 '제2차 자료'라 불린다. 이는 어떤 주제에 '대한' 설명이지 주제 '그 자체'는 아니다.

주제 '그 자체'에 대한 연구는 연구자 본인이 '현장에 가고, 실물을 보고, 본인과 만나고, 실제로 경험하는……' 식의 현장 조사를 하지 않으면 소용이 없다(예전에 문신을 연구했던 연구생은 일본 각지의 문신사를 찾아가서 인터뷰를 따왔다. 홈리스 연구를 했던 연구생은 홈리스 두 사람에 대한 장기간 동행 취재를 감행했다. 불꽃놀이 연구를 했던 연구생은 침낭을 짊어지고 일본 종단 불꽃놀이 여행을 떠났다…… 우리 학생들은 대대로 발놀림이 좋다).

거기서 얻은 정보는 '제1차 자료'라 불리는데, 이야말로 그 연구자가 '연구 공동체'에 '선물'할 수 있는 귀중한 학술 데이터다.

데이터 수집에 한해 말하자면, 새내기 학생이라도 착안점과 발놀림만 좋다면 그 분야의 대학자에게 뒤지지 않는 일을 해낼 수 있다.

그러나 그것만으로 끝이 아니다. 그 후 수집한 자료를 분석하고 이론을 세우는 '논리적 사고'라는 작업이 필요하기 때문이다.

학생들은 이 일에 서투르다.

논리적 사고란 간단히 말하자면 지금 자신의 사고방식을

'괄호 속에 넣고' 기능을 정지시키는 일이다.

'지금 자신의 사고방식'은 자신에게 '지극히 자연스럽게' 느껴지는 경험이나 사고의 양식이다. 그러나 눈앞에 문제가 있는데 그 문제를 잘 처리하지 못한다는 건, 요컨대 그 문제를 해결하는 데 '지금 자신의 사고방식'이 쓸모없다는 뜻이다.

이는 페이퍼 나이프로는 생선포를 뜰 수 없는 것과 마찬가지다. 쓸모없는 도구를 만지작거리고 있어봤자 아무 소용없다. 그런 건 단호하게 버리고 '식칼'로 바꿔 잡아야 한다. '논리적으로 사고하는 것'이란 요컨대 '페이퍼 나이프를 버리고 식칼로 바꿔 잡는 것'이다.

그러나 대부분의 학생은 그 빈약한 페이퍼 나이프를 꽉 움켜쥐고 놓지 않으려 한다. 어디까지나 자신의 '상식'만으로 요리를 해내려 한다.

자신의 도구에 고집을 가지는 것 자체는 나쁘지 않다. 하지만 그래서야 '생선포'를 뜨기는커녕 비늘 두 세 개를 떼어내는 것이 고작이다.

논리적으로 사고할 수 있는 사람이란 '지금 쥐고 있는 페이퍼 나이프는 못 쓴다'는 사실을 깨달은 뒤 곧바로 사고방식을 바꿔서 손에 잡히는 모든 도구를 시험해볼 수 있는 사람이다. 철수세미로 비늘을 벗기고 폭이 좁은 식칼로 몸통을 엇베고 집게로 잔뼈를 발라내고 칼날이 뼈에 닿아서 들어가지 않으면 쇠망치로 식칼을 후려갈기는 대담한 작업을 시도하는 것조차 꺼리지 않는, '종횡무진, 융통무애'하게 도구를 쓸 수 있는 이를 '논리적인 사람'이라고 한다.

종종 '논리적인 사람'을 '따지기 좋아하는 사람'으로 착각하는 경우가 있는데 이 둘은 전혀 다르다.

'따지기 좋아하는 사람'은 부엌칼 하나로 모든 요리를 만들려고 하는 사람이다.

'논리적인 사람'은 쓸 수 있다면 드라이버든 호치키스든 가리지 않고 요리에 쓰는 사람이다(레비스트로스는 이를 '브리콜라주'라고 불렀다).

그때그때의 기술적 난문에 가장 어울리는 접근법을 찾아내기 위해서는 주변에 있는 온갖 '도구'에 대해, '그것에 잠재된 원래의 사용법과는 다른 사용법'을 항상 생각하고 있어야 한다.

'지금 자신의 사고방식'은 '자기 돈으로 산 도구'다.

반면 '그때그때의 기술적 과제에 어울리는 도구'는 '타인의 사고방식'이다.

'자신의 사고방식'으로 생각하기를 멈추고 '타인의 사고방식'에 상상으로 동조할 수 있는 능력, 이를 '논리성'이라 부른다.

논리성이란 달리 말하자면 어떤 우리에도 머무르지 않는 사고의 자유다. 그리고 학생 여러분이 대학에서 익혀야 할 것은 대체로 '이쁜'이다. 건투를 빈다.

재능 측정법

비즈니스카페*로부터 《에스프레소》 최신호가 온다.

나는 이 비즈니스 잡지에 매호 실리는 히라카와 가쓰미의 에세이를 즐겨 읽는다. 내가 이 세상에서 가장 좋아하는 일 가운데 하나가 '새로운 말'을 배우는 것이기 때문이다.

히라카와는 현대 시인이라는 전력을 가지고 있기 때문에 '언어의 현실 변성력變性力'이 어느 정도인지 잘 안다. 같은 현상을 다른 언어로 나타내면 그것은 이미 다른 현상이 된다. 그러므로 그는 어떤 개념에 빠져 있는 함의를 강조하고자 할 때

---

* '비즈니스카페 재팬'이라는 컨설팅 회사. 저자는 이 회사의 창립 멤버이자 주주다.

종종 그것을 유의어로 바꿔 말한다.

가령 그는 '기업가'를 '안트레프레너entrepreneur'라고 표기한다.

이 단어는 내 가슴을 설레게 한다. 왜냐하면 입시학원에서 갈고닦은 나의 영어 어휘에 '안트레프레너'라는 단어는 없기 때문이다.

'사업가'는 '엔터프라이저enterpriser'다.

'안트레프레너'에 가장 가까운 단어는 프랑스어 '앙트르프르뇌르entrepreneur'다.

그러므로 이 단어는 아마도 프랑스어에서 미국 비즈니스 어휘로 들어왔을 것이다. 가까운 과거 어느 때쯤에 '엔터프라이저'의 닳아빠진 어감을 꺼려서, 외래어를 개작하여 entrepreneur라고 표기한 미국인이 있었던 것이다. 그리고 히라카와는 그 미국 비즈니스맨의 언어 감각에 반응하여 '안트레프레너'를 구태여 일본 비즈니스 어휘에 도입했다.

나는 그렇게 추리한다.

그런 시인적 언어 전략에 바탕을 둔 히라카와의 비즈니스 에세이는 여느 때처럼 마무리가 근사하다. 인용해보겠다.

얼마 전 내 친구들에게 '지성'이란 무엇인지 물어봤습니다. 물론 날리지 매니지먼트knowledge management라는 요즘의 '유행어'가 머릿속에 있어서였지만, 비즈니스의 최전선에서 활약하는 서른 명 정도의 친구들에게서 되돌아온 대답은 대부분 '인간력'* '배려심' '문제 해결 능력'과 같은 그리운 요소였습니다.

저에게 '지성'이란 '자신이 무엇을 모르는지를 아는 것'입니다. 모든 지성이 내부에 '자기 부정의 밑씨'를 지니고 있는 것이 '운동 하는 지성'에게 중요하다고 생각합니다.

'운동하는 지성'이란 자신을 상대화하고 타자와 연동하여 현상 을 개혁해나가는 에너지의 원천이라는 뜻으로 쓰고 싶습니다.

일찍이 회사의 수명은 30년이라는 말이 유행했는데, 그 진리는 지금도 여전히 유효하다고 생각합니다. 지금 기업은 자사의 캄피 턴시competency를 확립하기 위해 온 힘을 다해 자원을 집중하고 있습니다만, 이런 때야말로 내일의 코어 캄피턴스core competence 를 길러나갈 필요가 있지 않을까요.

(히라카와 가쓰미「이율배반으로서의 인큐베이션」《Espresso》
제6호, 2001년)

'날리지 매니지먼트'도 '캄피턴시'도 '코어 캄피턴스'도 내 어휘에는 없는 비즈니스 용어다. 그러나 그 단어들이 무엇을

---

* 일본에서는 한 사람의 자립한 인간으로서 씩씩하게 살아가기 위한 종합 적인 힘을 뜻하는 말로 통용된다.

뜻하는지는 대충 알 것 같다. 내가 아는 건 '캄피턴시'는 '캄피턴스(능력)'에 비해 마지막의 '시' 부분만 어감이 '날카롭다'는 것이다.

단어가 '날카로운' 경우가 있다. 그것은 단어가 미분적인 운동성을 띤다는 뜻이다.

이를테면 우리는 '방법'보다 '방법론'에서, '모드mode'보다 '모댈러티modality'에서, '디퍼런스difference'보다 '디페랑스différence'에서 더욱 강한 운동성을 느낀다. 그런 단어는 어떤 사태를 '정지태'가 아니라 '운동태'로 표현하고 싶을 때의 기세로 선택한다.

그런 어감과 같은 생각이 이 텍스트를 관철하고 있다. 그것은 '운동하라. 발을 멈추지 마라'는 생각이다. 시와 비즈니스와 무도의 경험으로부터 히라카와가 얻은 통찰이 그것이라고 나는 생각한다.

무라카미 류의 『타나토스』를 다 읽었다.

무라카미 류는 '재능'에 집착하는 작가다.

이번 소설의 테마 중 하나는 '재능이 없다'는 것은 무엇인가라는 물음이다.

'재능 없는' 사람이란 '자신에게는 재능이 없다'는 사실을 직시하지 못하는 사람이다(이런, 방금 전에 들은 말 같다). 그들은

'노력'으로 재능의 부족함을 어떻게든 메울 수 있다고 생각한다.

반대로 '재능 있는' 사람은 자신에게 어떤 재능이 있고 어떤 재능이 부족한지를 알고 있으며, 재능이 '있는' 것도 '없는' 것도 개인적인 노력으로는 어찌할 수 있는 수준의 문제가 아니라는 사실을 안다.

'재능'에는 '노력할 수 있는 능력'이 포함되어 있다.

아무리 시간을 할애하고 에너지를 쏟아부어도 전혀 괴롭지 않고, 또 그것에 종사하는 시간이 속속들이 발견과 환희로 차오르는 활동. 자신에게 그 활동이 무엇인지를 알고 주저 없이 그것을 선택하는 이를 우리는 '재능 있는 사람'이라 부른다.

나는 이런 무라카미 류의 의견에는 전적으로 찬성이다.

재능은 '아웃풋'으로 측정하는 게 아니라, 그 활동으로부터 이끌어낸 '쾌락의 총량'으로 측정하는 것이다.

쾌락의 총량을 측정하는 것은 어려운 작업이다.

많은 사람들은 자신이 얼마만큼의 쾌락을 얻고 있는지를 설명하지 못한다. 애초에 자신이 쾌락을 얻고 있는지조차 불확실하니 어쩔 수 없다. 자기만의 '쾌락의 척도'가 없는 사람이 '쾌락'과 '욕망의 충족'을 구별할 수 있을 리 없다.

비슷한 단어지만 '쾌락'은 본질적으로 개인적인 것이고 '욕망'은 본질적으로 모방적인 것이다. 이 둘은 전혀 다르다.

우리는 타인의 욕망을 모방한다. 우리가 무언가를 원할 때, 대부분의 경우 그 이유는 '그것을 다른 사람이 원하기 때문'이다. 우리의 욕망은 타인의 욕망에 감염된다.

하지만 모방 욕망에는 끝이 없다.

우리가 '가지지 못한 것'은 그야말로 숱하게 있으며, 그중 '어떤 것'이 욕망의 대상으로 눈앞에 나타날지는 그때마다 내가 '라이벌'로 여기는 사람이 무엇을 욕망하는지에 따라 달라진다(유치원 때는 A가 가진 세발자전거를 욕망했고, 중학생 때는 B가 가진 자전거를 욕망했고, 고등학생 때는 C가 가진 오토바이를 욕망했고, 대학생 때는 D가 가진 스포츠카를 욕망했고, 샐러리맨 때는 E가 가진 벤츠를 욕망했고…… 이처럼 우리가 욕망을 모방하는 대상에는 끝이 없다). 그러므로 원리적으로 우리의 욕망은 영원히 충족되지 않은 채로 남는다.

욕망은 모방적이므로 애초에 그 기원은 나의 내부에 없다. 그러므로 욕망이 충족되었다 해서 '나의 내부'에 만족감이 골고루 퍼지지도 않는다. 모방 욕망의 충족이란 욕망의 대상이 전경에서 후경으로 물러나 의식하지 않게 되는 것일 뿐이다. 우리가 욕망하는 것은 모두 '그건 이제 탐나지 않아'라고 말하기 위해서만 욕망된다.

쾌락은 욕망과 벡터의 방향이 반대다. 쾌락의 대상이 끊임없이 의식의 전경에 나타나는 것, 그 자체가 쾌락의 목적이다.

쾌락은 무언가의 결과가 아니라 과정이다.

쾌락이란 '그것을 추구하는 행위' 자체가 충분한 희열을 불러일으키는 것이다.

쾌락을 추구하는 행위 자체가 쾌락의 완전한 성취와 같은 활동. 그것이 '자신에게' 어떤 활동인지 말할 수 있는 이를 우리는 '쾌락의 척도'를 지니고 있는 사람이라고 부른다. 쾌락과 욕망의 충족을 혼동하는 사람에게는 아마도 쾌락이 찾아오지 않으리라.

무라카미 류는 쿠바인과 일본인을 비교하며, 쿠바인은 쾌락을 얻는 방법을 알지만 일본인은 모른다고 썼다.

어째서 일본인은 쾌락을 모르는가? 무라카미는 일본인이 '모델'을 구하려 하기 때문이라고 썼다.

따라서 일본인은 쾌락을 얻는 방법에 관해서도 '쾌락의 마땅한 향유법'이 있다고 믿고 그것을 학습한다. 그리고 '마땅한 쾌락'에서 점수를 깎아나가는 방식으로 지금 자신이 느끼는 쾌락의 '정도'를 재는 초라한 짓을 한다.

과연, 일본인은 틀렸다. 쿠바인은 대단하다.

하지만 무라카미 류의 트릭에 간단히 속아 넘어가서는 안 된다. 무라카미 류를 읽고 '좋아, 나도 쿠바인이 살아가는 방식을 배우자'라고 결심하는 바보야말로 무라카미가 비웃는 '모델을 구하려 하는' 일본인 그 자체이기 때문이다.

무라카미 류는 『타나토스』 따위는 쓰레기봉에 버리라고 말하는 것이다.

"나는 기분이 좋아" 따위의 말을 하는 인간이 쓰는 글 같은 건 읽지 말라고 말하는 것이다. "내가 쓴 글 따윈 읽지 마"라는 말을 듣고 허둥지둥 읽기를 그만두는 초라한 짓을 하지 말라고 말하는 것이다.

'싫어하는 것'을 말로 표현하지 못하는 사람에게 미래는 없다

무라카미 류의 『어웨이에서 싸우기 위해』를 읽는다.

나는 무라카미 류의 소설은 매우 좋아하지만 에세이는 별로 좋아하지 않는다. 왠지 '억지로 화내는' 느낌이 들기 때문이다.

무라카미 류는 본바탕부터 애국자라서 일본을 죽을 만큼 사랑하고 그 미래를 몸부림칠 정도로 걱정하지만, 그대로라면 '선량한 본성'이 훤히 보이므로 일부러 폭력적인 말투로 글을 쓴다.

그 표층의 신랄함을 '와, 통쾌하다'라며 소비하는 독자도 있을지 모른다. 하지만 나는 어쩐지 '읍참마속'처럼 애정을 애써 감춘 폭력성을 느낀다.

게다가 나는 '싸운다'는 말을 싫어한다(의외일 수도 있지만).

내가 좋아하는 것은 '타협하나'라는 동사다. 『어웨이에서 타협하기 위해』라고 하면 왠지 재외대사관 말단 직원의 마음가짐 같지만.

이 『어웨이에서 싸우기 위해』 가운데 프리터에 대해 쓴 대목이 있었다.

프리터라고 불리는 사람들이 있다. 프리터라는 말이 생긴 뒤, 취직하지 않은 채 아르바이트를 하며 기회를 기다리는 젊은 사람들이 아마도 늘어났을 것이다. 원조교제 등도 그랬지만 편리한 말은 눈 깜짝할 사이에 유통되어 단단히 정착된다.

프리터라는 편리한 말이 없었던 시절에는 취직하지 않고 아르바이트를 하는 것을 꺼림칙하게 여겼다. 오해하면 곤란한데, 나는 취직하지 않는 사람들을 비난하려는 게 아니다. 취직은 반드시 해야 하는 것이 아니다. 기회를 기다리는 것도 선택지 중 하나이리라. 단, 그것은 그 사람에게 뭔가 전문적인 기술이나 지식이 있을 때의 이야기다.

"좋아하는 일을 발견할 때까지 이렇게 프리터로 지내면서 기회를 기다릴 생각입니다."

이렇게 말하는 프리터에게는 분명 전문적인 지식이나 기술이 없을 것이다. 전문적인 지식이나 기술을 가진 사람, 특히 지금 시장에서 요구하는 금융이나 컴퓨터 관련 전문가는 수가 부족해서

프리터로 지내는 쪽이 더 힘들다.

그러나 생각해보면 금세 알 수 있는 일이지만, 스무 살이 넘도록 좋아하는 일을 찾지 못했다며 학교에도 가지 않고 이렇다 할 훈련도 받지 않는 사람에게 어떤 기회가 찾아온단 말인가. 그런 사람이 스물다섯이 되어, 가령 자신이 좋아하는 것이 의학이었다는 사실을 깨달았을 때 그 시점부터 공부를 시작해도 매우 큰 핸디캡을 짊어지게 된다.

유감스럽게도 대부분의 프리터에게는 미래가 없다, 라고 알려주지 않는 이유는 무엇일까.

(무라카미 류『어웨이에서 싸우기 위해』 2000년)

나는 무라카미의 이 의견에 대체로 찬성한다.

단, 덧붙여 말하자면 경험적으로 볼 때 직업 선택이란 '좋아하는 일을 하는 것'이 아니라 '못하는 일' '하기 싫은 일'을 소거해나간 끝에 '남은 일을 하는 것'이라고 생각한다.

다시 말해 곁에서 보기에 '좋아하는 일을 하는' 것처럼 보이는 사람은 '좋아하는 일'이 명확한 사람이 아니라 '싫어하는 일' '못하는 일'이 명확한 사람이다.

자신이 무언가를 '하기 싫고' '못 하는' 경우, 스스로에게 그것을 납득시키기 위해서는 그러한 권염倦厭의 상태, 불능의 구조를 제대로 언어화할 필요가 있다.

'하기 싫은 일'을 언어화하기란 어렵다('못하는 일'을 언어화하는 것은 더욱 어렵다).

"그게, 지루하잖아"라든지 "그런 건 싫단 말이야, 싫어"라는 식으로 말하면 평생 바보인 채 끝나고 만다.

자신이 어째서 어떤 사회적 활동에 대해 혐오나 허탈함을 느끼는지를 사려 깊게 언어로 표현해나가는 작업은 자기 '개성'의 윤곽을 알기 위한 거의 유일하면서도 몹시 효과적인 방법이다('거의 유일한'이라고 말한 이유는 다른 한 가지 방법이 있기 때문인데, 이는 '죽기 전'이 아니면 알 수 없다).

사람은 '좋아하는 것'에 대해 말할 때보다 '싫어하는 것'에 대해 말할 때 더욱 당당해진다. 그때야말로 자신에 대해 말할 정밀한 어휘를 얻을 기회다.

그러므로 "촌스러워"라든지 "구려"라든지 "지겨워"라는 단순한 어휘로 자신의 혐오를 말하고 넘어갈 수 있는 사람은 애초에 자신의 '개성'에 대한 의식이 희박한 것이다. 그러므로 그런 사람이 '좋아하는 것'을 찾아내어 개성을 실현하는 일은 100퍼센트 일어날 수 없다.

"스무 살 넘도록 좋아하는 일을 찾지 못했다며 학교에도 가지 않고 이렇다 할 훈련도 받지 않는 사람에게 어떤 기회가 찾아온단 말인가"라는 무라카미의 의문은 나 역시 가지고 있다.

'학교에 가는 것'이 전문적인 지식과 기술 습득에 얼마나 도움 되는지 선생으로서 조금 자신이 없지만, '훈련을 받는 것'의 중요성은 뼈에 사무치게 느낀다. 그것은 '자신이 못하는 일을 언어화하기'를 요구하기 때문이다.

'훈련을 받는다'는 것은 어떤 정보와 기술을 습득하기 위해 한정된 장소, 한정된 기간이긴 하지만 낯선 사람에 대해 '100퍼센트 고분고분한' 자세를 취한다는 뜻이다. '타자에게 100퍼센트의 공손함으로 임하는' 경험의 의의는 그 훈련을 통해 얻는 정보나 기술의 '내용'보다 훨씬 중하다.

이때 우리는 거의 무방비로 낯선 사람에게 자신의 심신을 맡긴다. 쉽지 않은 일이다. 이상한 '사부'에게 경솔하게 붙들리면 그대로 지옥행이다.

'훈련을 받는다'는 것은 '아직 훈련을 받지 않은 단계'임에도 불구하고 자신이 받으려는 훈련에 대해 '어떤 선생님, 어떤 시스템이 가장 훌륭한가'를 판정해야 한다는 뜻이다.

자신이 아직 배우지 않은 것, 자신이 못하는 것에 대해 하나도 모르는 단계에서 '누가 선생으로 삼을 만하며 누가 선생으로 부적절한가'를 모조리 파악해야 한다(그것이 '자신의 불능을 언어화하는 일'의 한 실천적 형태다).

'충분한 데이터가 없는 단계에서 죽기 살기로 중요한 결정을 하는 것'이 '훈련을 받는다'는 것의 최초의, 그리고 가장 중요한 의미다.

'충분한 데이디'가 있으면 누구든 올바른 결정을 내릴 수 있다(못하는 사람도 있지만). '충분한 데이터'가 없는데도 선택을 해야 할 때 우리의 오감은 비일상적으로 예민해진다. 몇 안 되는 정보의 단편으로부터 우리가 그 일부에만 접속할 수 있는 '대상'의 질과 깊이를 알아내야 하기 때문이다.

'훈련을 받는다'는 동작은 그러한 오감의 연마를 전제로 한다. 적당히 '훈련을 받아' 본 뒤 "나는 이거랑은 전혀 안 맞네"라며 실실댈 수 있는 사람은 치명적으로 감각이 둔하다. 그러므로 그 뒤 어떤 '학교'를 다니든 어떤 '훈련'을 받든 프로가 되는 것은 결코 불가능하다.

나도 '대부분의 프리터에게 미래는 없다'고 생각한다.

그것은 사회의 책임이 아니다.

자신이 '무엇을 싫어하는지' '무엇을 못하는지'를 제대로 언어화하는 것을 게을리 한 사람, '한정적인 데이터'로 훌륭한 시스템과 그렇지 않은 시스템을 판별하지 못한 사람 자신의 책임이다.

자립을 위해 알아두어야 할 것

무라카미 류의 『최후의 가족』과 『모든 남자는 소모품이다 Vol. 6』를 동시에 다 읽었다.

무라카미의 주장은 어느 책에서나 일관적이다. 그러나 생각해보면 소설을 매개로 무언가를 '주장하는' 로망 아 테즈Roman à thèse 같은 작품을 여태껏 만들어내는 작가는 무라카미 류 정도밖에 없다.

'로망 아 테즈', 즉 '테제를 가진 소설'이란 어떤 테제를 입체적으로 이해시키기 위해 이야기를 매개로 삼는 글이다. 소설의 '의미'는 작가가 거기에 담은 '메시지'에 있다는 사고방식은 19세기적인 '작가주의'로서 오래전에 매장되었을 터인데, 그러한 문학사적 상식도 아랑곳없이 무라카미 류는 마치 발자크처럼, 스탕달처럼, 사르트르처럼 억척스럽게 '자신의 메시지'를 이야기에 실어서 우리에게 내민다.

이러한 '상식이니 문학이니 따위가 어떤 장광설을 늘어놓든 나는 나다'라는 부분이 무라카미 류의 진면목이다. 남이 뭐라 하건 자신은 하고 싶은 대로 한다는 이 무라카미 류의 자세에 나는 깊은 경의를 표한다.

무라카미 류는 인터뷰에서 "이 소설은 무엇을 말하고자 합니까?"라는 질문을 거부하며 "이 소설이 말하고자 하는 바는 이 소설에 쓰여 있습니다, 한마디로 말할 수 있다면 소설 같은 건 안 씁니다"라고 몹시 정직하게 대답했다.

어떤 개념의 사전적 정의를 아는 것과 그 개념을 이해하는 것은 별개의 일이다.

'세렌디피티serendipity'를 영어 사전에서 찾아보면 '예상치 못한 좋은 것을 발견해내는 재능'이라는 풀이를 얻을 수 있다. 하지만 그 설명만으로는 무슨 뜻인지 알 수 없다. 이런 경우에는 '이야기'를 하나 해야만 한다. 가령 이런 이야기.

나는 레비나스의 번역서를 몇 권 냈다. 그 탓에 전문가로 여겨져서 때때로 레비나스에 대해 어려운 질문을 받는 경우가 있다. 예전에 동료인 W 선생이 어떤 영문 구절 하나를 내밀며 "레비나스의 어떤 책을 영역한 어느 구절 같은데 출처를 모르겠어요. 우치다 선생님, 아시지 않나요?"라고 묻는 것이었다.

말 같지도 않은 소리다. 어지간히 인구에 회자된 문구라면 또 모를까, 레비나스의 수십 권에 달하는 저서 가운데 임의의 몇 줄(게다가 영어로 번역된 글)을 대강 읽고 출처를 알 리가 없다. 나는 예의상 그 메모를 집어 들고 읽어봤다. 놀랍게도 그것은 내가 우연히 바로 전날 읽고 빨간 색연필로 죽죽 밑줄을 그었던 바로 그 구절이었다. 나는 메모를 되돌려주며 조용히 출처와 대략적인 페이지를 알려드렸다. 깜짝 놀란 W 선생은 "과연 레비나스 전문가, 모든 저서를 손바닥 보듯 꿰뚫고 계시는군요"라며 터무니없는 착각을 하셨지만 나는 굳이 그 오해를 정정하지 않은 채 싱글벙글하며 그 자리를 떠났다……

대충 이런 식이랄까. 하지만 이것은 '세렌디피티'라기보다 '싱크러니서티'*일지도 모르겠다. 뭐라고, '싱크러니서티'를 모르신다고? '싱크러니서티'라는 건…… 뭐, 끝이 없으니 관두자.

무라카미 류가 하는 일도 대체로 이와 같다.

『최후의 가족』에서 무라카미는 '자립이란 무엇인가?'라는 질문을 내세워 그것을 둘러싼 이야기를 자아낸다.

가족 넷과 그들을 둘러싼 사람들이 '자립이란 무엇인가?'라

---

* 동시성, (의미 있는) 우연의 일치 등의 뜻.

는 질문에 대해 저마다의 입장에서 각각의 이야기를 통해 답을 내려 한다.

무라카미 소설의 장점은 이 '자립이란 무엇인가?'라는 물음이 추상적인 논의에 빠지는 일 없이 '무슨 일을 해서 생계를 꾸려나갈 것인가?'라는 매우 구체적인 질문으로 곧장 연결된다는 점이다.

'자립이란 무엇인가?'라는 질문에 '사전적'으로 대답하기는 어렵지 않다.

자신이 결정하는 것, 의존하지 않는 것, 자신의 욕망을 아는 것, 모방하지 않는 것, 권위에 굴하지 않는 것, 자신의 언어로 말하는 것, 창조적으로 사는 것…… 뭐라고도 대답할 수 있다.

하지만 그러한 사전적 환언으로는 '자기결정이 뭐지?' '의존하지 않는다는 건 뭘까?' '자신의 욕망을 안다는 게 뭐지?'라는 끝없는 순환 참조 속으로 휩쓸려 들어갈 뿐이다.

무라카미는 사전적으로가 아니라 이야기적으로 '자립'이라는 개념에 윤곽을 부여하려 한다.

그러므로 그의 질문은 아주 구체적이다.

"자립하고 싶어? 그렇구나. 그러면 그걸 실현시키기 위해 너는 무슨 일로 생계를 꾸려나갈 작정이야?"

자립이란 "좋아, 오늘부터 나는 자립한 인간이 될 거야!"라고 선언함으로써 이루는 것이 아니다.

'자립한 사람'이란 주위에서 '자립한 사람'이라고 여기는 이, 그러므로 남들이 신뢰하고 무언가에 대해 상담을 요청하며 충고를 바라고 조력을 청하고 책임을 요구하는 이다. '자립한 사람'의 판단은 심사숙고 끝에 나온 것이므로 거의 언제나 적절하며, 또 일단 결단을 내린 사항에 대해서는 쉽사리 저지하거나 개입하지 못할 정도의 실력적 기초가 뒷받침되어 있다.

자립이란 홑원소물질로 존재하는 것이 아니다. 자립은 여러 사람이 뒤얽힌 관계 속에서 복수의 사람들이 연루된 이해관계가 복잡한 사건을 거친 뒤, '아, 그 사람은 〈자립한 사람〉이었구나'라는 외부의 평가를 거쳐서만 검지된다.

자립은 선언이나 각오로 얻을 수 있는 게 아니라, 장기간에 걸친 착실한 노력을 통해 획득되고 쌓이는 '사회적 신용'이다.

무라카미의 차가운 시선은 이 부분을 직시하지 않은 채 자신이 이미 자립을 이루어냈다고 착각하는 젊은이들에게로 향한다.

전략적으로 10년 뒤의 일을 생각해보면 프리터라는 지위는 비합리적이다. 서른다섯 살에 맥도널드에서 아르바이트를 하는 모습을 상상해보면 알 수 있다. 혹은 마흔 살에 주유소에서 일하는 모습을 상상해보면 이해하기 쉽다. 그런 직장에서 나이 어린 상사의 명령을 받으며 혹사당하는 장면을 상상하면 프리터 대부분의 미래가 보인다.

(중략)

(생략) 대부분의 프리터는 '자신에게 유리하게 살 수 있다'는 말을 오해하고 있는 게 아닐까. 자신에게 유리하게 산다는 것은 '어드밴티지를 가진다'와 같이 애매한 일이 아니다. 그것은 비싸고 맛있는 이탈리안 레스토랑에서 식사를 할 수 있다거나 넓은 집에서 살 수 있다거나 타인에게 혹사당하지 않아도 된다는 것과 같이 노골적인 일이다.

어째서 그런 부분을 알려주지 않는 것인가. 스무 살 넘어 전문적인 기술이나 지식을 습득하지도 않은 채 10년, 20년이 지나면 낮은 등급의 직업에 종사하는 것밖에 선택지가 없어지며, 게다가 이는 타인에게 혹사당한다는 것을 의미한다. 하지만 프리터를 향해 이런 말을 하는 어른은 아무도 없다.

(무라카미 류 『모든 남자는 소모품이다 Vol. 6』, 2001년)

무라카미가 쓴 대로 내 주위 젊은이들 가운데도 '하는 일 없이, 목적 없이' 10대와 20대를 보내버린 사람이 적지 않다. 그들 자신은 주관적으로는 '목적을 가지고' 살았을 수도 있고 '전문적인 기술이나 지식의 습득'을 목표했을지도 모른다. 하지만 그런 노력도 '타인에게 혹사당하지 않고 살아갈 수 있는 사회적 어드밴티지'와 구체적으로 어떻게 연결되는가라는 절실한 물음을 무시한 채 했다면, 결과적으로는 '하는 일 없이' 보낸 것이나 마찬가지다.

대학을 졸업한 뒤 외국에서 유학하는 학생이 많다. 그러나 2년이나 3년 정도 미국이나 프랑스에서 멍하게 지낸 정도로 습득할 수 있는 '기술이나 지식'에는 부가가치가 거의 없다.

이 점은 대학이나 전문학교의 경우도 마찬가지다. 어떤 장소든 거기서 얻는 사회적 자원은 그곳에서 보낸 시간의 밀도와 거기에 쏟아부은 노력의 대가다. 멍하게 보낸 시간에는 누구도 '가격표'를 붙여주지 않는다.

자립이란 어떤 면에서는 단순한 것이다.

그것은 요컨대 '멍청한 타인에게 혹사당하지 않아도 된다'는 뜻이다.

"어머, 난 사회적 능력은 하나도 없지만 돈 많은 남자를 붙잡을 거니까 괜찮아"라는 괘씸한 소리를 하는 여자도 있다.

하지만 남편의 벌이가 좋아서 '비싸고 맛있는 이탈리안 레스토랑'이나 '넓은 집'이 확보되어 있다 한들, 남편이 '멍청한 타인'인 한 자기결정의 길은 구조적으로 가로막혀 있다. 그도 그럴 게, 아무런 사회적 능력이 없는 여자를 기꺼이 아내로 맞이하는 남자는 가사 노동자이자 성적 애완물로서 '혹사하는' 것 말고 배우자에게 바라는 바가 없기 때문이다.

'어떻게 하면 멍청한 타인에게 혹사당하지 않아도 되는가?'

라는 질문을 절실하게 받아들이고 쿨하고 리얼한 노력을 계속한 사람만이 타인에게 혹사당하지 않는다. 그러나 이렇게 간단한 일인데도 이 사실을 젊은이들에게 알려주는 사람은 놀랄 만큼 적다.

신체를 정중히 다루지 못하는 사람에게
경의를 표할 수 없다

"아무한테도 폐 끼치지 않으니까 가만히 내버려둬"라며 매춘을 하거나 마약을 하거나 편의점 앞 도로에 주저앉는 젊은 이들이 있다.

그들은 '남에게 폐 끼치지 않는' 것이 '사회인으로서 최저선'이며, 그 선만 지키면 그걸로 불만 없지 않느냐는 논리를 자주 쓴다.

과연, 그것도 좋을지 모른다. 하지만 스스로에게 '사회인으로서 최저선'밖에 요구하지 않는 사람은, 당연한 얘기지만 남들에게도 '사회인으로서 가장 낮은 취급'밖에 받지 못한다. 그 점은 분별하는 편이 좋을 것이다.

착각하는 사람이 많은데, '경의'란 타인으로부터 받기 전에 우선 자신이 스스로에게 보내는 것이다. 자신에게 경의를 표하지 않는 사람은 타인에게도 경의를 받지 못한다.

이런 이야기를 쓰면 착각하는 사람이 분명 있겠지만, '자신에게 경의를 표한다'는 것은 '으스댄다'는 뜻이 아니다.

스스로에게 경의를 가지는 것은 우선 자신의 신체를 정중히 다루는 일부터 시작된다.

자신의 신체를 정중히 다루는 사람은 이미 그것만으로도 타인에게 정중히 대접받을 조건을 만족시킨다.

이런 이야기를 쓰면 착각하는 사람이 분명 있겠지만, '자신의 신체를 정중히 다룬다'는 것은 딱히 마사지숍에 가서 피부를 반질반질하게 손질한다거나 매일 샴푸를 한다는 뜻이 아니다.

자신의 신체를 정중히 다룬다는 것은, 바꿔 말하자면 본인의 신체가 보내는 미세한 '신체 신호'에 예민하게 반응한다는 뜻이다.

예를 들어 '나쁜 장소'에 가까워지면 사람의 신체는 그 장소가 내뿜는 '독기'를 감지한다. 그곳에 발을 내디디면 자신이 더럽혀지거나 손상되거나 위험성이 높아진다는 것을 신체는 안다.

하지만 자신의 신체에 경의를 가지지 않는 사람은 신체가 아무리 위험 신호를 보내도 그 신호를 감지하지 못한다. 감지해도 무시한다.

병에 걸리는 사람, 특히 정신적으로 고통 받는 사람이 사는 곳은 대체로 '나쁜 장소'에 있다.

부동산에서 방을 구하다 보면 역에서 가깝고 볕이 잘 들며 쇼핑하기 편하고 집세가 싸고…… 그럼에도 '살고 싶지 않은 집'을 가끔 만날 때가 있다. 어느 부분이 마음에 들지 않느냐고 추궁당해도 잘 설명할 수 없다. 하지만 '왠지 싫은 느낌'이 든다. 이런 느낌은 아는 사람은 알지만 모르는 사람은 모른다.

이럴 경우 '저렴한 집세'로 기대되는 편리함과 신체가 감지하는 불쾌함을 비교하여 후자를 우선시하는 사람이 '신체를 정중히 다루는 사람'이다. 신체의 판단을 뇌의 판단보다 우선시하는 사람, 그가 '신체를 정중히 다루는 사람'이다.

섹스나 마약에 흐물흐물 빠져드는 인간을 "신체적 쾌락에 빠져서……"라고 묘사하는 사람이 있는데 이는 틀린 용법이다.

신체 자체는 신체를 상처 입히거나 더럽히는 행동을 결코 '쾌락'으로 감지하지 않는다. 신체 훼손을 '쾌락'으로 즐기는 것은 뇌다.

매춘하는 소녀들도 딱히 아찔한 신체적 쾌락을 추구하는 것은 아니다. 그녀들이 바라는 것은 '돈'이다. 그것도 생계를 위한 돈이 아니라 탕진하기 위한 돈이다. 매춘의 대가로 얻은 화폐로 브랜드 상품을 사서 그 물건을 쾌락으로 감지하는 것은 신체가 아니라 뇌다.

차가운 콘크리트 바닥에 엉덩이를 대고 앉는 것도, 귓불이나 입술이나 혀에 피어싱을 하는 것도, 피부에 바늘로 문신을 그려넣는 것도 신체적으로는 불쾌한 경험이다. 그것을 '쾌감'으로 느끼는 이유는 뇌가 그런 신체 조작을 '미의식이나 이데올로기의 기호'로서 타인이 해석하리라고 상상하기 때문이다.

미디어가 '신체 의존적 행동'이라고 틀리게 분석하려 하는 젊은이들의 행동은 대체로 지극히 '뇌 의존적'인 행동이다.

반복해서 말하지만 자신에 대한 경의는 가장 먼저 자신의 신체에 대한 경의라는 형태를 띤다.

그것은 신체가 보내는 미세한 신호를 정중히 듣고, 환상적인 쾌감을 원하는 뇌의 간섭을 예의바르게 물리치는 일부터 시작된다. 나는 그렇게 생각한다(뇌는 철저하게 자기중심적인 장기라서 자기 이외의 장기나 신체 부위의 보전과 건강을 전혀 고려하지 않는다).

자신의 신체가 정말로 하고 싶어 하는 일이 무엇인지(휴식인지, 활동인지, 긴장인지, 이완인지……), 신체가 원하는 음식은 무엇인지, 자세는 무엇인지, 음악은 무엇인지, 옷은 무엇인지, 장식은 무엇인지…… 그것을 느끼는 일이 자신에 대한 경의의 첫걸음이다.

신체 감수성을 예민하게 발휘하는 사람은 타인의 신체에 대해서도 마찬가지로 감수성을 발휘시킬 수 있다. 어떤 동작을 하고 싶은지, 어떤 자세를 취하고 싶은지, 어떤 종류의 목소리로 말을 걸어줬으면 하는지, 어떤 대접을 받고 싶은지, 어떻게 하면 싫은지…… 함께 있는 상대의 그런 부분을 자연스레 깨닫고 그가 바라는 대로 반응할 수 있는 사람은 '남의 기분을 아는 사람'이라는 사회적 평가를 얻는다. 사회적 경의는 그런 사소한 축적 위에 구축된다.

자신의 신체가 보내는 신호를 감지하지 못하는 사람은 타인의 신체가 보내는 신호도 감지하지 못한다. 자신의 신체를 도구로 이용하기를 주저하지 않는 사람은 타인의 신체를 도구로 이용하는 것도 주저하지 않는다.

자신에게 경의를 표한다는 것은 그런 뜻이다.

종종 텔레비전 드라마에서 보듯 "뭐야 자네는, 예의 없게! 내가 누군지 알고!"라고 호통 치는 게 아니다.

우리가 '예의 없는' 태도를 취하는 경우는 스스로를 업신여기며 자신에 대한 경의를 잊은 채 살아온 사람을 대할 때뿐이다.

환상과 진실은 교환할 수 없다

모성애는 근대 부권제 아래에서 여성을 가정에 얽매어두기 위해 발명된 환상이다.

내가 이렇게 말한 게 아니다(내가 이런 말을 할 리 없다).

세상의 지식인 가운데 이렇게 말씀하는 분이 많은 것이다.

그런 지식인의 책을 읽은 학생들 중에는 마치 "일 더하기 일은 이"라고 말하듯 가벼운 기분으로 단호하면서도 단정적으로 "모성애는 환상이에요"라고 딱 잘라 말하는 사람이 있다.

나는 이런 큰 문제에 대해 너무도 단호하게 간단한 구절로 단정 짓는 것은 좋다고 생각하지 않는다. 몇 만 년이나 이어져 내려온 사회적 제도는 "환상이다"라는 한마디로 정리할 수 있을 정도로 간단한 게 아니다.

그러므로 그런 학생에게는 "잠깐 기다려 봐"라며 자제를 부탁한다. 이야기가 그리 간단히는 끝나지 않을 테니까.

이를테면 "국가는 환상이다"라고 단정하는 사람들이 있다. 그야말로 고견대로, 분명 국가는 환상이다. 그러나 "국가는 환상이다"라고 말하는 사상가도 그 이론을 미국 대학에서 강의하기 위해 비행기를 탈 때는 '국화 문장*이 들어간 여권'을 잊지 않고 챙겨간다.

"화폐는 환상이다"라고 단정하는 사람들도 있다. 그야말로 고견대로, 분명 화폐는 환상이다. 그러나 내가 과문한 탓인지 그런 글을 쓴 사상가가 고견을 개진한 서적의 인세 수입 수취를 거부했다는 이야기는 듣지 못했다.

"환상이다"라고 말하기는 간단하다.

하지만 이쪽에서 아무리 "환상이다"라고 단정해봤자, 바로 그 '환상'이 아무런 지장 없이 여전히 번성해나가는 건 대체 어째서인가, 라는 보다 곤란한 질문에 대답하기란 몹시 어렵다.

어떤 사회 제도든 그것을 "환상이다"라고 단정하기 위해서는 지적 부담을 짊어질 필요가 거의 없다. 그러나 그 '환상'이

---

* 일본 황실의 문장.

어째서 이리도 강경하게 우리의 욕망을 끊임없이 규제하는지, 그 부분을 설명하려면 상당한 지적 노력이 필요하다.

모성애에 대해서도 나는 같은 느낌을 받는다.

"모성애는 환상이다"라고 말하기는 쉽다(물론 지금으로부터 50년 전에 이 문구를 입에 담기란 몹시 곤란했으리라. 그러나 지금은 쉽다).

하지만 그 환상이 어째서 목 졸려 거의 죽었다 되살아나기를 반복하며 깨끗이 못 죽는 사람처럼 거듭 소생하는가, 이에 대한 명확한 설명은 웬만해서는 찾기 어렵다.

어째서 이 '……은 환상이다'와 같은 이론이 여간해서는 현실을 잘 변혁시키지 못하는가.

내가 보기에 그것은 이런 말을 하는 논자가 종종 '환상'과 '현실'을 대치시키는 단순한 '진위 이원론'을 택하기 때문이다.

'모성애는 환상이다'라는 천명이 비판적인 의의를 가지려면 '환상'이 본질적으로 무의미하고 무가치하며 내용 없는 것이라는 전제가 있어야 한다.

그렇지요?

환상이 유해무익하다면 무엇이 유익무해한지는 저절로 분명해진다. 물론 다름 아닌 '현실'이다.

그러면 '모성애' 환상을 버린 뒤에 남는 '현실'이란 무엇인가?

이에 관해 나는 어떤 이야기를 떠올린다.

모성애 환상을 단호하게 부정한 일본의 우먼리브women's liberation 운동 가운데 기억에 남는 사건 하나는, 우먼리브 활동가들이 '자식을 죽인 어머니'의 재판 지원 투쟁을 일으켰던 일이다.

"어머니가 친자식을 죽이다니…… 이 얼마나 극악무도한 일인가"라는 미디어의 과잉 보도와 정서적 비난에 맞서 우먼리브 활동가들은 이 '자식 살해'의 책임을 짊어져야 할 사람은 어머니가 아니라고 말했다. 책임을 져야 할 대상은 그런 고립무원의 육아 상황으로 그녀를 몰아넣은 세상에 널리 퍼진 '모성애 환상'과 정치 태만이라는 것이다.

나는 이런 우먼리브 활동가들의 자세가 어떤 '현실'을 드러낸 공적을 인정한다.

세상에는 '자식을 사랑하지 못하는 어머니들'이 참으로 많다. 이는 심리적으로는 받아들이기 힘들지만 틀림없는 '진실'이다.

경제적·물리적으로 육아 능력이 없는 어머니에게 행정이나 지역사회, 기업이 충분한 지원을 하지 않는다는 점, 그런 지원이 있었다면 그 어머니도 자식을 죽이는 지경까지는 몰리지 않았을 수도 있다는 점, 이 또한 분명한 '현실'이다.

이들 '현실'을 지적하는 데는 충분한 의의가 있다.

하지만 '모성애 환상'의 기능 부전이나 파탄, 유해성을 지적하는 것과 '모성애 환상'을 극복한 새로운 모자 관계나 친족 원리를 제시하는 것은 다른 이야기다.

사건의 수준 차이를 충분히 의식하지 않은 채 "그러니까 모성애는 안 돼"라고 말하는 것만으로는 '모성애 환상'을 '다른 환상'으로 바꿀 뿐이지 않은가.

가령 '모성애 환상'에서 벗어난 여성 주체는 '경제적·정신적 자립'을 이루어 아버지에게도 남편에게도 집에도 공동체에도 국가에도 종속하지 않는 독립한 인간이 된다는 말투로 "모성애는 안 돼"라고 말하는 사람들은, 내가 보기에 환상 A에서 환상 B로 갈아타는 것 이상의 일을 하고 있다고는 여겨지지 않는다.

여기서 말하는 '자립'이란 무엇인가.

'경제적 자립'은 당연히도 현행 경제 시스템에 '편승'함으로써만 이루어진다. 현재의 노동 시장에서 상당액의 대가를 얻는 사회적 능력 없이는 이룰 수 없다. 나름대로의 학력, 적절한 직업적 전문성뿐만 아니라 영문 모를 소리를 하는 사람과의 협상, 다른 의견과의 타협, 도량 좁은 사람의 편견에 대한 관용…… 이러한 사회적 '기량'은 사회적 '네트워크' 속에서 중시되며, 상당액의 '임금'을 얻기 위해서는 꼭 필요한 요소다.

기존의 사회적 네트워크 속에서 적절한 포지션을 차지한다는 사실만이 '경제적 자립'을 뒷받침한다.

마찬가지로 '정신적 자립'은 남들의 '경의' 없이는 얻을 수 없다. '자립'이란 '나는 자립했다'는 단정이나 깨달음으로 이루는 게 아니다. 그런 간단한 이야기라면 아무도 고생하지 않을 것이다.

'정신적 자립'을 이룬 사람이란 주위의 여러 사람들이 지원을 부탁하고 조언을 청하고 의존하고 공동의 영위에 참가하기를 거듭 바라는 이다.

보시는 바대로 '자립'이라는 말은 '종속'이 그러하듯 함께 같은 사회를 구성하는 타자와의 관계 속에서만 의미를 가진다.

그리고 두말할 필요 없이 우리와 함께 같은 사회를 구성하는 타자 대부분은 '국가'나 '인권' '신'과 같은 환상에 '아직도' 깊이 사로잡혀 있다.

그러나 '경제적·정신적 독립'은 그 '환상에 사로잡힌 사람들'과 함께 살며 그들의 신뢰와 경의를 얻음으로써만 실현된다.

어떤 환상으로부터 벗어나는 데 성공했다는 실감을 담보하는 것은 그보다 더욱 범용성 높은 다른 종류의 환상의 지원뿐이다.

물론 그런 사회적 지원 없는 '자립'이 불가능한 일은 아니다.

가령 니체처럼.

하지만 온갖 세속적 환상을 혐오하고 경멸한 니체 같은 자립(혹은 '고립')은 높은 지위도 고임금도 깊은 경의도 가져다주지 않았다('사후의 명성'은 얻을 수 있었지만). 니체쯤 되는 재능이 없는 사람의 경우, 그런 '고립'이 행복을 가져다주는 일은 극히 드물다고 해야 할 것이다.

괴로운 사실이지만 경험이 우리에게 가르쳐주는 바는 살아 있는 동안 '경제적·정신적 자립'을 효과적으로 달성하기 위해서는 동시대 사람들의 지원이 필수이며, 이는 바꿔 말하자면 동시대 사람들과 공액* 관계인 환상이나 편견에 대한 '관용'이 필수라는 뜻이다.

예를 들어 우에노 지즈코는 '경제적·정신적 자립'을 이루는 데 성공한 페미니스트지만, 그녀의 성공 가운데 한 요인은 그녀가 '도쿄대학은 지적 위신을 담보한다'라는 동시대의 학력 환상에 대해 (그 본질적 무근거성을 설파하면서도) 굳이 필요 충분한 만큼의 '관용'을 발휘한 점이라고 생각한다.

물론 나는 그게 조금이라도 나쁘다고 말하는 것이 아니다.

우리는 어떤 환상에 '편승'함으로써만 이 사회에서 '경제적

---

* 두 점이나 두 선 또는 두 수 따위가 서로 특별한 관계를 가져서 서로 바꾸어도 성질의 변화가 없는 경우를 일컬음.

·정신적 자립'을 이룰 수 있다. '환상'이란 하늘을 나는 새가 느끼는 '공기 저항'이나 바다를 헤엄치는 물고기가 느끼는 '물의 저항' 같은 것이며, 그것 없이 우리는 이 환상이 만연한 사회에서 한 발짝도 앞으로 나아갈 수 없다.

"모성애는 환상이다"라고 말하는 것은 그 사람의 자유다. 그러나 그렇게 말하는 사람에게는 어떤 '환상이 아닌 현실'을 그에 대치시킬 수 있는지 되물을 필요가 있다. 나는 그렇게 생각한다.

'어머니가 되었다 해서 저절로 아이에 대한 마르지 않는 애정이 샘솟는 것은 아니다'는 말은 사실이다. 하지만 그런 '사실'의 배경에는 그 여성이 육아의 대가로 '자유롭고 거칠 것 없는 생활'이나 '일에서의 성공' '날씬한 몸매'를 누릴 기회를 놓쳤다는 '원망'이 종종 잠재되어 있다.

그러나 '거칠 것 없는 자유'나 '성공' '미모'를 '근사한 것'이라고 여기는 환상의 양상은 '모성애' 신화에 얽매여 있는 어머니가 '엄마로서의 행복은 모든 것을 압도한다'라고 믿을 때의 환상의 양상과 본질적으로는 조금도 다르지 않다. 어느 쪽이든 그 사회의 '시스템 내적'인 환상이라는 점에서는 차이가 없다.

"모성애는 환상이다"라고 말하는 것은 옳다. 우리 사회에는 환상성에서 벗어난 제도가 하나도 없기 때문이다.

하지만 그 천명이 '환상을 버리면 당신은 진실과 만날 수 있다'고 은연중에 암시하려 한다면, 이는 문제가 많은 주장이라고 해야 할 것이다.

모성애를 내던져버리고 일에 몰두하는 여성은 '모성애 환상'과 '성공 환상'을 교환하고 있을 뿐이다. 아이를 버리고 아찔한 연애에 몰두하는 여성은 '모성애 환상'과 '연애 환상'을 교환하고 있을 뿐이다. 집을 버리고 자기표현에 모든 것을 거는 여성은 '모성애 환상'과 '인정 환상'을 교환하고 있을 뿐이다.

어느 환상의 지원을 받으며 살아갈지는 그 사람의 자유다.

그러나 이는 '환상에서 벗어나 진실에 닿은' 게 아니라 환상 A를 환상 B로 바꾼 것일 뿐이라는 유쾌하지 못한 사실은 알려둘 필요가 있을 것이다.

내가 "모성애 따위 환상일 뿐이다"라고 목 놓아 주장하는 사람들을 완전히 신용하지 못하는 이유는, 그들 대부분이 '여기가 아닌 어딘가에 〈진실한 것〉이 있다'는 이데올로기를 말한다는 점을 종종 자각하지 못하기 때문이다.

요사노 아키코와 히라쓰카 라이초의 논쟁*에서 시작하여 이제껏 일본 논단에서 전개된 모성에 관한 논쟁은 방대한 수량에 이른다. 그 논쟁사를 훑어보고 우리가 할 수 있는 말은 한마디밖에 없다. 바로 "이 문제를 매듭지은 사람은 한 명도 없다"
는 말이다.

이도 당연한 게, 모든 논객이 '당신은 환상을 보고 있지만 나
는 진실을 보고 있다'는 전제로 논하기 때문이다.

나의 좁은 견식으로는 "당신은 환상을 보고 있다. 나도 환상
을 보고 있다. 하지만 내가 보는 환상이 더 쾌적하므로 이쪽을
채택하는 게 어떤가(더 쾌적한 환상이 나타나면 함께 그쪽으로 갈
아탑시다)"라는 노골적인(그러나 아마도 가장 '현실'적인) 제안을
한 사람은 별로 없는 것 같다.

나는 자식이 태어난 뒤 곧바로 적극적으로 육아에 동참했
다. 아이가 여섯 살이 되고부터 12년 동안은 홀로 자식을 키웠
다. 하지만 나는 육아가 조금도 고통스럽지 않았다. 물론 내가
남보다 배로 다정한 사람이었기 때문은 아니다. 내가 '부성애
환상'에 푹 빠져 있어서다.

나는 그 환상을 의도적으로 채용했다.

---

* '1918년 잡지 《부인공론》 지상에서 여성해방운동가 히라쓰카와 시인 요
사노를 중심으로 벌어진 논쟁.' 히라쓰카는 임신·출산·육아기의 여성은
국가가 보호해야 한다고 주장한 반면, 요사노는 임신과 출산을 국고로 보
조하는 것은 형태를 바꾼 새로운 현모양처론에 지나지 않는다며 "여성은
남자에게도 국가에게도 기대지 말아야 한다"라고 말했다.

그도 그럴 게, 부성애 환상의 지원이라도 없었다면 정말이지 육아는 내 터프한 심신에도 너무 무거운 짐이었기 때문이다.

부성애가 완전한 환상이라는 점을 나는 기꺼이 인정한다.

실제로 내 주위에는 육아에 손가락 하나 까딱하지 않았던 남자들이 산더미처럼 많다. 그들은 그보다 '출세 환상'이나 '명성 환상'에 사로잡혀 있는 편이 자신이 살아가는 데도 자식을 키우는 데도 보다 유리하다고 계산했기 때문이다.

나의 부성애 환상도 타산적이라는 점에서는 그들의 계산과 조금도 다를 바 없다.

아이가 어릴 동안 내가 부성애 환상에 푹 빠져 있었던 이유는, 그편이 내게도 아이에게도 생존 전략상 유리하다고 판단했기 때문이다(당연한 얘기다. 기저귀를 갈면서 "나한텐 이런 하찮은 일을 할 여유가 없단 말이야"라고 늘 안달복달해서야 아이도 불쌍하고 나 자신도 너무 불행하다). 그러므로 아이가 성인이 되어 집을 나간 순간, 나는 위신과 명성과 돈을 추구하는 여러 세속적 활동(이를테면 이런 문장을 써서 돈으로 바꾸는 일)으로 희희낙락 되돌아왔다.

모성애 환상이 존재했던 이유는 그런 환상의 지원 없이는 도저히 헤쳐 나갈 수 없는 현실이 존재했기 때문이다. 그리고 그런 현실이 있는 한, 환상은 늘 유용하다.

모성애 환상은 유해무익하다고 확신에 차 주장할 수 있는 이가 있다면, 그는 그런 환상의 지원 없이 아이를 키울 수 있는 사람이거나(유모나 집사가 있는 가정에서 생활하는 어머니에게 모성애 환상은 필요 없을 것이다), 혹은 그런 환상의 지원이 아이를 키울 때 '코딱지만큼도 도움이 안 되는' 사람(열한 명의 자식을 지독한 가난 속에서 키워야만 했던 작가 요사노 아키코에게 긴요했던 것은 모성애보다 경제적 자립이었으리라)일 것이다.

그런 사람들이 "모성애 같은 건 무의미하다"고 단언하는 것에 나는 조금도 반대하지 않는다. 그들에게는 그보다 먼저 해결해야 할 문제가 있기 때문이다.

하지만 그럼에도 모성애/부성애 환상의 지원을 필요로 하는 사람, '그 환상에 기대어 문제를 해결하는 편이 살아남는 데 유리한' 사람이 존재한다는 점에 대해서는 양보할 수 없다.

유용한 환상은 '도움이 된다'.

이는 동어반복이다.

어쩔 수 없다. 실제로 나는 여기까지 동어반복 말고는 아무것도 말하지 않았다. 그러나 사람의 세계는 본질적으로 동어반복적이다.

사람에게 가치란 '사람에게 가치가 있다'고 사람이 인지한 것이며, 그런 가치판단을 가능하게 만드는 것은 '사람의 가치관'뿐이다. 우리는 그런 동어반복의 무한 루프 속에 갇혀 있다.

모성애는 환상이다.

나는 이 테제에 몇 번이고 동의한다. 그러나 이는 환상의 '외부'가 있다는 점에 동의한다는 뜻이 아니다.

'섹스라는 일'과 자기결정권

먼저 정직하게 말씀드리건대 나 자신은 섹스 워크에 대해 전문적으로 연구한 적도 없고 딱히 소상히 아뢰고픈 개인적인 의견이 있는 것도 아니다. 가끔 그에 관한 문장을 읽지만 몇 페이지(경우에 따라서는 몇 줄)만 읽어도 기분이 가라앉아서 책을 덮어버린다. 곤란한 일이지만 나를 좀먹는 이 피로감은 반드시 개인적인 것은 아닌 성싶다.

내가 보기에 이 문제에 대해서는 모든 분의 말씀에 '일리'가 있다. 단, '일리밖에 없다'. 다른 의견과 타협하여 보다 광범위한 동의의 장을 만들 수 있는 대화적 어법으로 자신의 의견을 펼치는 분은 이 논쟁의 장에서 일단 뵐 수 없다. 대체로 다들 '시비조'이기 때문이다. 경험이 내게 가르쳐주는 바는 이런 종류의 논쟁에서는 모두가 저마다 지당한 주장을 하고 있으며, 거기서 최종적인 해결이나 변증법적 지양 등을 시도해도 도움이 안 된다는 점이다.

나는 다음에서 섹스 워크에 대해 좁은 견식이 미치는 한 몇몇 이론을 소개한 뒤 그 조리를 비교하고 살펴볼 것인데, 이로부터 얻는 결론은 '상식'의 범위에서 한 발짝도 벗어나지 않게 되리라는 점을 미리 알려둔다.

I

'섹스 워크'는 가치중립적인 단어가 아니라 그 자체로 명확한 주장을 동반한 전문용어다(라고 생각한다. 아닐 수도 있다). 이 단어를 일본의 미디어가 인지한 시기는 아마 매춘 종사자들의 증언을 모은 『섹스 워크Sex Work: Writings by Women in the Sex Industry』라는 제목의 책이 1993년에 출간된 이후일 것이다.

이 책에는 '매춘부의 권리를 위한 국제위원회(ICPR=International Committee for Prostitutes' Rights) 헌장'과 세계창부회의(1986)의 성명 초안이 수록되어 있다. 섹스 워크론의 기본적인 생각을 알기 위해, 우리는 우선 그녀들의 주장부터 들어보고자 한다. '헌장'은 다음 구절로 시작된다.

성인이 개인적 결단의 결과로 하는 매춘을 전면적으로 비처벌
화하라.❶

다음에 이어지는 그 핵심 주장은

(1) "대부분의 여성은 경제적 의존 상태나 절망적인 상태에
빠져 있다."❷ 왜냐하면 여성에게는 교육과 고용 기회가 부족
한데, 이는 하급직 이외의 직업 선택이 구조적으로 가로막혀
있기 때문이다.

(2) "여성에게는 충분한 교육을 받고, 고용의 기회를 얻고,
매춘을 포함한 모든 직업에서 정당한 보수와 경의를 받을 권
리가 있다."❸

(3) "성에 관한 자기결정권에는 상대(여러 명일 경우에도)나
행위, 목적(임신, 쾌락, 경제적 이익 등) 등 스스로의 성에 관한 조
건을 결정할 여성의 권리가 포함되어 있다."❹

이상의 세 주장으로 정리할 수 있으리라.

그 외에 '강제 매춘·강간 금지' '미성년자 보호' '성소수자
에 대한 차별 폐지' 등도 명시되어 있는데, 이들 주장에 다른
의견을 내세우는 사람은 일단 없을 테니 토론의 여지가 있다
면 앞의 세 항목에 관해서라고 예상해도 크게 틀리지 않을 것

이다.

여기서 든 세 항목은 (1)이 '여성 차별'을 둘러싼 일반적인 상황 기술, (2)가 '매춘할 권리'에 관한 요구, (3)이 '성에 관한 자기결정권'의 범위를 규정한 것이다. 다음에서는 각 항목에 포함된 조리를 계량적으로 살펴보고자 한다.

Ⅱ

세계창부회의의 주장에 대해 우리가 우선 봐두어야 할 사항은, 그 주장이 전통적인 페미니즘의 부권제 비판과 상당히 다르다는 점이다.

우리에게 친숙한 전통적인 폐창 운동은 다음과 같은 사고방식을 지니고 있다.

여성이 성을 상품화할 수밖에 없는 이유는 남성이 모든 가치를 독점하면서 여성이 상품 가치가 있는 대상(권력, 재화, 교육, 정보 등)을 소유하는 것을 구조적으로 금지하기 때문이다. 여성은 부권제 사회에서는 본질적으로 '성 말고는 팔 것이 없는' 무산 계급의 지위로 멸시받는다. 매춘부는 그 가운데서도 가장 소외된 '억압의 상징'이다. 그러므로 중요한 정치적 과제는 매춘부들을 그 노예적 처지에서 구출하고 매춘 제도 자체를 폐지하는 것이다.

가령 사라 윈터는 이 입장을 대표하여 다음과 같이 썼다.

남성은 여성의 몸을 성적으로 이용할 목적으로 매매할 필요성
과 그 권리조차 있다는 것을 정당화하기 위해 주도면밀한 시도
를 해왔다. 이는 매춘을 완곡하게 직업이라고 표현하는 것인데 어
느 정도는 성공했다. 남성은 여성이 놓인 불평등한 입장이나 매춘
부가 될 수밖에 없는 전제 조건 등은 자신들에게 편리하게 무시
하고, 여성이 저임금, 미숙련, 단순노동을 대신할 즐길 수 있으면
서도 실리적인 일로서 매춘을 하고 싶어 한다는 신화를 선전하고
퍼뜨려왔다. ……페미니스트로서 우리는 경제적 종속 상태나 강
제된 성적 복종 상태(우리는 이를 강간이라고 정의해왔다)를 비
판하고 그만둘 뿐만 아니라 성적 학대 및 불평등한 상거래인 매
춘 제도를 비판하고 폐지해나가야 한다고 결의한다.❺

하지만 윈터의 기세등등한 페미니스트적 폐창론과 세계창
부회의의 주장 사이에는 극복하기 힘든 간격이 존재한다. 보
시는 바대로 세계창부회의에 결집한 매춘부들은 그녀들의 '생
업'이며 '정업正業'인 매춘 제도의 폐지가 아니라 존속을 요구
하고 있기 때문이다.

그녀들이 요구하는 바는 '여성 억압의 상징'으로 취급받는

것이 아니라 노동사로서 인시되는 것이나. 이 점에서 매춘부들은 페미니스트와 정면으로 대립한다.

그녀들은 성명 초안에 "페미니스트가 매춘을 정당한 노동으로 인정하고, 또 매춘부를 일하는 여성으로 인정하기를 망설이거나 거부하기 때문에 매춘부 대다수는 자신을 페미니스트라고 생각하지 않는다"라고 썼다.[6]

이 대립에 대해 페미니스트의 주장과 매춘부의 주장을 읽고 비교하면 나는 매춘부의 호소 방식에서 설득력과 절실함을 느낀다. 다음에서 그 이유를 쓰겠다.

윈터는 이 짧은 인용문 속에서 두 가지 주장을 한다. 하나는 부권제 사회에서는 모든 여성이 남성에 대한 경제적 종속을 강요받아 성 상품화를 강제당한다는 부권제 비판. 다른 하나는 매춘 제도는 남성이 여성을 지배하는 가장 나쁜 형태라고 보는 매춘 제도 비판이다. 각 주장을 하나씩 읽으면 어디에도 모순은 없어 보인다. 그러나 두 주장을 함께 읽으면 우리는 모순이 있다는 사실을 깨닫는다.

왜냐하면 매춘부를 '보다 많이 억압받는 여성'으로서 '희생자화'하는 것은 매춘부와 일반 여성 사이에 일단 '억압의 정도 차에 의한 서열화'를 도입하는 데 합의한다는 뜻인데, 이 서열화에는 이론적인 근거가 없기 때문이다.

매춘부를 '더럽혀진 여자', 일반 여성을 '깨끗한 여자'로 구분하는 차별화는 당연히 페미니스트가 채용하는 바가 아니다. 그렇다면 매춘부가 '보다 많이' 억압받으며 일반 여성들이 '보다 적게' 억압받는다는 '차별'을 가능케 하는 근거는 하나밖에 없다.

바로 비매춘부가 매춘부보다 '로맨틱 러브'나 '백년해로' '정조 관념' 같은 근대 가족 환상이 목숨을 부지하는 데 공헌한다는 것이다. 예를 들어 주부들은 남성에게 성적으로 봉사하고, 그들의 자기 복제 욕망에 응하여 자식을 낳고, 가사 노동으로 그들의 권력 독점 활동을 지원하며 부권제의 연명에 깊게 관여하므로 이 사회에서 매춘부보다는 '더 적게 억압받는' 셈이 된다.

그러나 "창부에 비해 '좋은 대우'를 받는 종신고용제에 해당한다고 여겨지는"❼ 아내들은 페미니스트의 논리에 따르면 부권제의 자각 없는 공범자일 뿐이다. 이 아내들을 그 '경제적 종속 상태'와 '강제된 성적 복종 상태'(원터에 따르면 이는 '강간'이다)로부터 '해방'하는 싸움 역시 중요한 정치적 과제라는 이야기는 되지 않는 것인가. 부권제를 비판하는 입장에서 본다면 '주부의 해방'을 '매춘부의 해방'보다 '뒤로 미룰' 이유가 있을 것 같지는 않다.

실제로 '주부야말로 부끄러워해야 할 성적 노예다'라는 지적은 이미 다이쇼 시대의 요사노 아키코 때부터 있었다. 간노 사토미는 요사노의 입장을 이렇게 조술祖述한다.

요사노 아키코는 '현모양처의 실체'를 "결혼의 기초여야 할 연애를 완전히 배척하고 돌아보지 않는 물질적 결혼으로 인해 아내라 불리고, 그저 남편인 남자에게 예속되어 그의 성욕에 봉사하는 접대부가 되며, 아울러 그 매일매일의 의식주를 충족시키는 부엌데기를 겸하는 것이 이른바 일본의 양처"라고 말한다. 그리고 "남자에게 기대어 오로지 집에서 놀고먹는 여성을 노예의 일종으로 보고, 설령 부지런히 육아와 부엌 잡일을 하는 여성이라도 여전히 약간의 직업적 능력이 없는 여성은 시대에 뒤떨어진 여성으로 부끄럽게 여기는 습관을 만들고 싶다"고 말한다.❽

그야말로 명쾌한 논리다. 그러나 이 논리를 옳다고 보고 '남자의 재력에 의지하여' 사는 여성은 모두 '남자의 노예'이며 그런 삶은 부정되어야 한다고 치면, 거기서 도출되는 결론은 부권제 사회에 존재하는 모든 성제도의 동시 폐지이지 매춘 제도의 선택적 폐지가 아니다.

윈터와 요사노 아키코에게 공통된 '여성=성적 노예'론은 '총론'으로서는 불만 없이 옳다. 그러나 그 이론을 바탕으로 '각론'적 과제로서 폐창 운동을 전개하려면 어째서 매춘부가 주부보다 먼저 '해방'되어야 하는지를 말해야 한다. 그리고 그때

만약 매춘부가 주부보다 '가난하고' '교양 없으며' '더러운 일에 종사한다'는 사실을 그 우선성의 근거로 삼는다면, 그것은 '돈'과 '교양'과 '처녀성'에 높은 가격표를 붙이는 부권제의 가치관에 적어도 일부분은 동의한다는 뜻이다.

부권제 비판에서 폐창 운동이 도출될 수 있다는 것은 상식적으로는 거의 자명한 일이다. 하지만 여전히 논리적 다리 놓기가 곤란한 이유는 거기에 있다.

우리는 부권제를 철저히 비판하려면 폐창 운동을 이끌어내는 것은 단념해야만 하며, 폐창 운동을 우선하려면 부권제를 비판하는 태도를 누그러뜨려야 한다. 이 제로섬 구조로 인해 과격하게 부권제를 비판하는 입장의 논자는 거의 구조적으로 매춘을 용인하는 입장을 택해야 하며, 매춘부를 '괴로운 세계'에서 구출하려는 자는 지배적인 성 이데올로기에 어느 정도까지 양보해야 한다. 개인적 호오와 관계없이 논리의 경제가 그러기를 요구한다.

Ⅲ

논리의 경제에 얽매여 있는 '부자유스러운 지식인들'에 비하면 '현장'의 사람들은 좀 더 아무렇게나 행동하며 자유로운 것처럼 보인다. 극단적으로 말해 매춘부들 입장에서는 이론적 무모순성 따위는 아무래도 좋기 때문이다. 그녀들은 딱히 지적 위신을 걸고 이야기하는 게 아니며, 논리적으로 파탄나건 말건 하고 싶은 말은 하나밖에 없다.

바로 '인권을 지켜달라'는 말이다.

그녀들은 매춘부가 '모든 여성과 마찬가지로' 부권제 사회에서 불공평한 취급을 받는다는 것에는 동의하지만, '다른 여성보다 많이' 차별받는다는 이유로 매춘 제도를 즉시 폐지하는 것에는 동의하지 않는다. 그녀들이 바라는 것은 '간호사나 타이피스트나 작가나 의사 등과 마찬가지로'(혹은 '주부들'과 마찬가지로) 성적 기능자로서 안전과 자유가 보장된 사회적 환경 속에서 매춘을 직업으로 삼는 '노동할 권리'다.

이야기를 조리 있게 만드는 것보다 더욱 긴급한 일이 있다. 바로 현실에서 일어나는 인권 침해를 중지하는 것이다. 나 역시 이 섹스 워크론의 핵심 주장에는 충분한 설득력이 있다고 생각한다.

실제로 매춘부의 과반수는 빈곤한 가정이나 열악한 사회 환경에서 자라 충분한 사회적 훈련이나 교육을 받지 않았으며, 지금도 손님의 폭력이나 관리자의 수탈, 경찰의 폭행 피해에 노출되어 있다.

가령 매춘부는 소송을 걸어도 손님에게 미납 대금을 받을 수 없다.

"그녀는 범죄 행위는 하지 않았지만 매춘은 법으로 금지되어 있으므로 대금 청구의 근거인 매춘 계약은 위법이며, 미풍양속에 반하는 계약으로서 무효하다고 판단"❾되기 때문이다.

매춘부가 상대 남성의 가학적인 행위에 공포를 느껴 상대의 칼을 빼앗아 찔러 죽인 1987년의 이케부쿠로 매춘 남성 살인 사건에서도 사법은 매춘부의 정당방위를 인정하지 않았다.

> 지방재판소 판결은 "낯선 남성이 기다리는 호텔방으로 홀로 향해 간 이상, ……상당한 위험이 따르리라는 것은 충분히 예측할 수 있는 부분이다…… 이른바 스스로 초래한 재난이라 할 수 있다"고 했고, 고등재판소 판결은 "매춘부와 일반 부녀자는 성적 자유의 정도가 다르다"고 판정했다. 러브호텔 파견 매춘 같은 일은 어떤 손님이 있을지 알 수 없다. 그 일을 직업으로 삼은 이상, 성적 자유의 침해에 대한 저항은 정당방위로 인정하기 힘들다는 것이다.❿

하지만 예를 들어 택시 운전사는 '낯선 사람'과 '밀폐된 곳'에 틀어박혀 있으며 인적 없는 장소로도 '홀로 향해 가는' 이상 '상당한 위험이 따르리라는 것은 충분히 예측할 수 있는' 직업이지만, 운전사가 강도를 만난 경우 "스스로 초래한 재난이라

할 수 있다"와 같은 말을 입에 담는 새판관은 없을 것이다.

이런 사례에서는 매춘부에게는 다른 직업인과 같은 인권을 인정해주기 싫어하는 이데올로기적 편견이 내비친다. 일반 시민에게는 확보된 여러 권리가 매춘부에게는 인정되지 않는다. 이 무권리 상태, 무보호 상태에서 여전히 매춘을 생업으로 삼을 수밖에 없는 여성들을 향해, 그것을 대신할 생업의 가능성을 제시하지 않은 채 "범죄니까 그만둬" "억압받는 일이니까 그만둬" "더러운 일이니까 그만둬"라고 말하기는 어렵다.

그러나 여기서 지식인 대부분은 '매춘부들의 인권을 존중해야 한다'는 주장에 동의하는 것만으로 멈추지 않고, 매춘을 정규 노동으로 인지하고 '매춘은 옳다'고 주장하는 데까지 발을 들여놓으려 한다. 나는 이 부분에 '무리'가 있다고 생각한다.

지식인의 함정은 '자신이 동의하는 것은 〈옳은 일〉이어야만 한다'는 확신에 있다. '이론적으로 옳지 않은 일이어도 실천적으로는 용인한다'는 대중의 생활 감각과의 괴리는 여기서 생긴다.

이를테면 『여성학 사전』에 등장하는 '섹스 워커'에 대한 다음 설명에는 지식인의 곤혹스러움이 잘 드러나 있다.

일반적으로 섹스 워커라는 개념은 자기결정에 바탕을 둔 매춘을 옹호할 때 쓰이는 경우가 많다. 즉 매춘을 자유의지에 바탕을 둔 것(자유 매춘)과 그렇지 않은 것(강제 매춘)으로 나누어 전자의 매춘을 하는 사람들을 섹스 워커라 부르고, 이 사람들의 매춘할 권리를 인정해야 한다는 의견이다.

그러나 매춘자의 권리를 주장하는 의견의 역점은 이와 같은 자기결정이나 자유의지에 바탕을 둔 매춘을 긍정한다는 점이 아니라, 매춘자의 자기결정권 존중이라는 점에 있다고 할 수 있다. 매춘買春*은 남성의 본능이다, 성범죄를 방지하기 위해서는 섹스 산업이 필요악이다, 라고 여겨져 사회 자체가 매춘하는 여성들을 필요로 한다. 즉 매춘은 사회적 필요에 의해 실제로 노동으로서 행해지고 있다. 그럼에도 불구하고 도덕적으로도 법적으로도 허용되지 않는 행동으로 간주되어 왔으며, 매춘을 하는 여성들은 차별받고 다양한 권리를 빼앗긴다. 이 단어에는 그런 차별에 대한 저항이 담겨 있다.⓫

아무래도 쉽게 이해되는 문장이라고는 말할 수 없다. 이는 "매춘자의 권리를 주장하는 의견의 역점은 이와 같은 자기결정이나 자유의지에 바탕을 둔 매춘을 긍정한다는 점이 아니라, 매춘자의 자기결정권 존중이라는 점에 있다고 할 수 있다"는

---

* 일반적으로 팔 매(賣) 자를 쓰는 매춘(賣春)과 구분하여, 여기서는 사는 쪽의 책임을 물으며 살 매(買)자를 썼다.

문장의 의미를 파악하기 힘들기 때문이다. 이 문장이 말하고자 하는 바는 '매춘을 원리적으로 긍정하는 것'과 '실제로 매춘을 하고 있는 사람의 인권을 옹호하는 것'은 수준이 다른 문제이므로 따로따로 다루면 된다는 것이다(이렇게 쓰면 좋을 텐데).

'원리의 문제'와 '현실의 문제'는 따로따로 다루는 편이 좋다. 분명 할 일은 그만큼 늘어나서 번거로워지지만, 이는 '현실과 타협하기 위한 비용'으로 받아들일 수밖에 없다.

예를 들어 '죄수의 인권을 지키는 것'은 '범죄를 긍정하는 것'과는 수준이 다른 문제다. 죄수가 쾌적한 의식주 생활환경을 보장받기를 요구하는 사람은 딱히 그 범죄 행동이 면죄받아야 한다고 주장하는 게 아니다. 인권은 인권, 범죄는 범죄다. 이와 마찬가지로 '매춘은 범죄지만 매춘부의 인권은 적절히 옹호받아야 한다'는 의견은 있을 수 있다고 생각한다.

그러나 많은 지식인들은 이처럼 배배 꼬인 이야기를 좋아하지 않는다. 참으로 이상하게도 정치가나 학자처럼 사회적 영향력이 있는 사람일수록 '이야기를 간단하게' 만들고 싶어 한다. 그들은 '매춘은 범죄이므로 매춘부에게 일반 시민과 동등한 인권은 인정할 수 없다'는 경직된 법치주의의 입장에 서거나 '매춘부의 인권은 옹호되어야 한다. 그러므로 매춘은 합법화되어야 한다'는 경직된 인권주의의 입장에 서는 것 중 하나를 고르려 한다. 하지만 현실이 복잡할 때 무리하게 이를 단순화시켜 보이는 데 대체 어떤 의미가 있을까.

IV

우에노 지즈코는 오구라 지카코와의 대담에서 매춘은 여성에게 귀중한 자기결정 기회라는 의견을 폈다.

> **오구라** 그러면 우에노 씨는 원조교제를 하는 여자아이의 마음도 모르세요?
>
> **우에노** 모르지는 않죠. 원조교제는 공짜로는 안 해준다는 점에서 훌륭한 자기결정이라고 생각해요. 게다가 개인적으로 교섭 능력을 가지고 있으면서 제삼자에게 관리받지 않으니까요. ……실제로 원조교제를 했던 여자아이의 이야기를 들은 적이 있는데 훌륭한 발언을 하더군요. 남자한테 돈을 받는 건 어째서인가. '돈을 안 내는 동안은 나는 당신의 것이 아니야'라는 점을 분명히 하기 위함이라고요. ……'나는 당신의 소유물이 아니다'라는 점을 깨닫게 하기 위해 돈을 받는다고 그 아이는 말했어요. **⓬**

우에노는 지식인이므로 '정치적으로 옳은 것'을 말하는 게 의무라고 느낀다. 그러므로 여기서 우에노는 매춘을 그저 '용인하는' 데 그치지 않고 그것이 명백히 '부권제 비판'의 '훌륭한' 실천이라는 점을 극찬한다. 자신이 용인하는 이상 그것은 '정치적으로 옳은 일'이어야만 한다. 이는 우에노의 의사라기보다 우에노가 채용한 논리의 경제가 요청하는 바다.

확실히 매춘을 부권제를 비판하는 모험적 실천의 일부로 본다면, 페미니스트 폐창론을 받아들이는 함정은 회피할 수 있다. 그러나 '정치적 옳음'을 추구한 나머지 우에노는 매춘을 너무도 '단순한' 프레임 속에 가둬버리는 건 아닐까.

이 불과 몇 줄에서 우에노가 매춘에 대해 사용한 키워드를 그대로 뽑아내면 그 '단순함'의 이유를 알 수 있다.

'자기결정' '교섭 능력' '제삼자' '관리' '돈' '돈' '소유물' '돈'.

이것이 우에노가 쓴 키워드다. 보시는 대로 여기서 우에노는 비즈니스 용어만을 써서 매춘을 논한다. 우에노에게 매춘은 일단 '돈'의 문제다. '돈'과 '상품'을 교환할 때 '매도인'이 '매수인'이나 '도매상'에게 수탈당하지 않으면 그것은 수탈 구조에 대한 '훌륭한' 비판적 실천이 되리라.

분명 이야기가 말끔하긴 하다. 그러나 지나치게 말끔한 건 아닐까.

여기서는 매춘에 대해 우리가 고려해야 할 성가신 문제가 빠져 있다.

바로 신체의 문제다.

매춘하는 사람의 신체는 여기서 단순한 상품으로 여겨진다. 그러나 신체를 돈과 교환하는 상품으로 보고 그로부터 최대의 이익을 끌어내는 것이 현명한 삶의 방식이라는 시각은, 우리 시대의 지배적인 이데올로기이자 우에노가 비판하는 바로 그 부권제를 뒷받침한다는 사실을 잊으면 곤란하다.

우리 시대에서 당분간 지배적인 신체관은 '신체는 뇌의 욕망을 실현하기 위한 도구'라는 관점이다.

귓불이나 입술이나 혀에 피어싱을 하는 것도, 피부에 침으로 문신을 넣는 것도, 일면식도 없는 사람의 성기를 몸속으로 받아들이는 것도 신체적으로는 불쾌한 경험일 터다. 그런 행위가 '쾌감'으로서, 혹은 '정치적으로 옳은' 실천으로서 감지되는 이유는 뇌가 그렇게 느끼도록 명령하기 때문이다. 뇌가 신체를 첨예한 미의식이나 급진적인 정치적 입장의 표상으로, 혹은 '돈'과 교환할 수 있는 상품으로 이용할 수 있다고 생각하기 때문이다.

'돈'을 원하는 것은 뇌다. 당연한 이야기지만 신체는 '돈'을 바라지 않는다.

신체가 바라는 것은 보다 피지컬하다. 부드러운 손으로 어루만져주는 것, 듣기 좋은 소리로 말을 걸어주는 것, 조용히 휴식하는 것, 맛있는 음식을 먹는 것, 감촉 좋은 옷을 입는 것…… 신체는 '돈'과도 '정치적 옳음'과도 관계없는 수준에서 그런 소망을 조심스레 알린다. 하지만 뇌는 대부분의 경우 그 것을 무시하고 '돈'이나 '정치'나 '권력'이나 '정보'나 '위신'을 우선적으로 생각한다.

나는 이처럼 뇌가 신체를 중추적으로 지배하는 것을 '신체 의 정치적 사용'이라고 부른다.

우에노가 원조교제 소녀에 대해 '자기결정'이라 이름 붙이 고 상찬하는 것은, 이 소녀의 뇌가 그녀의 신체를 자신의 정치 적 의견을 기호적으로 나타내고 경제적 욕망을 실현할 수단으 로서 독점적이고 배타적으로 사용하는 양상이다. 소녀는 분명 자신의 성적 신체에 대한 독점 사용권을 '남자들'로부터 탈환 한 것이리라. 그러나 이는 신체를 배려하고 신체가 보내는 미 약한 신호에 귀를 기울이며 자신의 신체가 정말로 원하는 게 무엇인지를 알아듣기 위해서가 아니라, 신체를 중간착취 없이 100퍼센트 이기적으로 착취하기 위해서다. 수탈자가 바뀌었 을 뿐, 신체가 뇌에 도구처럼 이용되는 상황에는 어떤 변화도 없다.

섹스 워크론은 매춘 현장에서 매춘부의 살아 있는 신체를 물리적 폭력으로부터 구체적으로 어떻게 보호할 것인가라는 긴급한 과제에 응하기 위해 나온 이야기일 터다. 하지만 이를

'매춘은 옳다'는 의견에 접붙이려 하면 '살아 있는 신체'는 별 안간 '도구'나 '자본'이나 '생산수단'의 수준으로 폄하된다.

'돈을 내지 않는 동안은 당신의 것이 아니다'라는 선언은 '돈을 내는 동안은 당신의 것이다'라는 뜻이 될 뿐이다. 그런데 이는 돈을 내는 동안에도 내지 않는 동안에도, 매춘이 위법이든 합법이든, 사람의 신체에 대해서는 무조건적으로 고유한 존엄을 인정해야 한다는 사고방식과는 지향점이 상당히 다른 것 같다.

V

신체를 도구로 보는 관점에서의 섹스 워크론은 우에노뿐만 아니라 신체를 정치적 권력이 서로 충돌하는 장으로 여기는 사회학자에게 공통된 점이다. 다음 사례는 그 적절한 예다. 매춘을 용인하는 입장을 선명히 드러내는 사회학자 미야다이 신지의 인터뷰에서 도쿄대 학생이자 매춘부이기도 한 여성은 매춘의 '효용'에 대해 다음과 같이 열변을 토했다.

여러 경험을 했지만 제 선택이 옳았다고 지금도 생각해요. 마음이 피폐해졌기 때문에 시작한 일이지만 다양한 남자를 볼 수

있었고, 이제껏 믿어온 다테마에*의 세계와는 다른 혼네**의 현실
도 알았어요. 또 반년이나 병원과 상담소를 다녀도 아픈 게 낫지
않았는데 매춘으로 나았어요. ⋯⋯적어도 제게 정신과는 정신에
나빴지만 매춘은 정신에 좋았죠. ⋯⋯저는 절대로 후회 안 해요.
긍지를 파는 것도 아니고 저 자신을 깎아내리는 것도 아니에요.
오히려 저는 긍지를 회복했고, 가끔은 우월감조차 맛볼 수 있게
되었으니까요. ❸

그녀가 말하는 '긍지'나 '우월감'은 다소 특수한 함의를 지
니고 있다. 왜냐하면 이 대학생 매춘부가 '우월감을 느낀' 것은
다음과 같은 과정을 거쳤기 때문이다.

아저씨가 엄청 칭찬해줘요. 몸의 한 부위 같은 것뿐이지만요.
그래서 뭔가 분위기가 좋아졌죠. 이제껏 내내 '난 안 돼'라고 생각
했는데 이것저것 칭찬받아서요. (⋯⋯) 요즘 갈수록 우월감을 맛
볼 수 있게 돼서, 그 느낌을 얻고 싶어요. 아저씨가 "네가 좋아졌
어"라는 둥 "너는 만나본 적 없는 근사한 여자야"라는 둥⋯⋯ 뭐
랄까⋯⋯ 기분이 좋아졌어요. (⋯⋯) 아저씨는 내면 따윈 상관없

---

* 처세를 위해 겉으로 드러내 보이는 표면적인 태도.
** 다테마에와 대립되는 개념으로 진짜 속마음을 뜻함.

이 제 몸만 보는 거잖아요. '징그럽단 말이야, 이 대머리야'라고 생각하는 것도 모른 채 "너는 최고야"래요(웃음).⓮

우에노가 예로 든 원조교제 소녀와 이 학생 매춘부의 공통점은 둘 다 자신을 '사는 남자'를 멸시함으로써 '상대적인' 긍지나 우월감을 맛본다는 것이다. 그녀들은 자신의 몸을 사기 위해 돈을 내는 남자들이 자기네보다 천하고 저열한 인간이라는 사실로부터 인격적인 '부력'을 얻는다.

그러나 이는 인격을 뒷받침하는 근거로는 너무도 취약하고 퇴폐적이다. 우리가 아는 고전적인 예는 니체의 '초인'이다. 아시다시피 니체의 '초인'은 실정實定적인 개념이 아니다. 그것은 자기 옆에 있는 사람이 '원숭이로만 보이는' 정신 상태를 가리킨다. 그러므로 '초인'은 '우스운 원숭이' '노예'인 '천민'을 곁에 둔 채 항상 그를 비웃고 욕하기를 일과로 삼았던 것이다. 무언가를 격렬하게 싫어하는 나머지 그것으로부터 멀어지고 싶다고 간절히 바라는 거세고 급격한 감정을 니체는 '거리의 파토스'라 불렀다. 그 혐오감만이 인간에게 '자기 극복의 열정'을 부여한다. 그러므로 '초인'을 향한 지향에 활력을 주기 위해서는 잔인하고 포악한 '원숭이'가 언제나 곁에 있어서 혐오감을 북돋우는 것이 반드시 필요하다.

우에노가 소개하는 '훌륭한' 원조교제 소녀와 미야다이가 소개하는 '긍시 높은' 학생 매춘부의 공통점은, 매춘買春하는 남자들이 여성의 신체를 돈과 바꿀 수 있는 '소유물'이나 관상용 '부위'로만 바라보는 '원숭이'라는 사실로부터 그녀들이 이익을 얻는다는 점이다. 니체의 '초인'과 마찬가지로, 그녀들 역시 남자들이 영원히 어리석고 뒤떨어지는 존재인 채 있기를 간절히 바란다. 이는 바꿔 말하자면 부권제 사회와 그 지배적인 성 이데올로기의 영속을 간절히 바란다는 뜻이다.

이 학생 매춘부는 '권력 관계' 용어로 성을 말하며, 우에노의 '원조교제 소녀'는 '상거래' 용어로 성을 이야기한다. '권력 관계'도 '상거래'도 단기적으로는 '제로섬 게임'이며, 게임 상대가 자기보다 약하고 어리석은 인간이라는 점은 게임 주체에게 바람직한 일이다. 그러므로 그녀들이 상대적인 '약자'를 게임 파트너로 계속 선택하는 것은 합리적이다. 하지만 그녀들은 장기적으로 계산해보면 '자신과 관계된 사람이 늘 자신보다 우둔하고 저열하다는 점' 때문에 잃는 것이 얻는 것보다 많다는 사실을 깨닫지 못한다.

미야다이에 따르면 "요즘 일본에서는 성을 사는 남자의 세대가 젊어질수록 돈을 내지 않는 한 섹스 상대를 찾지 못하는 성적 약자의 비율이 증가하는 경향이 있다".[15] 여성이 "공짜로는 해주지 않게" 되어서, 그 탓에 남성이 "돈을 내지 않는 한 섹스 상대를 찾지 못하는" 상황이 되면 분명 성적 신체라는

'투기장'에서 남자의 권력은 상대적으로 '약해'지며, 성교를 할 때 여성에게 자신의 초라한 성 환상을 투사하는 '아저씨'의 모습은 더욱 잔인하고 포악해질 것이다. 이에 따라 당연히 "이제껏 믿어온 다테마에의 세계"의 기만성이 폭로될 기회도 늘어나리라. 그러므로 성적 신체를 '권력'이 서로 충돌하는 장으로 보는 지식인들이 매춘 기회(뿐만 아니라 온갖 형태의 성교 기회)의 증대에 호의적인 이유는 논리가 그렇게 만들기 때문이다.

그러나 나는 여전히 이 전략적 예측에 그다지 공감할 수 없다.

'자기보다 천한 인간'을 경멸하고 미워함으로써 얻는 상대적 '부력'은 기대만큼 의지할 것이 못 되기 때문이다. 설령 지금 주 1회의 매춘으로 이 학생 매춘부의 우월감이 담보된다 한들, 노화와 함께 '몸 부위'의 심미적 가치가 떨어지고 '아저씨'의 찬사를 얻을 기회가 줄어들면 머지않아 그녀는 '사냥터'를 옮겨야만 한다. 타인을 경멸함으로써 우월감을 얻으려는 자는 언제나 '자기보다 천한 인간이 안정적이면서 대량으로 공급되는 장소'로 이동을 반복하는 수밖에 없다.

'도쿄전력 OL 살인사건'*의 피해자 여성이 어째서 막판에는 마루야마초 거리에서 한 번에 2천 엔으로 가격을 깎으면서까지 하루 네 명이라는 매춘 할당량을 채우려 애썼는지, 그 이유는 아마 본인도 잘 설명하지 못했을 것이다. 우리가 아는 것은 이 여성이 '학력'과 '돈'에 깊이 집착했다는 점, 즉 그 성적 신체 구석구석까지 지배적인 이데올로기로 가득 찬 '신체를 가지지 않은' 인간이었던 듯하다는 점뿐이다.

이 사례들로부터 우리가 할 수 있는 말은 매춘을 자기결정, 혹은 자기실현, 혹은 자기구제를 위한 기회로 보는 사람들은 그 자리에서 팔리고 있는 바로 그 신체의 발언권을 인정하지 않는다는 것이다. 신체는(그 신체의 '소유자'에게도 침해가 허용되지 않는) 고유한 존엄을 갖추고 있지만, 그것이 돈과 교환되거나 기호화되거나 도구화됨으로써 거듭 침해받고 더럽혀진다는 사고방식은 파는 그녀들에게도 사는 남자들에게도, 그리고 그녀들의 공리적 신체관을 지지하는 지식인들에게도 한결같이 결핍되어 있다. 성적 신체는 이 사람들에게는 거의 무감각하면서도 신경이 통하지 않는 '부위'로 여겨지며, 매끄러운 플라스틱 같은 성적 신체라는 '테이블' 위로는 '권력 투쟁'의 카드만이 분주하게 엇갈리며 날아다닌다. 그러나 이 그림은 내게 우리 사회의 권력 관계와 상거래의 점잖은 모형으로만 보인다. 권력 투쟁의 장에서 '권력이란 무엇인가?'라고 묻지 않는 것처

---

* 명문 게이오대를 나온 여성이 낮에는 대기업(도쿄전력)의 전도유망한 직원으로, 밤에는 매춘부로 살다가 교살된 시체로 발견된 1997년의 사건. 이 여성은 재정적 문제가 없었음에도 불구하고 매일 네 명의 남성에게 매춘하는 것을 목표로 삼았다고 한다.

럼, 경제 활동의 장에서 '화폐란 무엇인가?'라고 묻지 않는 것처럼, 성적 신체가 매매되는 장에서는 그 누구도 '신체란 무엇인가?'라고 묻지 않는다.

VI

나는 섹스 워커들이 '안전하게 노동할 권리'를 추구하는 데 동의한다.

단, 그것은 좌익적 섹스 워크 논자의 말처럼 매춘자가 사회 모순의 집약점이며 매춘부 해방이야말로 모든 사회가 해방되는 결정적 조건이라고 생각하기 때문이 아니다. 또 페미니스트 매춘 용인론자가 말하듯 그것이 '훌륭한 자기결정'이라고 생각하기 때문도 아니다. 사회학자가 말하듯 성적 신체를 투기장으로 본 '권력의 제로섬 게임'에서의 승리가 매춘부들의 영혼을 구제한다고 믿기 때문도 아니다. 그게 아니라, 현실에서 폭력과 수탈에 위협받는 신체는 무엇보다 먼저 보호받아야 한다고 생각하기 때문이다.

이와 동시에 나는 매춘이 '싫다'는 생각을 품고 있다.

단, 이는 보수파 가운데 매춘을 규제하자는 사람들이 생각하듯 매춘이 반사회적이며 반질서적이기 때문이 아니다. 매춘이 철저하게 사회적이며 질서석인 것, 현실 사회관계의 왜소한 음화陰畫일 뿐이라고 생각하기 때문이다.

신체는 '뇌의 도구'로서 철저하게 정치적으로 이용되어야 한다고 보는 것은 우리 사회 밑바닥에 깔린 이데올로기이며, 나는 그 이데올로기가 싫다.

나는 신체에는 고유한 존엄이 있다고 생각한다. 그리고 신체가 보내는 미약한 메시지를 알아듣는 것은 우리의 생존 전략상 엄청나게 중요하다고도 믿는다.

매춘은 신체가 보내는 신호의 수신을 정지시켜 자기 신체와의 대화 회로를 차단하고, '뇌'가 분비하는 환상을 온몸에 널리 퍼뜨림으로써 이루어지는 일이다. 그런 일을 오래 계속하는 것은 살아남기 위해 유리한 선택이 아니다.

'매춘부를 보호해야 한다'는 주장과 '매춘은 좋지 않다'는 생각을 어떻게 정합시키느냐고 격분하는 사람이 있을지도 모른다. 하지만 반복해서 말하건대 현실이 정합적이지 않은 이상 그에 대해 말하는 의견이 정합적일 필요는 없다. '이미' 매춘을 직업으로 삼고 있는 사람에 대해서는 그 인권을 보호하고, '이제부터' 매춘을 직업으로 삼으려는 사람에게는 "그만둬"라고 충고하는 것. 그것이 이제껏 저잣거리의 어른들이 이 문제에 대해 취해온 '애매모호'한 태도이며, 나는 다시 한 번 이 '상식'의 편을 든다.

저자 주

❶ Frederique Delacoste 외 편『섹스 워크―성 산업에 종사하는 여성들의 목소리Sex Work: Writings by Women in the Sex Industry』야마나카 도미코 외 옮김, 판도라, 1993년, 386쪽

❷ 같은 책, 391쪽

❸ 같은 책, 392쪽

❹ 같은 책, 394쪽

❺ 같은 책, 322~324쪽

❻ 같은 책, 390쪽

❼ 간노 사토미「쾌락과 생식의 틈새에서 흔들리는 섹스 워크―다이쇼기 일본을 단서로」다자키 히데아키 편저『파는 신체/사는 신체―섹스 워크론의 사정』세이큐샤, 1997년, 120쪽

❽ 같은 책, 118쪽

❾ 쓰노다 유키코「해설」Delacoste, 앞의 책, 421쪽

❿ 와카오 노리코『어둠 속 여성의 신체―성적 자기결정권을 생각하다』가쿠요쇼보, 1997년, 211쪽

⓫ 아사노 지에「섹스 워커」이노우에 데루코 외 편『이와나미 여성학 사전』이와나미쇼텐, 2002년, 304쪽

⓬ 우에노 지즈코·오구라 지카코『더 페미니즘』지쿠마쇼보, 2002년, 231쪽

⓭ 미야다이 신지 편『〈성의 자기결정〉 원론―원조교제·매매춘·아이의 성』기노쿠니야쇼텐, 1998년, 279쪽

⓮ 같은 책, 276~277쪽

⓯ 같은 책, 265쪽

제 **3** 장

어른의
법도

이야기를 복잡하게 만드는 것의 효용

아사히신문의 O니시 씨라는 학예부 기자분이 왔다. 내년 설 학예란에 '21세기의 키워드'라는 특집 기사가 실릴 예정인데 그 키워드 중 하나로 '망설임'이라는 단어가 선정되었고, 어째 서인지 내가 '망설임 전문가'로 코멘트를 부탁받은 것이다(그 외의 단어로는 '풀다' '껴안다' '멈춰서다' 등이 있는 모양이다).

인터뷰는 두 시간에 이르렀고 중간부터 만화나 영화 이야기 로 넘어가서 애니메이터 미야자키 하야오의 천재성이나 뮤지 션 오타키 에이이치의 저작권론 등으로 꽤 분위기가 달아올랐 지만, 가장 중요한 '망설임'에 관해서는 아무래도 기대에 부응 하는 답변을 못했던 것 같다. O니시 씨는 '망설임'의 몸짓 가 운데 결단을 유보하고 발걸음을 멈추며 조용히 숙고하는 상당히 지적이년서도 정적인 사세를 기내하셨던 모양인데, 나는 진혀 그런 타입의 인간이 아니기 때문이다.

나는 아시다시피 속된 말로 '조급쟁이', 표준어로 말하자면 '성질 급한 사람'이다.

"거 참, 꾸물꾸물 말하지 마. 요컨대 어떻게 됐다는 거야?"라는 게 나의 본모습이며, 어쨌거나 늘 숨을 헐떡이며 서두르는 인간이다.

서른 살 무렵 "우치다의 이상적인 셀프 이미지는 뭘 하는 모습이야?"라는 질문을 받고 "공항 로비에서 손목시계를 보면서 서류 가방을 휘두르며 땀투성이로 내달리는 모습"이라고 대답해서 상대가 어이없어 했던 적도 있다.

그런 인간이 어째서 『망설임의 윤리학』이라는 책을 썼는가.

물론 이런 졸속주의적인 삶을 반성하기 위해서는 아니다(내 사전에 '반성'이라는 글자는 없다).

망설이는 쪽이 결론이 빠르기 때문이다.

나는 어쨌거나 '결론'을 서둘러 내려는 인간이다. 어쨌거나 빨리 결론을 내려는 게 나의 온갖 문제에 대한 기본적인 자세이자 자제할 수 없는 욕망이다.

주의해주셨으면 하는데, '결론을 서둘러 내는 것'과 '정답을 내는 것'은 완전히 다르다.

나는 '결론'을 서둘러 내려는 것이지 '정답'을 추구하는 게 아니다.

그런데 이 부분을 오해하는 사람이 많다.

'정답을 모른다'는 것도 훌륭한 '결론'이고 '나는 틀렸다'는 것도 훌륭한 '결론'이다.

"제가 틀렸습니다"라는 시원시원한 선언이 얼마나 일의 진행을 촉진하는지, 또 "나는 안 틀렸어"라는 후덥지근한 고집이 얼마나 일의 진전을 방해하는지, 이에 대해서는 여러분도 경험을 통해 잘 알고 계시리라.

세상에는 논의 자리에서 일단 '옳은 것'을 말하기를 '결론 내기'보다 우선시하는 사람이 있다. 이 타입의 '정론가'가 '정론'을 마구 밀어대면 회의가 결론에 도달하기까지 엄청나게 시간이 걸린다. 정론을 이야기하는 사람은 옳음을 옳음으로서 관철하는 '자세' 자체에 의미를 두며, 그 '옳음'이 다수파의 동의를 얻어 물질화할지 말지에는 부차적인 관심밖에 두지 않기 때문이다. 정론가는 '합의 형성'이나 '다수파 공작' '설득' '사전 교섭' 같은 술책에는 흥미를 보이지 않는다.

그 결과, 정론이면 정론일수록 그것이 당사자 사이의 합의 형성을 재촉하고 현실화할 가능성은 그만큼 줄어드는 곤란한 사태가 종종 일어난다.

정론이란 '대립자를 포함한 형태로 전체를 대표하려는' 마음이 없는 입론이다. 여하튼 '옳은 것'이므로 그에 반대하는 사람은 '틀렸다'고 정해져 있다. 우리가 대체 무엇 때문에 '틀린' 사람의 입장을 대표해야 하는 것인가.

실로 '옳은' 사고방식이다.

하지만 옳은 것과 그른 것을 확연하게 둘로 나누는 '정론가'는, 그들에 의해 '그른 것'으로 치워진 사람들의 '그다음' 행동에 대해 상상력을 좀처럼 발휘하지 않으려는 경향이 있지 않은가.

당연한 이야기지만 '정론'에 의해 '사론邪論'으로 단정 지어진 사람들은, 설령 소수라 할지라도 몹시 견고한 반대파의 돌탑을 쌓아올린다. 그리고 온갖 기회를 붙잡아 '정론'의 실현을 가로막으려 한다. 이 반대파는 끈질기다. 그것도 당연하다. 덮어놓고 '사론'으로 단정 지어져서 지성적으로도 윤리적으로도 볼만한 데가 없는 '쓰레기' 취급을 받았으니까. 간단히 물러나서야 그 뒤의 인생을 꾸려나갈 수 없다. 이들도 필사적이다.

이 '치워진 사람들의 그다음'을 배려하는 부분이 나 같은 '조급쟁이'와 정론파의 결정적인 분기점이다.

나는 어쨌거나 결론을 서둘러 내려는 '조급쟁이'이므로 반대파에게 발을 붙들리거나 그들을 쳐부수러 가는 시간이 아깝다. 그런 일에 귀중한 시간을 할애하긴 싫다. 그러므로 회의 자리에서 나의 제안에 누군가가 반대하면 한 번쯤은 무기력하게 반론을 시도하지만, 상대가 그래도 납득하지 않을 때는 귀찮으므로 번개같이 원안을 내던져버린다. 그리고 '이쪽도 저쪽도 다들 체면을 세울 수 있는' 타협안 기안에 힘쓰는 것이다.

원칙 없는 인간이라며 화내는 분도 계시리라(실제로 자주 혼난다). 하지만 내 원칙은 나름대로 명확하다.

바로 '어쨌거나 결론을 내자'는 원칙이다.

이를 위해서라면 여하튼 다른 의견과 '타협'이라는 것을 해야 한다.

'타협'하기 위해서는 어떻게 하면 좋은가.

내 원안에 다른 의견이 나오는 이유는 그 원안 속에 포함된 '미확정 요소'에 대해 나와 상대방의 견해가 다른 탓이다.

가령 우리 대학에서 내가 "앞으로 아이의 절대수가 감소하므로 대학도 그에 맞춰 규모를 축소하는 게 지당하다"는 의견을 말한 경우, "아니, 그렇지 않다"라는 다른 의견을 내세우는 분들이 있다. 그 사람들은 "아이의 절대수가 줄어들어도 대학 진학률은 높아질 수도 있다"거나 "대학이 다들 망해서 대학 수가 줄어들면 수험생이 남은 대학으로 몰려들 수도 있다"라는 나와는 다른 '미래 예측'을 내세워 나에게 반론하는 것이다.

이것을 시비를 가리는 논의로 다루기는 불가능하다.

그도 그럴 게, '미래'에 대한 이야기이므로 나도 어떻게 될지 모르고 상대방 역시 알지 못하기 때문이다.

'미래'란 정의상 '어떻게 될지 모르는' 것이다. 그러므로 '미래 예측'에 대해 만장일치로 합의가 형성되는 일은 대개 일어나지 않는다. 일어나서도 안 된다.

따라서 '미래 예측'이라는 미확정 요소가 포함된 제안에서 '합의'를 이끌어내려면 남은 방법은 하나밖에 없다.

바로 '내 미래 예측은 틀릴 가능성이 있다'는 점을 인정하는 것이다. 거기서부터 논의를 시작하는 것이다.

'내 미래 예측은 틀릴 가능성이 있다'고 선언하는 사람의 주장은 '정론'이 될 수 없다. '자신이 틀릴 가능성'을 포함하여 내놓는 주장이 '옳을' 리 없다.

그런데 '정론'을 무턱대고 밀어붙이면 조금도 협의가 진행되지 않는 것과 반대의 이유로, '내 주장은 틀릴 가능성이 있다'는 점을 전제로 말하면 '타협'은 의외로 순조롭게 진행된다.

"세 사람이 모이면 문수보살의 지혜"라는 속담이 있다.

이는 의견이 다른 사람 셋이 모이면 더 좋은 의견이 된다는 뜻이 아니다(대체로 의견이 다른 사람 셋이 모이면 더욱 수습이 안 된다).

그게 아니라, 이 속담은 '내 주장은 틀릴 가능성이 있다'는 전제로 임하는 사람 셋이 모이면 잘못된 결정을 내릴 확률이 극적으로 줄어든다는 뜻이다(아마도).

경험 있는 분은 아시겠지만, '내 주장은 틀릴 가능성이 있다'고 생각하는 사람들이 모이면 그 토론은 매우 신속하게 진행되며 내용 또한 농밀하고 깊이 있어진다.

어째서 그렇게 되는가.

그런 경우의 토의에서는 논자들 각자가 자기 의견의 '옳음'보다 오히려 '자기 의견의 위험함'을 헤아리는 것을 우선하기 때문이다. '우리는 어떤 데이터를 간과하고 있는가?' '우리는 상황 판단에 얼마나 주관적인 소망을 섞어 넣었는가?'라는 점검이 그런 토의의 주된 의제다.

'나는 옳다, 너는 틀렸다'는 토의와 '우리는 모두 틀렸지만 각각 틀린 정도에는 차이가 있으니 가장 적게 틀린 것 같은 가설에 〈응하자〉'는 토의는 사용하는 '뇌의 부위'가 다르다.

'나는 옳다, 너는 틀렸다'는 식으로 의견을 내세우는 사람은 자기 의견의 무모순성과 상대 의견의 모순성을 과대평가하는 경향이 있다. 한편 '미래 예측이 빗나갈 개연성을 최소화'하기 위한 토의에서는 모두가 저마다의 주장 어디에 '구멍'이 있는지를 철저하게 고찰한다. 이는 '나는 어떤 식으로 현명한가'가 아니라 '나는 어떤 식으로 어리석은가'에 초점을 맞춘 사고방식이다.

'문수보살의 지혜'란 이것이라고 생각한다.

지성을 기능적으로 행사한다는 것은, 쉽게 말하자면 자동차를 기능적으로 운전하는 것과 같다.

차량 점검 때 "내 차는 시속 200킬로미터까지 나와"라거나

"오디오 음질이 훌륭해"라고 말하는 것은 의미가 없으며, 필요한 일은 '노이즈가 없는지' '기름이 새지 않는지' '타이어가 마모되지 않았는지'라는 식의 확인이라는 점은 누구나 안다. 그런데 자동차에 대해서는 누구나 그렇게 하는데, 정작 지성을 쓰는 단계가 되면 여간해서는 못하는 게 이상하다.

'내 지성의 어느 부분이 제대로 기능하지 않는지'를 점검하는 것은 '내 지성이 얼마나 멋지게 기능하는지'를 과시하는 것보다 훨씬 우선순위가 높은 일이다. 정말로 적절한 지적 퍼포먼스를 추구하는 사람이라면 우선 자신의 '어리석음 점검'부터 일을 시작할 것이다.

찰스 다윈은 자신의 진화론 가설에 들어맞지 않는 사례는 반드시 공책에 기록하는 습관을 가졌다. 왜냐하면 자기 의견의 옳음을 해칠 수 있는 데이터는, 그의 위대한 기억력에도 불구하고 머릿속에 잘 남지 않는다는 사실을 알았기 때문이다.

사람은 자기 의견의 '옳음'을 해치는 데이터는 구조적으로 외면하고 조직적으로 잊어버린다. 원래 그런 법이므로 그 점을 탓해봤자 소용없다.

따라서 데이터 관리에 대해 중립적이기를 바란다면, 결코 '자기 의견의 옳음'을 증명하는 것을 우선하면 안 된다. 오히려 '내가 간과한 것'을 찾아내어 그로써 '자기 의견'을 수정하고 개량하여 보다 범용성 높은 의견으로 갱신해나가야 한다.

말은 간단하지만 사실은 몹시 어려운 일이다.

그러나 '타협'은 오직 이와 같은 지적 태도를 견지함으로써 이루어진다.

많은 사람들은 '합의를 본다'거나 '타협한다'는 말을 부정적인 뜻으로 사용하지만, 나는 '타협'이란 상당히 수준 높은 지적 달성이라고 본다.

이는 타협이 A씨와 B씨 두 사람의 대립되는 주장을 모두 포함하여 대표하기 때문이 아니다.

그게 아니라, '타협'이 이루어진다는 것은 그 과정에서 무언중이긴 해도 A씨와 B씨가 둘 다 '내 주장이 틀릴 가능성도 있다'는 점을 인정했음을 뜻하기 때문이다.

'내 주장이 틀릴 가능성도 있다'는 전제를 세울 수 있는 지성에게는 자기 의견을 무한히 수정할 수 있는 가능성이 있다. 그 사람은 '지금 여기'에서 파고들 틈 없이 '옳은' 논의를 전개하는 이보다 장차 수준 높은 지적 달성을 이루어낼 가능성이 더 많다.

'문수보살의 지혜'란 되도록 '단순한 이야기'로 만사를 귀착시킨다는 뜻이 아니다. '대화 모드'를 통해 되도록 많은 데이터를 계산에 넣는다는 뜻이다.

이야기는 갈수록 복잡해지는 법이다. 그리고 참으로 이상한 일이지만, 이야기가 복잡해질수록 결론은 점점 빨라진다.

이야기를 복잡하게 만드는 편이 결론이 빠르다.

이것이 '일본 제일의 조급남'인 내가 경험으로 터득한 법칙
이다.

저주의 커뮤니케이션

우리 대학의 성추행 방지 위원회로부터 새로운 가이드라인 개정안이 도착했다. 나는 자기평가 위원장이어서 직책상 코멘트를 해줘야 한다.

가이드라인을 만든 것은 I다 선생. 다양한 사례에 입각한 포괄적인 가이드라인이며, 그 목적은 조정이나 조사를 위해 여러 단계의 심급을 두어 신고자와 피신고자가 초장부터 갑자기 죽기 살기로 대립하는 것을 방지하는 데 있다.

교원과 학생 사이의 성추행 문제가 공공연해지면 교사는 이제 퇴직하는 수밖에 없다. 교원이 실직과 가정 붕괴라는 가혹한 사회적 제재를 받게 되는 만큼, 성추행 의혹은 오히려 터부시될 우려가 있다. 관리자가 사실 관계를 묻지 않은 채 불문에 부지거나 의혹 받는 교원이 반성의 기미도 없이 위협적인 태도를 취하는 등의 역효과도 나올 수 있다(실제로 각지에서 그런 사례가 나오고 있다).

이를 피하기 위해 이번 가이드라인은 '징계'에 세밀한 단계를 두었다.

"그건 성희롱이에요" "아, 죄송합니다. 이제 안 할게요"라는 식의 '훈계' 수준에서 일단 문제가 회피된다면, 그쯤에서 매듭지을 수 있는 일은 매듭짓는 편이 실질적일 것이다. 현명한 생각이다.

I다 선생의 노고에 감사하면서도, 그럼에도 불구하고 왠지 깊은 생각에 빠져버렸다.

이 가이드라인에 문제가 있어서가 아니라, '섹슈얼 허레스먼트sexual harassment'의 '정의' 자체에 내포된 문제 때문이다.

이 가이드라인에서 '섹슈얼 허레스먼트'는 '수학·취학 관계에서 상대를 불쾌하게 만드는 성적 언동'이라고 정의되어 있다.

아마 이것이 일반적인 정의겠지만, 이 정의는 무언가 '부족한' 기분이 든다. 허레스먼트라는 영어는 프랑스어 harassement에서 유래되었다. 원어의 뜻은 '깊고 극단적인 피로'다.

어원인 동사는 harasser인데, 이는 사냥개를 부추길 때의 호령인 harace에서 비롯된 단어다. 원뜻은 '사냥개를 부추기는 일'. 즉 허레스먼트란 원래 사냥개에게 쫓기는 사냥감이 느낄 절망적인 피로감을 가리킨다. 그러므로 '허레스먼트'는 넓은 의미로는 '강자가 약자를' '상처 입히고 등치기 위해' '집요하게 공격하는 일'을 뜻한다.

이 단어에는 그저 '상대를 불쾌하게 만드는 일'이라고만 하면 부족한, 더욱 사악한 뜻이 담겨 있다.

그게 무엇일지 생각하다 가장 비슷한 우리말을 알게 되었다.

바로 '저주'다.

'저주'라고 하면 과장되게 들릴 수도 있지만, 소설가 다구치 란디 씨에 따르면 저주는 지극히 일상적으로 행해지는 일이다.

저주呪い는 입 구口라는 글자가 들어 있는 만큼 입으로 행한다. 원래 저주란 상대를 결박해서 꼼짝달싹 못하게 하여 생기를 빼앗는 것이라고 한다. 참으로 오싹하게도 이런 일은 누구나 하고 있다. 특히 남자와 여자 사이, 부모와 자식 사이에서 자주 눈에 띈다.

(중략)

저주의 특징은 우선 '의미가 불명확한 말의 반복'으로 시작된다는 것이다.

저주하는 말은 명료하면 이상하다. 상대를 결박하려면 우선 말이 명료하지 않은 게 중요하다. 따라서 사람은 저주를 걸기 위해 명료하지 않은 말을 반복한다. 이해 불가능한 말이다. 왜냐하면 저주는 이해를 싫어하기 때문이다. 이해된다면 저주가 아니다.

"당신을 위한 것만 생각하고 있어" "뭐가 마음에 안 드는지 분명히 말해" "너 나를 깔보는 거냐" "부탁이니까 나도 이해해줘" "나는 너만 생각해서 하는 거야" 등은 전형적으로 의미가 불분명한 저주의 말이다. 이 말을 반복해봤자 상대는 대답할 수 없다. 상대의 대답을 봉인하며 대답할 수 없는 질문을 반복함으로써 상대에게 저주를 건다. 저주의 말을 들은 상대는 침묵할 수밖에 없다. 대답은 처음부터 봉인되어 있기 때문이다.

(중략)

원래 저주의 목적은 상대를 멀리 떼어놓으려는 게 아니라 상대를 결박하는 것이므로, 저주를 구사하는 자는 반드시 상대의 곁에 있다.

(다구치 란디 『뿌리를 가지는 것, 날개를 가지는 것』)

나는 이 글을 읽고 뜨겁게 공감했다.

의사소통이 안 되는 인간관계는 대부분 이런 형태로 전개된다. 대답할 수 없는 질문을 집요하게 받는 방식으로 침묵을 강요당할 때의 불쾌함과 피로함은 말로는 잘 설명할 수 없지만, 요컨대 이는 '저주'를 받았던 것이다.

'허레스먼트'도 아마 원래는 '단호하게 대답할 수 없는 종류의 질문이나 요구를 가까이에 있는 사람으로부터 집요하게 반복적으로 받음으로써 생기를 빼앗기고 깊은 피로를 느끼는 상태'를 가리켰던 게 아닐까.

'저주'를 받은 자의 징후가 '생기를 잃는 것'이라는 '저주'의 정의는, '허레스먼트'의 원래 뜻인 '깊은 피로'와 일맥상통한다.

그렇다면 '섹슈얼 허레스먼트'라는 말의 본질적 정의는 역시 단순히 '성적으로 불쾌한 언동'으로 규정하는 것만으로는 부족하리라.

'입장상 분명하게 〈안 돼〉라고 말하기 꺼려지는 가까운 사람으로부터 성적 유혹이나 성적 괴롭힘을 집요하게 받는' 일이 '불쾌'한 진짜 이유는, 그 애매하고 의미를 알 수 없는 집요한 '물음'에 대답하지 못한 채 침묵을 강요받아 서서히 생기를 잃어가기 때문이 아닐까.

반대로 말하자면 '성적 괴롭힘'을 행하는 사람이 진짜 바라는 바는 구체적인 성적 관계를 맺는 게 아니라 오히려 상대의 생명력을 쇠약하게 만들고 상대를 결박해서 꼼짝달싹 못 하는 상태로 만드는 것, '저주를 거는 것'이 아닐까.

란디 씨는 이에 더해 '저주의 말'을 열거한다.

"그런 걸 하면 너는 분명 망가질 거야" "일이 잘 안 되면 돌아오면 돼" "그런 걸로는 병이 낫지 않아" "너는 뭘 하든 안 되는 사람이야" "너는 남자 운이 나쁘구나" "그렇게 하면 아무도 친구가 되어주지 않을걸" "장래에 변변한 일은 없을 거야"……

이는 전부 효과적인 '저주의 말'이다.

이런 말은 마음의 주름에 파고들어 먼 훗날이 되어도 결정적인 상황에서 느닷없이 의식으로 솟아올라 그 사람의 결단을 들쑤신다.

젊은 여성에 대한 전형적인 '성적 괴롭힘'은 "결혼 안 해?" "아기는 안 생기는 거야?"라는 두 질문이다.

이 물음은 단순한 질문의 형태를 취하고 있으며, 경우에 따라서는 '피붙이의 입장이 되어 걱정하는' 것처럼 위장하기도 하지만 그 목적은 '말문이 막히게 하는' 것이다.

사람은 결혼할 상대가 있으면 결혼하고, 아이가 생기면 아이를 낳는다. 그게 그렇게 되지 않는 데는 복잡한 이유가 있다. 이 사람 저 사람에게 설명하지 못하는 이유가 있다. 그것을 굳이 묻는 진짜 목적은 대답을 봉인한 뒤 질문해서 침묵을 강요하는 데 있다.

우리가 받는 질문 중에는 대답할 수 없는 것이 있다. 침묵을 강요하기 위해 던지는 질문이 있다.

가령 교실에서 소란을 피워 교사에게 야단맞을 때, 교사가 "우치다, 너는 학교를 뭐라고 생각하나?"라고 물었다 치자.

이 교사의 말은 형식적으로는 '질문'이다. 그러나 나는 이 질문에 대답할 수 없다. 어떻게 대답한들 교사는 나의 대답으로부터 더욱 답하기 힘든 질문을 이끌어낼 수 있기 때문이다("학교는 공부하는 곳입니다"라고 대답하면 교사는 "네가 한 짓의 어디가 공부냐?"라고 캐물을 것이고, "학교는 인격을 기르는 곳입니다"라고 대답하면 "바닥을 뒹구는 게 네가 인격을 기르는 방법이냐?"라고 물을 것이다).

어떤 대답을 하든 질문을 진정시키지 못할 것 같을 때 사람은 말문이 막힌다. 그것은 단순한 침묵과는 달리, 갑갑하면서도 우리의 생기를 좀먹는 종류의 침묵이다.

하지만 이처럼 '말문이 막히는' 상황으로 타인을 몰아넣는 것을 (자기도 모르게) 즐기는 사람이 있다. 타인이 자신의 질문으로 인해 말을 잃고, 새파랗게 질리고, 고개를 숙이고, 침묵 속으로 틀어박히는 모습을 보고 일종의 희열을 이끌어낼 수 있는 사람이 있다.

물론 본인은 그런 '사악'한 욕망이 자신을 움직인다는 사실을 모른다. 종종 '저주'를 거는 사람 자신은 (심술궂은 교사가 그랬듯) 자신의 행동에 동기를 부여하는 것은 교화적 선의라고 (경우에 따라서는 심지어 '애정'이라고) 믿는다.

이러한 '허레스먼트'적 저주의 뿌리에 있는 것은 '타인의 삶에 영향을 주고 싶다'는 '관계를 향한 갈망'이 아닐까 싶다.

타인에게 영향을 주고 싶다는 욕망 자체는 지극히 자연스러운 것이다. 나는 그 점을 비난하는 게 아니다.

'말문이 막히게 만드는 사람'이 해로운 이유는 그저 '상대에게 영향을 끼치기' 때문이 아니다. 영향력을 끼쳤다는 확증으로서, 상대가 자기로부터 달아나지 못하게끔 '결박당한' 모습을 보고 싶어 하기 때문이다.

상대가 자신의 말로 '결박당해' 꼼짝할 수 없게 된 상태를 몹시 친밀하면서도 둘도 없이 소중한 관계의 성취라고 착각하는 사람, 그가 바로 '저주를 거는 사람'이다. 나는 그렇게 생각한다.

실제로 란디 씨가 예로 들었듯 '저주의 말' 가운데 결정적인 몇 가지는 부모가 자식에게 외치고 부부가 서로를 향해 입에 담는 말이다.

타자와 결코 끊기지 않는 강고한 관계를 맺고 싶다는 생각은 우리 모두가 지니고 있는 근원적인 욕망 가운데 하나다.

그러나 그 욕망이 상대에게 '저주'를 걸어서라도 곁에 묶어두고 싶다는 데까지 나아가는 일은 자제해야 한다.

타자와의 커뮤니케이션에 대한 욕망은 어딘가에서 '절도'를 갖추어야 한다.

'저주로서의 허레스먼트'를 저도 모르게 일상적으로 행하는 사람들의 공통점은 '커뮤니케이션을 향한 욕망에 절도가 없다'는 점이 아닐까 싶다.

학생 시절, 보습학원에서 강사 아르바이트를 했던 적이 있다. 이 학원의 경영자가 나를 몹시 '피곤하게 만드는' 사람이었다.

어째서 그가 그다지도 '피곤하게 만드는' 사람인지, 오랜 세월 나는 그 이유를 알지 못했다.

그는 교육에 열심이었고 굳이 말하자면 '호인'이었다. 또 강사 모두와 친밀한 커뮤니케이션을 나누고 싶어 했다. 그는 수업 틈틈이 강사들에게 바지런히 말을 걸었고, 수업 방식에 대해 조언을 했으며, 휴일까지 강사들을 불러 모아 그와 이야기를 나누는 자리를 만들었다. 그가 강사들의 생각이나 생활 방식을 알려면 친밀한 커뮤니케이션을 유지할 필요가 있다고 생각했던 점은 잘 알겠다. 그러나 거기에는 늘 미묘하게 어떤 '절도'가 빠져 있었다.

그의 지시는 필요치보다 언제나 '약간' 길었고, 그가 전화를 거는 시간은 남의 집에 전화해도 좋다고 여겨지는 상식적인 시각보다 언제나 '약간' 늦었으며, 그가 나의 생활 방식에 대해 덧붙이는 코멘트는 언제나 '약간' 집요했다.

그런 약간의 집요함이 반년 동안 이어진 끝에, 나는 약한 산酸에 부식되듯 점점 몹시 피로해졌다. 가장 괴로웠던 부분은 '어째서 이렇게 피곤한가'를 나 자신에게 잘 설명할 수 없다는 점이었다.

결국 어느 날 "이제 한 반을 담당해줬으면 하네. 사실 이미 자네를 강사로 예정하고 모집을 시작했다네"라는 전화가 걸려 왔을 때, 아마도 인내의 한계를 넘었던 것 같다. 나는 그 학원을 그만뒀다.

그 피로의 이유를 지금은 조금 이해할 수 있다.

그 학원의 경영자가 했던 것도 일종의 '허레스먼트'였던 것이다. 그의 언동 자체에는 나를 직접 상처 입히는 요소가 하나도 없었다. 그저 그의 어떤 '절도 없음'이 나를 피곤하게 만들었던 것이다.

그는 그와의 빼도 박도 못하는 관계 속으로 나를 집요하게 묶어두려 했다. 본인에게 물어봤다면 어쩌면 그 이유를 "자네에게 기대하고 있기 때문이야"라는 식으로 설명해주었을지도 모른다. 그러나 애정이든 교화적 선의든 간에 누군가의 '절도 없는 커뮤니케이션 욕망'의 대상이 되었을 때, 다시 말해 우리를 '결박'하려는 사람의 욕망의 대상이 되었을 때 우리는 '저주'에 걸린다. '저주'는 우리의 생기를 빼앗고, 그 자리에서 도망칠 힘을 빼앗으며, 우리는 이윽고 거미집에 붙들린 곤충처럼 수분을 잃고 수척해진다.

섹슈얼 허레스먼트는 주로 직장과 학교를 상정하지만, '저주로서의 허레스먼트'의 가장 활발한 배양기는 가정이다. 지금도 '저주'는 부모 자식 관계와 부부 관계 속에서 끝없이 증식하고 있다.

하지만 타인을 사랑하고 그 형편을 염려하는 배려의 마음과 "이렇게 너를 사랑하고 걱정하는데 어째서 너는 그 참뜻을 모르는 것이냐"라며 타자를 결박하는 '저주의 말' 사이에는 정말로 짧은 거리밖에 없다. 어디까지가 '사랑과 염려'고 어디서부터 경계를 넘어선 '절도 없는 커뮤니케이션 요구'가 시작되는지를 일률적으로 확정하기란 아마 누구에게도 불가능할 것이다.

예를 들어 아이를 엄청나게 사랑하고 아이에게 애착을 지닌 나머지 아이를 붙들어 매어 성장과 자립을 저해하는 부모를 처벌하는 법이 우리에게는 없다. 그런 부모를, 이를테면 '패밀리얼familial 허레스먼트'라는 죄명으로 고발하는 것이 우리에게는 허용되지 않는다. 왜냐하면 어디까지가 '훈육'이고 어디부터가 '저주'인지를 누구도 엄밀하게 구분할 수 없기 때문이다. 신체적 폭력을 가하는 부모로부터 아이를 지키는 법률은 존재해도 '저주'를 거는 부모로부터 아이를 지키는 법률은 존재하지 않는다(이제까지도 존재하시 않았으며 앞으로도 존재할 수 없을 것이다).

그러므로 당장 우리가 할 수 있는 일은 애착과 저주의 경계선이 한없이 회색에 가깝다는 사실을 냉정하게 응시하는 것, 만약 '깊은 피로감'을 주는 사람이 있다면 그 사람은 '저주'를 걸고 있다는 사실을 깨닫는 것, 그리고 가능한 한 신속하게 그 관계에서 벗어나는 것, 이뿐이라고 생각한다.

너무도 미래에 대한 희망 없는 결론이지만, 사실이므로 어쩔 수 없다.

눈에서 비늘이 벗겨지는 사랑의 마음가짐

세상은 크리스마스다.

딸이 일찌감치 도쿄로 떠나고, 합기도 송년회도 연례 대청소도 끝나 아름답게 고요해진 집에서 일 삼매경, 독서 삼매경, 음악 삼매경, 미식 삼매경의 나날이다.

예전에는 크리스마스 땐 여자아이와 데이트를 했다.

나는 그럴 때는 제대로 된 레스토랑에서 식사를 하고 나름의 선물을 주며 택시로 집까지 바래다주는, 여자아이 입장에서는 '몹시 편리한 남자'였다.

그 때문인지 나는 젊은 시절 상당히 인기가 좋았다.

그것도 당연하다. 밥을 사주고 선물을 사다 바치고 부르면 날아오고 내버려둬도 화내지 않으며 헤어져도 뒤탈이 없으니까. 여자아이 입장에서는 이상적으로 '편리한 남자'다. 이렇게 해서 인기가 없을 리 없다.

하지만 이렇게 달관하기까지는 갖가지 고난도 있었다.

고등학생 무렵까지는 '어쨌거나 끈질기게 따라다니는 것'이 애정 표현이라고 생각했다.

그러나 어찌 된 일인지 끈질기게 따라다니며 좋아해, 좋아해, 좋아해, 라고 마구 소리쳤더니 모든 여자아이가 달아나버렸다.

이건 곤란하다. 이럴 때 발상 전환이 빠른 것이 나의 장점이다.

나는 질문을 반전시켜보았다. 나는 어떤 여자 친구를 이상적이라고 생각하는가?

편할 때는 언제든 놀러와주지만 나의 품행에는 호의적 무관심을 유지하고, 바지런히 선물을 주며, 내가 "헤어지자"고 하면 잠자코 물러나고, 헤어진 뒤에도 생글생글 웃으며 친구로 지내주는 여자아이…… 그야말로 내가 바라는 이상적인 여자 친구라는 데 군말이 필요 없다.

뭐야, 이걸 반대로 하면 되잖아.

나는 눈에서 비늘이 벗겨지듯 시야가 트였다.

상대가 내게 해줬으면 하는 일을 그대로 상대에게 하면 되는 것이다.

내가 스무 살 무렵 에릭 시걸이라는 사람의 『러브 스토리』라는 연애소설과 그 동명 영화가 크게 흥행한 적이 있다. 그때의 선전 문구가 "사랑은 미안하다는 말을 하지 않는 거예요Love means never having to say you're sorry"였다.

이 대사를 영화 배급사는 "사랑은 후회하지 않는 거예요"라고 번역했는데, 이것은 번역어로서는 다소 부적절하다.

'사랑은 후회하지 않는 것'이라고 하면 누구나 '어쨌거나 앞뒤 생각하지 말고, 정열에 몸을 맡기고 내달려라'라는 식으로 이해할 것이다.

하지만 이야기 속 의미는 그게 아니다.

이 대사는 신분이 다른 아가씨와 결혼한 아들과 의절한 아버지가, 요절한 그 아가씨의 장례식 때 몇 년 만에 만난 아들에게 I'm sorry("미안한 짓을 했다")라고 후회의 심정을 전한 것에 대해 아들이 차갑게 대답하는 말이다.

이는 '만약 당신이 나를 사랑했다면 나중에서야 〈미안하다〉라고 말할 법한 행동을 할 리 없다. 즉 당신은 아들인 나를 예전에도 그랬고 지금도 사랑 따위 하지 않는다'라는 '절연의 말'이다.

'사랑'이란 나중에 '미안하다'고 말해야 하는 상황에 처하지 않도록 한순간도 방심하지 않을 만큼 긴장된 대인관계다. 이때 나는 이 사실을 배우고는 "오오오" 하고 눈에서 두 장째 비늘을 떨어뜨렸다.

'자기에게는 쾌락이지만 상대에게는 불쾌한 일'을 골라서
상대에게 할 뿐만 아니라, 그 불쾌함을 상대가 견디는 것을 '사
랑의 증거'라고 믿는 사람이 있다.

이는 거꾸로 된 이야기다.

'사랑'이란 '상대의 노력으로 내가 쾌적해지는' 인간관계가
아니라, '나의 노력으로 상대가 쾌적해지는' 인간관계를 구축
하는 것이다.

이것 말고 어떤 인간관계도 '사랑'이라는 말에 들어맞지 않
는다. 나는 그렇게 생각한다.

친구 관계를 유지하는 비결

히라카와가 오사카에 와 있어서 교수회에서 빠져나와 북쪽 출구에서 만났다. 휴대전화가 생긴 다음부터 "지금 어디야?" "계단을 올라가는 참이야" "계단 어디쯤?" "빵집이 보이는 곳" 이라는 식의 정확한 만남이 가능해졌다. 이건 편리하다.

'하나유'라는 가게에서 그간 쌓인 이야기를 나눈다.

히라카와의 회사*는 어느 틈에 자본금 5억 엔의 대기업이 되었다. 나는 그 창업자이자 감사역이어서 히라카와 사장한테 업무 내용 보고를 느긋하게 들으며 회 같은 걸 얻어먹는다.

---

* 제2장 「재능 측정법」에서 나온 '비즈니스카페 재팬'.

5억 엔을 모은 것은 좋지만, 일단 쓸 데가 없어서 남은 2억 엔으로 자산 운용을 했더니 주식이 떨어져서 천만 엔 손해 봤다는 이야기를 듣는다.

"차손이 나면 어쩔 셈이야?"

"'미안해' 하면서 무릎 꿇어야지."

"'미안해'로 끝나?"

"응"

히라카와의 처신은 변함없이 명쾌하다.

리누스 씨(컴퓨터 운영체제 리눅스를 만든 리누스 씨)나 부시 씨(그 남동생)와 칼날을 맞부딪쳐가며 산호세에서 일하는 히라카와는, 벌이가 될지는 모르겠지만 하여튼 이 사람과 일하면 왠지 가슴이 뛴다는 분위기를 주위에 조성하는 탁월한 자질이 있다.

히라카와와 함께 있으면 언제나 가슴이 뛴다.

친구가 된 지 벌써 마흔 해나 되었지만, 함께 있을 때 느끼는 '두근거림'은 '5학년 5반' 때 둘이서 장난치고 다니던 무렵과 완전히 같다.

'하나유'의 계산대 옆에 뭔가 인상이 나쁜 주정뱅이가 둘 있었다. 말투가 왠지 신경을 건드린다. 만약 내가 일어서서 "당신들, 좀 조용히 마실 수 없어?"라고 호통치면 히라카와가 어떻게 나올지 생각해봤다. 분명 지체 없이 일어서서 멍청이 아저씨들의 경추 부근에 멋들어진 돌려차기를 먹여줄 거라고 상상했더니 어쩐지 유쾌해져서 아저씨들의 아우성도 신경 쓰이지 않게 되었다(히라카와는 쇼토칸*류 가라테 5단이다).

이처럼 '어떤 상황에서든 늘 나와 같은 인상을 받아서 틀림없이 같은 행동을 하고 싶어 할 친구'가 곁에 있다는 안도감은 여간해서는 말로 잘 표현할 수 없다.

우리는 40년 동안 거의 같은 것을 생각하고 같은 것을 느껴왔다. 나는 그렇게 믿었으며 주위 사람들에게도 쭉 그렇게 말했다.

그런 일이 정말로 가능한가?

가능하다.

나도 히라카와도 자기 안에 있는 '애매한 감정'이나 '정체를 알 수 없는 개념'을 언어화하는 데는 상당한 고집을 가지고 있다. 그러므로 만났을 때는 대체로 '자신이 잘 설명할 수 없는 것' '자신이 그에 대해 이야기할 적절한 어법을 아직 습득하지 않은 심적 과정'을 화제로 삼는다.

그런데 참으로 이상하게도 내가 내 안에 있는 매우 언어화

---

* 가라테의 4대 유파 중 하나.

하기 힘든 '생각'을 겨우 말로 표현했을 때, 히라카와가 보이는 반응은 언제나 "맞아! 그거야말로 내가 말하고 싶었던 거야!"다(그리고 당연하게도 히라카와가 고심 끝에 겨우 꺼내는 말은 거의 모두 '내가 말하고자 했던 바로 그것'이다).

그런 일이 가능한가?

물론 가능할 리 없다(아까와 이야기가 다르지만).

이는 우리가 공범이 되어 행하는 기억 위조의 효과다.

사람은 누구나 '남이 알려준 것'을 자기 내부에 원래 있었던 것으로서 '발견'할 수 있다. 세뇌에 의한 위조 기억이란 그런 것이며, 국민국가*의 국가 정체성을 뒷받침하는 공동의 기억(커메모레이션commemoration)도 '외부에서 주입된 기억'일 뿐이다. 나와 히라카와는 그 조작을 실로 '부지런하게' 실행하고 있을 따름이다.

그러나 위조 기억이나 공동 기억이 '기억에 없었던 것을 떠올리는' 데는 나름의 필연성이 있듯('트라우마 치료'든 '국가 역사 날조'든), 우리가 열심히 행하는 공동 기억의 공범적 구축에도 나름의 필연성이 있다. 그리고 나는 이것이 기억의 상상적

---

* 공통의 사회·경제·정치 생활과 언어·문화·전통을 지닌 국민공동체를 기초로 성립된 국가. 저자는 '국경이 있고 관료제도와 상비군이 있고 국적과 귀속의식을 가진 국민을 구성원으로 하는 공동체(『하류지향』, 민들레, 10p)'라는 뜻으로 사용하고 있다.

일치보다 더욱 근원적인 일이라고 생각한다.

사람은 영원히 똑같을 수 없다. 그러므로 소년 시절 공유했던 자질적 공통점에 바탕을 두고 친구 관계를 유지하기란 불가능하다. 그야 기질은 변하고, 정치 이데올로기나 사상 신조, 음악 취향, 음식의 호불호, 성적 기벽嗜癖, 신앙심도 시간과 함께 점점 변하니까.

그런 불확실한 요소를 영속적 우정의 기초로 깔아둘 수는 없다. 그러므로 우정을 뒷받침하는 요소는 사람이 아무리 변해도 변치 않는 것이어야 한다.

사람이 아무리 변해도 변치 않는 것. 그것은 '변화의 방식'이다.

사람은 변하지만 변화하는 방식은 변치 않는다.

같은 생각을 공유하는 사람과 만나기는 어렵지 않다. 하지만 어떤 생각에서 다른 생각으로 점프하는 방식이나 현재 지니고 있는 가치관의 틀을 '부수는' 방식이 자신과 같은 사람과 만나기는 힘들다.

우리가 공유하는 부분이 있다면 아마 그 지점일 것이다.

나와 히라카와의 공통점은 '자기가 모르는 이야기'를 듣는 것을 좋아하는 경향이다.

히라카와와 이야기를 나눌 때 나는 '모르는 이야기'를 듣는

나. '모르는 이야기'이므로 내가 이미 아는 이야기보다 원리상 정보 가치가 높다. 그래서 나는 이야기를 들으며 거기서 얻은 정보를 한 글자 한 글자 나의 지적 저장고에 충실히 등록한다. 그가 이야기를 끝마쳤을 때 내 입력 작업도 끝난다. 그리고 '방금 다 들은 이야기'와 '내부의 지적 저장고'가 완전히 같다는 데 깜짝 놀라며 "신기하네, 나도 똑같은 생각을 하고 있었어"라고 중얼거리게 되는 것이다.

구조는 단순하지만 이런 상상적 일치는 일으키려 한들 간단히 일어나지 않는다. 만약 그가 했던 이야기가 내 지적 저장고에서는 '거짓 언명'으로 '분류 종료'된 것이었다면 이런 싱크러니서티는 일어날 수 없기 때문이다.

위조 기억의 상상적 일치가 성공하려면 그때마다 '상대의 지적 저장고에 아직 등록된 적 없는 전대미문의 생각'을 이야기해야 한다.

역설적이게도 '이제껏 한 번도 들어본 적 없는 내용'만이 '자신이 쭉 생각했던 내용'으로 교체될 수 있다(당연한 말이지만 우리는 '이제껏 몇 번이나 남에게 들었으며 자신도 했던 이야기'에 대해서는 "그거야말로 내가 하려고 했던 말이야! 악수하자!"와 같은 극적 인상을 받지 않는다).

그렇다면 위조 기억을 성공적으로 일치시키는 가장 확실한 방법은 '나 말고 다른 누구에게도 이제껏 들어본 적 없는 전대

미문의 생각'을 지금 이 자리에서 상대를 앞두고 창조하며 이야기하는 것이다. 그렇게 되는 게 당연하다.

그러므로 앞에서 썼듯 우리는 서로에게 '자신이 그에 대해 이야기할 적절한 어법을 아직 습득하지 않은 심적 과정'을 쥐어짜듯 말해내는 바로 그 상대가 되는 수밖에 없다.

친구 관계를 유지한다는 것은 아마 이런 일이 아닐까 싶다.

모든 가족은 기능 부전

가끔 '어덜트 칠드런'이라는 단어를 접한다.

그대로 해석하면 '어른 아이'이므로, 나는 처음에는 망설임 없이 이는 요즘 많이 보이는 '어린애 같은 어른'을 가리키는 말이리라 생각했다. 대머리 아저씨가 열심히 《소년 점프》를 탐독하거나 노래방에서 어린 시절 봤던 텔레비전 만화영화 주제가를 열창하는 모습을 개탄하는 단어인가 싶었다. 아무래도 틀린 것 같다.

어원은 당연히 미국에서 왔으며, '알코올 의존증 부모 밑에서 자란 아이들'이 성인이 된 뒤에도 여전히 고유의 정신적 외상을 지니고 있는 사태를 가리킨다. 즉 '어른이 된 〈알코올 의존증 부모 밑에서 자란 아이들Adult children of alcoholics〉'의 첫 두 단어를 딴 준말이다.

이 어덜트 칠드런 학설에 따르면, 알코올 의존증뿐만 아니라 어떤 종류건 의존증(중독자) 부모를 두거나 기능 부전 가정에서 자란 아이는 성인이 된 뒤 특유의 신경증적 경향을 보인다고 한다.

그 전형적인 증상은 '주위의 기대대로 행동하려 한다' '노no라는 말을 못한다' '달라붙는 것과 애정을 혼동한다' '무엇이 정상인지에 대한 확신이 없다' '스스로를 처벌하는 기벽이 있다' '지나치게 성실하다' '타인과 친밀한 관계를 가지지 못한다' '항상 타인의 인정을 바란다' '가치 없는 것에 과잉 충성을 바친다' 등등이다.

음, 그렇구나.

하지만 왠지 의미 없는 이야기 같기도 하다.

당연한 말이지만 아무 의존증도 없는 사람은 이 세상에 없으며, 어느 구석에서 기능 부전을 일으키지 않는 가정도 없기 때문이다.

우리는 모두 '어덜트 칠드런'이다.

우리는 누구나 자신의 심신과 인간관계에 악영향을 끼칠 수도 있는 기벽을 가지고 있다. 술이나 담배나 약물, 독서나 음악이나 운동이나 미식이나 수집이나 일…… 이런 것은 모두 정도를 넘어서면 어엿한 '병적 기벽'이다.

어느 구석에서 기능 부전을 일으키지 않는 가정 역시 존재하지 않는다.

'기능 부전'의 징후로 미국 학자가 예로 든 것은 '가정에 어떤 규칙이 있다, 역할 분담이 있다, 가족이 공유하는 비밀이 있다, 타인이 비집고 들어오는 데 저항이 있다, 사생활 보호가 안 된다, 가족에 대한 충성이 요구된다, 가족 간의 갈등이나 대립이 부인되고 무시된다' 등이다.

꽤 호기롭게 열거했지만, 우리들의 가족은 일단 예외 없이 이 가운데 어느 조건에 해당할 것이다(우리 집은 모든 조건에 해당한다).

그런데 이 모든 조건에서 벗어난 '완전히 기능하는 가족'이 존재할 수 있을까?

존재한다 치면 그것은 '아무 규칙도 없고, 부모 자식의 역할 분담도 없으며, 가족의 비밀은 모두 외부로 공개되고, 타인이 끊임없이 출입하며, 개인의 내면은 밝혀지지 않고, 가족의 공동 이익을 위해 일하는 것은 금지되며, 가족 간의 갈등이나 대립이 노출된' 가정이라는 뜻이 될 것이다.

어째서 그런 가정이 '완전히 기능한다'고 할 수 있는지 나는 잘 모르겠다. 적어도 나는 그런 곳에서 생활하고 싶지 않다.

이러한 심리학적 이론이 만들어내는 새로운 '증후군'은 딱히 우리가 경험적으로 아는 것 이상을 가르쳐주지 않는다.

우리가 경험적으로 아는 바는 비교적 단순하다. 모든 가정은 어딘가에 결손이 있고, 모든 부모는 무언가에 의존하고 있으며, 그 가정에서 자란 아이들은 많든 적든 그로 인해 정신에 일그러짐이 생긴다는 것이다.

나는 그런 가정에서 자란 탓에 생기는 아이들의 정신적 일그러짐에 질적인 차이가 있다고 생각하지 않는다. 거기에 존재하는 것은 '정도의 차이'뿐이다. 그러므로 그런 식으로 겉으로 드러나는 증세에 대한 치료법도 '정도의 차이'에 초점을 맞출 수밖에 없다. 즉 가정환경 때문에 손상된 아이들 하나하나의 '정신이 일그러진 정도'를 '사회적 허용 범위 안'에 머무르게 하는 것, 그것이 '치료하는 쪽'에 선 사람의 책무다.

친구도 연인도 못 만들고 남의 안색만 살피며 가치 없는 것에 충성을 맹세하고 스스로를 처벌하는 버릇이 있는 사람은 우리 주위에 산더미처럼 많다. 그러나 나는 그들을 '어덜트 칠드런'과 같은 특수한 병자라고 여기지 않는다. 그저 '쓸모없는 사회인'으로 볼 뿐이다.

'쓸모없다'고 판단하는 점에서 나는 그들을 차별하며, '사회인'이라고 인정하는 점에서 나는 그들과 연대한다. 이 '차별하며 연대하고, 혐오하며 받아들이는' 역설적인 몸짓 속에 사회의 '건전함'이 집약된다고 나는 믿는다.

상찬과 아량

잠을 잘 잔다.

어제는 오전 10시에 일어나서 멍하게 있다 합기도 시간이 되어서 점심때부터 4시까지 수련하거나 놀다가 집으로 돌아왔더니 이미 6시에 가까워져 있었다. 메일을 확인하고 답장을 쓰자 이미 7시. 허겁지겁 목욕을 하고 맥주를 마시고 밥을 먹고 영화를 보던 중 눈꺼풀이 무거워져 침대로 파고든 것이 10시 반. 결국 원고 한 줄도 쓰지 못한 채, 책 한 쪽도 읽지 못한 채 귀중한 휴일이 끝나버렸다. 그리고 오늘 아침 눈을 떴더니 오전 10시.

10시 취침 10시 기상으로는 하루가 12시간밖에 없다. 이래서야 학자라 할 수 있겠는가.

할 수 없다.

그 증거로 일불日佛철학회에서 『프랑스 철학 사상 연구』를 보내줘서 그 책을 읽는데, 어려운 내용이 잔뜩 쓰여 있어서 거의 이해할 수 없었다.

단, 변명을 하자면 나의 이해력이 저조한 데는 거기에 쓰인 내용을 제대로 이해함으로써 내 인생이 극적으로 유쾌해진다거나 하는 일을 기대할 수 없는 탓도 있다.

나의 이해력은 이타치보리 거리의 장사꾼처럼 셈이 빠르다.

고등학생 시절에도 이해되지 않는 책은 잔뜩 있었다. 니체도 마르크스도 프로이트도 잘 이해가 안 되었다. 그래도 '이걸 알면 좋은 일이 생길 것 같다'는 확신은 있었다. 대학생이 되어 레비스트로스를 처음 읽을 때도, 이걸 알면 '세계가 구성되는 방식'을 알게 되리라 직관했다. 처음으로 데리다를 읽을 때는 이 사람의 어법을 습득하면 '비평'의 필승법을 깨우치리라고 확신할 수 있었다. 레비나스 선생의 글을 읽을 때는 거의 한 줄도 이해하지 못했지만 '이 사람을 스승이라고 부르자'고 결심했다.

이해하지 못하는 것에는 '이해 안 되지만 어차피 나와는 관계없으니 아무래도 좋은 것'과 '이해 안 되지만 나와 깊이 관계있어 보이니 어쨌거나 매달려보는 것'의 두 종류가 있다.

이해가 안 되더라도 '내 인생과 관계가 있을지 없을지'는 알 수 있다.

그러므로 이해가 안 되는 데다 '나와 관계도 없어 보이는 것'은 아무래도 읽을 마음이 안 든다.

『프랑스 철학 사상 연구』 중에서 내가 쓴 서평만큼은 과연 잘 이해되었다. 상당히 좋은 말이 쓰여 있어서 몇 번이나 되풀이해서 읽는다.

서평을 썼더니 바로 그 책의 필자에게 엽서를 받았다.

"이 책에서 제가 목표했던 바를 (아마 본인이 의식했던 것 이상으로) 적확하게 표현해주신 달의達意의 문장을 접하고, 이 책을 이런 눈으로 봐주신 독자의 존재에 진심으로 감사하는 마음이 들었습니다"라는 과분한 말이 쓰여 있다. 여기에는 서평을 쓴 본인이 깜짝 놀랐다.

필자가 '사실은' 무엇을 목표했는지 나는 모른다. 모르기 때문에 '이런 것을 목표로 쓴 책이라면 멋지겠군' 하고 상상한 것을 썼다.

그것이 '명중'한 셈이다.

아름다운 이야기다.

서평을 쓸 때는 '그 책이 지닌 가장 풍성한 가능성에 초점을 맞춘다'는 것이 나의 방침이다. '가장 풍성한 가능성'에 관한 논의는 쓰는 나도 유쾌하며, 무엇보다 그 서평을 읽은 저자가 '알아주는 독자가 있어서 기쁘다'며 거듭 기운을 낸다. 결과적으로 앞으로 더욱 풍성한 지적 생산물을 누릴 수 있게 되어 이득을 보는 것은 우리 독자들이다. 저자가 '이 무슨 어리석은 서평인가' 하고 맥이 탁 풀려서 지적 생산에 대한 의욕을 잃음으로써 우리가 얻는 것은 아무것도 없다.

오해하는 사람이 많은 듯한데 헐뜯기는 간단하고 칭찬하기는 어렵다.

헐뜯을 때 우리는 아무리 주관적인 논거로 자기 의견을 전개해도 전혀 상관없다. 애초에 상대를 설득할 마음 따윈 없기 때문이다. 비판받은 상대가 "나는 그런 말 한 적 없어. 어디에 주목한 거야"라며 거세게 화를 내도, 처음부터 '상대를 격노하게 만들고 싶기 때문에' 쓴 글이므로 이미 소기의 목적은 충분히 달성했다.

험담할 때는 대상에 대한 적절한 이해가 필요치 않다.

하지만 칭찬할 때는 대상에 대한 적절한 이해(라고 적어도 필자에게 인정받는 것)가 필요하다.

그러므로 나는 (잘 이해되지 않지만) 이해하고 싶다고 생각하는 것에 대해서는 '어쨌거나 칭찬하는' 자세를 취한다. 내 경험상 '잘 몰라도 칭찬함'으로써 '잘 모르는' 대상에 대한 이해가 확실히 깊어지기 때문이다. '잘 모르겠지만 이해하고 싶은 대상'에 대해서는 '어쨌거나 칭찬하는' 자세를 비평의 기본으로 삼는다는 것을 내게 가르쳐준 분은 교육철학의 석학인 S토 선생님이다.

선생님은 어리석은 우치다가 햇병아리였던 시절, 나의 역서에 대해 '절찬의 편지'를 보내주신 분이다.

그 정중한 글귀와 한문이 섞인 찬사는 젊은 연구자에 대해서는 거의 이례적인 것이어서 나는 너무도 기쁜 나머지 몸 둘 바를 몰랐다.

그 뒤 일로 인한 괴로움에 부닥칠 때마다 S토 선생님의 편지를 꺼내어 "우치다 선생의 천마가 하늘을 달리는 듯한 달의의 명문을 접하고……" 등의 부분을 핥듯이 되풀이해서 읽었다. 30대, 40대의 내 일을 지탱해준 것은 새로운 논문을 보내드릴 때마다 꼬박꼬박 답장으로 도착하는 S토 선생님의 '칭찬의 말'이었다.

나 자신이 타인의 일을 평가하는 나이가 되자 새삼 S토 선생님의 교육적 배려가 얼마나 깊이 있었는지를 깨달았다.

생각해보면 당연한 일이지만, 나같이 덜 숙성된 애송이의 연구에 대학자 S토 선생님이 경도되었을 리 없다.

그럼에도 불구하고 선생님은 '칭찬으로 키운다'는 보상 없는 노력을 일면식도 없는 젊은이에게 쏟아붓기로 결단하셨다. 그것은 (자화자찬이 될 것을 두려워하지 않고 말하자면) S토 선생님이 내가 쓴 글 가운데 '열심히 계속 써나가면 머지않아 어떻게든 윤곽이 잡힐 듯한 생각'을 예견하셨기 때문일 것이다.

선생님의 깊은 뜻대로 나는 그 찬사에 우쭐해져서, 언제나 절찬해주시는 긴 감상문을 기대하며 다른 누구도 상대해주지 않는 논문이나 역서를 지치지 않고 계속 냈다. 그 덕분에 20년 걸려서 '내가 사실은 무엇을 말하고 싶은지'를 스스로도 점점 알게 되었다.

내가 자신의 생각을 안 것은 자신이 쓴 글을 통해서이며, 나의 글쓰기에 부단히 동기를 부여해준 것은 S토 선생님의 끊임없는 '찬사'였다.

성장하고 나서야 비로소 나는 선생님의 깊은 뜻과 내가 선생님께 얼마만큼의 학문적 은혜를 입었는지를 깨달았다.

나를 길러준 것은 20년 전부터 '어떤 논문이나 저서에서도 반드시 가장 좋은 부분을 찾아내어 칭찬해주는', 여태껏 만나본 적 없는 이 비평가의 존재였다.

나는 지금 남을 가르치는 입장이 되었다.

S토 선생님의 관대한 아량을 깨닫고 그 학문적 은혜에 보답하기 위해, 선생님의 학통을 계승하여 나 역시 '칭찬하는 비평가' '칭찬으로 키우는 교육자'로 나설 결의를 새롭게 다지는 바다(그런 것치고는 험담만 하는 게 아니냐는 이론도 있겠지만, 앞에서 썼듯 내가 칭찬하는 대상은 '잘 모르겠지만 왠지 대단해 보이는 것'뿐이다. '잘 이해되지만 형편없는 것'과 '잘 모르겠지만 왠지 형편없어 보이는 것'은 내 상찬의 대상이 되지 않는다).

제 **4** 장

어른의
상식

제행무상의 고도 정보화 사회

'고도 정보화 사회'라는 말을 자주 접한다. '정보 감도'는 비즈니스맨의 필수 자질이라고들 한다.

이런 말은 아무래도 신용할 수 없다.

대체 '정보'라는 단어 자체도 무엇을 뜻하는지, 글자만 보면 분명치 않다(information을 처음 '정보'로 번역한 사람은 소설가 모리 오가이라는데). 그러므로 '고도 정보화 사회'나 'IT 혁명'이라는 단어를 무슨 일이 있을 때마다 내세우는 사람들의 말을 완전히는 신뢰할 수 없다. 애초에 '고도 정보화 사회'란 무엇인가.

'고도 정보화 사회'란 요컨대 '정보'가 핵심 '상품'이나 '재화'로 유통되는 사회, '정보를 가진 자'와 '정보를 못 가진 자'

사이에 사회적인 '차별화'와 '계층화'가 생기는 사회다. 그런 사회의 모습이 정말로 우리에게 바람직한지 아닌지, 사실 나는 잘 모르겠다. 그 '잘 모르는' 까닭에 대해 다음에서 설명하겠다.

저널리즘의 세계에서는 종종 '특종'이나 '본지 독점'이라는 말을 쓴다. 이 단어가 단적으로 드러내듯, 저널리즘적 사고는 '정보'를 '남보다 먼저' 독차지할 수 있는 '물건'으로 이해한다. 스파이 소설 등에서는 '정보'가 대체로 '마이크로필름'이나 '밀서'로 묘사되며, 적군과 아군이 뒤섞여 이를 쟁탈한다.

그런데 '정보'는 과연 '물건'일까. '상품·재화'일까. 애당초 숨기거나 훔치거나 독차지하거나 분배할 수 있는 것일까.

저널리즘적인 '정보'는 '빼내다' '누설되다'라는 표현에서 알 수 있듯, 어떤 정치적 사건이나 사회적 사건을 다른 회사보다 먼저 보도하는 '시간적 차별화'에 중점을 둔다.

그런데 어떤 사건을 다른 매체로 아는 것보다 한나절 빨리 알았다고 해서 그 매체의 독자가 어떤 이익을 얻는지, 나는 상상이 잘 안 된다. 한나절 뒤에는 모두 알게 될 사건을 그보다 조금 빨리 알았다 해서, 그 시간차를 이용하여 우리가 대체 무엇을 할 수 있단 말인가(물론 '오늘 밤중에 일본이 침몰합니다'라든지 '내일 날이 밝기 전에 고베에 고질라가 상륙합니다'라는 정보라면 확실히 조금이라도 빨리 아는 편이 도움 되지만).

정보가 초래하는 '시간적 차별화'로 이익을 얻는 경우가 있다면, 그것은 (영화 〈스팅〉에서 사기꾼 역의 폴 뉴먼과 로버트 레드포드가 상대를 골탕 먹인 것처럼, 혹은 소련군 침공을 알아차린 관동군 참모들이 했던 것*처럼) 먼저 정보를 얻은 자가 아직 모르는 자를 '속이거나' '앞지르는' 형태로만 가능하리라. 주식 정보든(○○은행이 망해가고 있다) 정계 정보든(신칸센이 ○○를 통과한다고 한다) 그 정보를 남보다 먼저 입수함으로써 이익을 얻는 자는 '물건'이나 '재화'를 생산하는 게 아니다. 내버려두면 남에게 속할 이익을 미리 손써서 '훔치는' 것이다.

그러므로 정보가 '물건'이라는 말은 거짓이다.

정보는 '수위 차이'로만 존재한다. 정보의 '이익'은 그 정보를 '빨리 얻은 자'가 '늦게 얻은 자'에게서 '무언가를 강제로 빼앗는' 형태로만 존재한다.

젊은이들이 애독하는 '가이드북'이나 '매뉴얼' 종류도 마찬가지다. 그런 글은 무언가를 '생산'하지 않는다. 무언가를 '이동'시킬 뿐이다.

---

* 1945년 8월, 일소중립조약을 파기하고 전쟁에 참전한 소련군이 만주를 침공하자 일본의 관동군 사령부는 개척식민을 버리고 달아났고, 그 결과 만주 일대의 일본인 피난민 천 명 이상이 소련군에게 학살당했다.

거기에 가득 실려 있는 '정보'(상품 정보, 놀이터 정보, 영화 정보, 음악 정보 등등)는 본래 독자가 알든 말든 아무래도 좋은 것이다. 아니, 요즘의 '컬트 뮤직'이나 '컬트 무비'에 대한 지나치게 상세한 정보 같은 건 알고 있는 편이 오히려 섬뜩하다.

그럼에도 불구하고 방대한 양의 무의미한 정보가 배출되는 이유는, 쓸모없는 정보조차 그것을 '모르는 자'와 '아는 자' 사이에서 사회적 지위의 차별화를 초래할 수 있다는 사실을 독자들이 알기 때문이다.

아무도 들어본 적 없는 뮤지션의 이름을 아는 것, 아무도 본 적 없는 영화에 대해 견해를 말할 수 있는 것, 그런 하찮은 정보를 소유하는 것이 젊은이들 사이에서는 '정보 감도'가 얼마나 높은지를 알려주는 지표가 된다.

'정보 감도'(싫은 표현이다)는 '정보 사회'에서 사회적 차별화의 기준이다.

반복해서 말하건대 '정보'는 그 자체로는 어떤 실체도 없으며 아무것도 생산해내지 않는다. 그것은 '상징적 교환'에서의 '탕진'과 마찬가지로 물건을 이동시키고 교환 활동을 가속화하며, 그럼으로써 사람들 사이에 사회적 '수위 차이'(더 솔직히 '계층화'라 해도 좋다)를 만들어내기 위한 인류학적 시스템이다.

어째서 '정보'가 사회적 차별화의 지표가 된 것인가.

이에 대해 설명하고 싶다.

내가 보기에 인간 사회의 차별화 지표는 역사적으로 '정치 권력' '부' '정보' 순서로 이행하고 있다.

옛날에는 '권력'의 유무가 사람들을 차별화했다. 근대에 이르러 '부'의 유무가 이를 대신하였고, 현대에는 소유하는 '정보'의 많고 적음이 차이의 기준이 되었다. 나는 그렇게 생각한다.

갑자기 이런 이야기를 하면 이해하기 어려울 테니 바꿔 말하자면, 예전에는 '권력을 가진 사람'에게 '부'와 '정보'가 집중되었고, 이어 '돈을 가진 사람'에게 '권력'과 '정보'가 집중되었으며, 지금은 '정보를 가진 사람'이 '권력'과 '부'를 차지하게 되었다는 뜻이다.

현재는 국가 단위의 군사 행동이나 외교 교섭도, 혹은 기업의 설비 투자나 상품 전개도 '정보' 없이는 이루어지지 않는다. '먼저' 정보가 있고, 그것을 바탕으로 정치적·경제적으로 가장 적합한 옵션을 선택한다.

예전에는 권력과 부가 차별화의 지표였다. 이제는 압도적인 권력자도 제멋대로 부를 탕진하는 부호도 없다.

그렇지 않다, 조지 부시는 세계 제일의 권력자고 빌 게이츠는 대부호가 아닌가, 라고 말하는 분이 있을지도 모른다.

그 말씀대로 분명 미국 대통령은 세계 제일의 권력자다. 하지만 이제 아무도 '두려움'을 느끼지는 않는다.

이는 권력의 본질이 '권력을 탕진석으로 행사하는' 행동 속에 있기 때문이다.

생각해보면 알 수 있다. 우리는 어떤 타입의 권력자에게 본능적인 공포를 느끼는가.

우리가 두려워하는 것은 '자신의 권력이 무의미하게 탕진되는 정책만을 계속 선택하는' 권력자다. 그야말로 '독재자'의 정의다.

모든 독재자의 공통점은 간신이 기세를 떨치고, 직언하는 충신이 참수되며, 총신이 하룻밤 만에 버림받고, 다음 세대 가운데 가장 평범하고 가장 어리석은 사람이 후계자로 지명되는 '부조리'한 인사관리를 철저히 한다는 것이다.

다시 말해 '독재자'란 그를 제외한 모든 신민이 그의 죽음을 바랄 때까지 폭정을 휘두르는 인간, 자신의 권력 기반을 파괴하는 것을 최우선으로 생각하는 인간이다.

반대로 말하자면 신민에게 경애 받고 권력 기반을 안정적으로 만들기를 바라는 위정자는 결코 독재자도 권력자도 되지 않는다. 그는 다른 의견에 귀를 기울이고 충고를 받아들이며 합리적인 정책을 선택할 것이다. 그리고 우리는 신민의 목소리에 조용히 귀 기울이는 정치가에게는 어떤 공포도 느끼지 않는다.

미국 대통령은 세계 제일의 권력자이지만 합리적인 정책을 선택하여 다음 선거에서 유권자의 지지를 얻는 것을 우선으로 생각하고, 대체로 그 권력 기반을 안정적으로 확보하는 것을 의무로 삼는다. 그에게는 '자의적'으로 그 절대 권력을 휘두르는 것이 구조적으로 금지되어 있다. 그러므로 국민들이 '두려워하는' 면에서 조지 부시는 사담 후세인에게도 김정일에게도 크게 뒤쳐진다. 왜냐하면 이 독재자들은 자기네 권력을 무의미하게 탕진하고 모든 국민을 절망케 하는 기능을 점유하고 있었기 때문이다.

권력의 본질은 '권력의 탕진' 속에 있다. 그를 제외한 모든 국민이 그의 죽음을 바랄 때까지 부조리한 존재로 계속 지낼 수 있는 권능, 누구의 제약도 없이 자멸을 향한 외길을 선택할 수 있는 권한 속에 있다.

부에 관해서도 똑같이 말할 수 있다.

화폐의 본질은 '탕진되는 것'이다.

얼마나 대량의 화폐를 소유하고 있든, 그것을 묵혀두는 사람은 경제적 기능에서 극빈자나 다름없다. 화폐는 무언가와 교환하지 않는 한 아무 의미도 없는 물건이다. 즉 돈이란 '없어지고 나서야 비로소 존재했다는 것을 아는' 물건이다.

없어지지 않는 한 기능하지 않는다. 그것이 화폐다.

따라서 부호는 (권력자가 권력을 그저 탕진하는 사람인 것과 마찬가지로) 화폐를 그저 탕진하는 사람이어야 한다. 되도록 무의미한 것에 있는 부를 모조리 쏟아붓는 사람. 그것이 '부호'의 정의다.

고만고만한 자산을 언제까지고 애지중지 껴안고 있는 사람을 우리는 '부호'라고 부르지 않는다. 내가 '부호'라고 부르는 것은 극빈을 향한 길을 최고 속도로 내달리는 듯한 사람이다. 그리고 우리는 그런 사람에게 일종의 신화적 두려움을 느끼는 법이다.

이제껏 인간 사회에서 핵심 재화로 여겨진 것(권력과 부)은 공통적으로 '그 자체의 소멸을 대가로만 기능하는' 본질을 가지고 있다. 모든 국민을 괴롭히는 정책만 잇따라 펴는 권력자, 극빈을 향한 길을 내달리는 부호, 그들은 그로써 권력과 화폐라는 핵심 재화의 '유통'에 박차를 가하고, 재행무상 성자필쇠의 이치를 사람들 앞에서 극적으로 상연한다.

우리는 그런 스스로를 무너뜨리는 선택을 하는 사람에게 저항할 수 없는 매혹과 공포를 동시에 느낀다. 어째서 그리 되는지 나는 그 이유를 설명할 수 없다. 그러나 머나먼 옛날부터 인간은 그런 존재였다.

이는 필시 우리가 어떤 인류학적 이유로 인해 사회적 자원의 끊기지 않는 대규모 순환을 바라기 때문이리라. 우리는 제국이 와해되고, 웅장한 건물이 재와 먼지로 돌아가고, 권문세가가 망하고, 돈 많은 사람과 지체 높은 사람이 떠돌이 신세가 되고, 지폐와 주식이 휴지조각이 되고, 미남미녀가 늙고 추해져 무참해지는 모습을 보는 것을 좋아한다. 어쩌면 우리는 같은 존재가 같은 모습으로 머무르는 상태를 견딜 수 없는 모양이다.

아마도 그래서 우리는 '고도 정보화 사회'를 선택한 것이리라.

고도 정보화 사회란 끊임없이 새로운 정보를 제공함으로써만 사회적 권위를 유지할 수 있도록 구조화된 사회다.

정보는 '아는 자'와 '모르는 자' 사이의 수위 차이에 지나지 않는다. 그러므로 정보를 공개하여 모두 아는 사실이 된 순간, 사회적 차별화를 발생시키는 정보의 힘은 사라진다.

'다른 회사보다 먼저 터뜨린 특종'이나 '국제적 학술지에 실은 과학적 발견에 대한 보고'는 '아직 모르는 것'을 다른 누구보다 빨리 '이미 아는 것'으로 갱신함으로써 차별화 기능을 수행한다. '정보를 가진 사람'이 정보를 공개하지 않는 상태를 유지하는 데는 거의 아무런 의미도 없다. 누군가가 먼저 공개해버린 정보에는 이미 사회적 차별화 기능이 없기 때문이다. 그러므로 우리가 정보화 사회에서 사회적 위신을 유지하기를 바란다면, 누구보다 빠르게 '나만 아는 것'을 '모두 아는 것'으로 만들어야 한다. 그리고 다른 사람들이 나와 같은 정보를 가지고 있는 경우에는 그것을 '가치 없는' 정보로 만들어야 한다. 학술적 발견의 경우가 단적인 예다. 우연히 어떤 과학적 발견을 경쟁 연구자보다 하루 빨리 해냈다 해도, 학술지 투고가 이틀 늦으면 모든 명성이나 특허권은 상대의 소유가 되고 만다.

정보 공개를 통해 내가 얻는 이익은 타인이 소유한 '나와 같은 정보'를 가치 없게 만듦으로써만 획득할 수 있다. 첫머리의 말을 한 번 더 되풀이하자면, 정보의 '이익'은 그 정보를 '빨리 얻은 자'가 '늦게 얻은 자'에게서 '무언가를 강제로 빼앗는' 형태로만 존재한다.

하지만 이 점을 한탄해봤자 아무 소용없다. 권력이든 화폐든 정보든, 사회의 차별화에 관여하는 핵심 재화는 '그런 것'이어야 하니까.

인류가 권력→화폐→정보로 핵심 재화를 바꾸어온 이유는 오직 화폐는 권력보다, 정보는 화폐보다 '탕진되는 속도'가 빠르기 때문이며, 그 이상의 필요성은 없다. 네로나 진시황이나 히틀러의 예를 보면 알 수 있듯, 어지간한 폭정을 휘두르는 권력자라도 멸망할 때까지는 상당한 시간이 걸린다. 부호가 부를 다 쓰는 것은 그보다 빠르다. 정보 소유의 사회적 차별화 기능이 상실되는 것은 그보다 더욱 빠르다.

요컨대 고도 정보화 사회란 임금이나 위신이나 권력이나 경의 같은 사회적 자원의 순환이 놀라울 정도로 가속화된 사회라는 뜻이다.

우리는 이제 권력자가 몰락하거나 대부호가 빈민이 되거나 아이돌이 영락하는 모습을 저속 촬영 영화처럼 빠르게 볼 수 있다. 그것이 우리를 얼마나 행복하게 하는지 나는 잘 평가할 수 없다. 그러나 고도 정보화 사회가 '제행무상'이라는 불교의 진리를 우리에게 뼈저리게 경험시켜준다는 점, 이것만은 확실하다.

무사한데 국가 유사사태

일본이 외국의 무장 세력에게 국토를 유린당한 것은 최근이 1945년의 오키나와전, 그 전은 1274년과 1281년의 원나라 침공으로 거슬러 올라간다. 일부 지역에서 일어난 싸움으로는 1863년에 영국과 사쓰마 번 사이에서 일어난 사쓰에이薩英 전쟁과 1864년에 미국·영국·프랑스·네덜란드 4개국 연합 함대가 시모노세키 해협에서 조슈 번을 공격했던 바칸馬關 전쟁이 있을 뿐이다.

단순히 계산하면 일본이 '유사有事'사태를 경험했던 것은 '유사有史 이래' 네 번. 평균 간격은 182년이다. 두 번의 '상징적인' 양이攘夷 전투를 제외하면 평균 간격은 364년이 된다. 역사에 평균을 끌어들이는 것은 그다지 의미 없지만, 구태여 그

의미 없는 평균을 내어보면 '다음번에 일본이 외국 무장 세력에게 본격적으로 침략당하는' 시기는 2309년쯤이다.

과거 일본 국토를 침범한 외국 무장 세력의 실체를 살펴보면 어지간히 쟁쟁한 면면이다. 원나라 침공 때의 몽골 제국은 그 시대의 세계 최강. 러시아인들을 깨부수고 서쪽으로는 빈까지 다가가 있었다. 사쓰에이 전쟁의 상대인 영국은 당시 일곱 바다를 지배했던 세계 제국으로 아편 전쟁에서 청나라를 굴복시킨 직후였으며, 시모노세키에서 조슈 번을 격파한 프랑스 해병대는 인도차이나 반도를 식민지로 만든 기세를 몰아가고 있었다.

우선 이상이 우리가 가지고 있는 '외국 무장 세력에게 국토를 침범당한 역사적 경험'의 데이터다. 다시 말해 지금까지 일본의 역사적 경험만으로 '유사'를 정의하면, 그것은 '세계 최강의 무력을 자랑하는 패권국가에게 360년에 한 번꼴로 영토를 침범당하는 일'이라는 지역적인 '정의'를 얻을 수 있다.

이러한 일본 고유의 역사적 경험을 근거로 묻고 싶은데, 이번의 유사법제는 이 2003년에 대체, 어떤 나라가, 어떤 국제관계론적 문맥으로 일본을 무장 침략할 것을 상정하여 논의되고 있는가?

현재 '세계 최강의 패권국가'라 하면 아메리카 합중국이다. 이 나라가 일본의 영토를 침범하면 이는 틀림없이 '유사'라고 해야 할 것이다. 그러나 여태껏 자위대 내부에서 '미국 제7함대의 도쿄만 침범'이나 '미 해병대의 도쿄 점령'에 대한 진지한 전술적 시뮬레이션이 이루어진 적이 있는가?

아마 없을 것이다.

그런 시뮬레이션은 '하려 해도 불가능'하다. 시뮬레이션을 하는 사람들 자체가 미국 세계 군사 전략의 틀 '속'에서만 자리하기 때문이다.

마찬가지로 중국의 침략이나 러시아의 침략도, 일본 정부 분들은 아무도 진심으로는 고려하지 않을 것이다. 만약 중국이나 러시아가 일본을 침략하는 일이 있다면(없으리라 생각하지만), 그것은 '미국과 뒤에서 의논한' 경우 말고는 불가능하기 때문이다.

누가 생각해도 알 수 있듯, 지금 일본이 실제로 군사적 위기 상황에 처한다면 그것은 미국이 스스로 일본을 침략하는 경우와 어떤 나라가 일본을 침략하는 것에 대해 미국이 승낙한 경우 두 가지밖에 없다. 그리고 바로 그것이야말로 이번의 '유사' 법제가 말하는 '유사'의 가능성에서는 구조적으로 배제된 상황이다(여하튼 이번의 '유사법제'는 이후 상정될 '미군지원법제'와 한 묶음이니까!)

요컨대 이 '유사'법안은 미군이 일본 국내에 주둔하며 일본의 안전 보장을 전적으로 뒷받침해주는 것과 국제연합이 주도하는 국제사회의 제재 기능이 효과적으로 발휘되는 상태를 명백한 전제로 상정하여 책정되어 있다.

일본의 역사적 경험에는 그런 상황을 '유사'라고 부르는 습관이 없다.

'무사'라고 부른다.

이 '유사'법안에 관해서는 법안을 책정한 사람이나 반대하는 사람이나 모두 '실제로 일본의 국가 주권이 위기에 빠지는 상황'은 '절대로 오지 않는다'는 것을 전적으로 믿고 있다. 나는 물론 이 점에 분개하는 것이 아니다. 오히려 이런 낙관을 위부터 아래까지 국민 전체가 공유할 수 있다는 점은 일본국으로서는 몹시 행복한 상황이라고 생각한다. 그러므로 나는 이번 법안을 남몰래 '무사'법안이라 이름 붙이고, 일본국의 번창을 함께 축복하는 것이다.

전쟁에 관해 열변을 토해서는 안 된다

사람은 종종 '주관적 바람'과 '객관적 정세 판단'을 혼동한다.

'……라면 좋겠다'라는 욕망이 '……이다'라는 사실 인지로 뒤바뀌는 것이다.

지금으로부터 30년쯤 전 아직 학생운동이 맹렬했던 무렵, 우리가 읽는 선동 전단은 일단 '정세 판단'으로 시작하는 것이 보통이었다. 거기에는 예외 없이 "바야흐로 계급 정세는 혁명 전야의 결정적 국면이며, 지금 여기서 행하는 지극히 미미한 정치적 행동의 성패가 이후의 계급 관계를 결정적으로 규정할 것이다"라는 식의 글귀가 늘어서 있었다.

나는 그런 문장을 읽으며 '진짜일까?' 하고 의문을 느꼈다.

분명 그 무렵 동서냉전은 아직 진행 중이었고 베트남 전쟁은 진흙탕에 빠져 있었으며 중국은 문화 대혁명의 대혼란 속에 있었고 선진국의 정치 정세는 어디든 불안정했다. 하지만 1960년대 말 반체제 운동의 전 세계적 고양기는 지났고, 몇몇 돌출된 집단만이 과격화·테러리스트화한 탓에 오히려 사회 혁명에 대한 전 사회적 기운은 급속히 시들어가는 것처럼 느껴졌기 때문이다.

그리고 이상하게도 계급 정세가 점점 '활성화되지 않을수록' 선동 전단의 '위기'를 기술하는 글귀는 더욱 수선스러워졌다.

1960년대가 끝날 즈음, 철학자 히로마쓰 와타루는 앞으로 몇 년 안에 일본은 혁명 전야와 같은 상황에 돌입하리라고 단호히 '예언'하며 혁명 전선 구축이 시급함을 역설했다.

대체 무슨 근거로 히로마쓰가 그런 미래를 예측할 수 있었는지, 그때의 나는 상상이 잘 되지 않았다. 그 뒤 히로마쓰는 도쿄대 철학과의 교수가 되어 '세계의 공동주관적 존립구조'에 대해 심오한 사변을 전개했지만, 그 '예언'의 '뒤처리'를 어떻게 했는지는 내가 과문한 탓에 잘 모르겠다.

나는 딱히 히로마쓰에게 불만이 있는 게 아니다(정치적 주장과는 별개로 나는 히로마쓰의 철학을 사랑했다). 그게 아니라, 히로마쓰 와타루 정도의 지성조차 '주관적 바람'과 '객관적 정세 판단'을 혼동하는 경우가 있다는 점을 지적해두고 싶을 뿐이다.

무슨 이야기를 하려고 하느냐면, '유사법제'다.

이에 대해서는 이미 찬부 양론이 미디어를 요란하게 장식하고 있으니 내가 현명한 여러분께 덧붙여야 할 새로운 정보는 아무것도 없다. 단, 신문 기사를 읽으며 '흠흠' 했던 부분은 유사법제를 추진하는 사람들의 '주관적 바람'의 형태에 대해서다. 이에 대해 써보겠다.

후쿠다 내각* 때 연구가 시작되어 25년이나 '터부'로 여겨진 유사법제가 이제와 단박에 국회 일정에 포함된 이유는 아시는 대로 1998년 북한의 대포동 미사일 발사, 2001년 9월 11일의 세계무역센터 테러, 같은 해 12월의 북한 공작선 사건, 그리고 중동에서 일상적으로 일어나는 테러와 전투 영상에 일본 유권자가 '익숙해진' 탓이다.

"그런 사태가 벌써 코앞에 닥쳐 있어요"라는 식의 선동을 당하면 '흠, 그런가' 하고 생각하는 것은 평범한 사람의 인지상정이다.

만화가 히로카네 겐시가 아사히신문(2002년 4월 17일자) 칼

---

* 후쿠다 다케오가 내각총리대신이었던 1976년 12월 24일부터 1977년 11월 28일까지의 내각.

럼에 이런 글을 실었다.

　　일본이 유사사태에 직면하면 어떻게 해야 할지, 되도록 빨리
　　법제화해야 된다고 생각해왔다. 법제화에 반대하는 사람들은 법
　　제가 무엇을 위해 필요하냐고 말할지도 모른다. 국제 정세가 변했
　　다고는 해도 나는 일본을 무력 공격할 가능성이 있는 나라는 여
　　전히 주변에 여러 곳 있다고 생각한다. 여차할 때를 대비하여 준
　　비해두는 것은 당연하지 않은가.

　'음음, 지당한 말이구나' 하고 생각하는 사람도 많을 것이다.
나도 '음음' 하며 읽었다. 그리고 '아, 이건 옛날의 〈그것〉과 닮
았구나' 싶었다.

　그렇다, 일찍이 질릴 정도로 읽었던 선동 전단과 히로카네
의 칼럼은 문맥은 다르지만 그 밑바닥에서 흐르는 사고의 패
턴이 닮았다.

　히로카네는 '외국의 무력 공격' 가능성을 '객관적 판단'인
양 썼는데, 사실 여기에는 히로카네의 (무의식에 있는) '주관적
바람'의 편견이 강하게 작용하고 있다.

　히로카네가 가장 바라는 바는 유사법제에 반대하는 시민운
동가나 좌익 지식인의 말이 '틀렸다'는 사실이 의심의 여지없
이 만천하에 드러나는 것이다.

그렇다면 어떤 사태에 처할 경우 유사법제에 반대하는 여러 사람의 의견에 담긴 치명적인 오류가 만천하에 드러날까. 그 장면을 상상해보자.

대답은 간단하다.

외국 무장 세력이 '평화 얼간이' 상태에 빠져서 '위기관리'에 대한 준비가 전혀 없는 일본 사회를 급습하여 그 방위 시스템이 얼마나 취약한지 드러나는 것, 바로 그런 사태를 히로카네는 '자기도 모르게' 간절히 바란다. 그의 '옳음'을 논증할 가장 명백한 사실은 바로 '아무런 준비도 없는 일본이 외국에게 너덜너덜하게 유린되는 것' 말고는 없기 때문이다.

다들 눈치챘겠지만 '대포동 미사일 사건'이나 '테러' 때 텔레비전을 보면 국방이 시급하다고 주장하는 보수파 정치가가 기쁜 빛을 얼굴 가득 띠며 기세등등한 것과는 반대로, 반전파·호헌파·인권파 정치가는 전혀 의욕 없는 '어두운 얼굴'을 하고 있다.

그것도 당연하다.

'국방이 시급하다'는 주장이 조리 있고 선견지명을 갖추었다고 논증되려면, 일본이 외국 무력 세력의 침공을 받는 것이 무엇보다 효과적이기 때문이다.

기묘한 이야기지만 정말로 그렇다.

국방이 중요하다고 말하는 의견이 사람들의 주목을 얻기 위해 가장 효과적인 방법은 '위기를 부추기는 것'이며, 그 '옳음'을 증명하는 가장 확실한 방법은 '침략당하는 것'이다.

그러므로 어떤 나라에서든 내셔널리스트는 전쟁을 막고 국민과 국익을 지키기 위해 필사적으로 논리를 펴는 자신의 노력이 정당하게 평가받지 않는다는 절망감에 휩싸이다가, 어느새 전쟁이 일어나고 국민이 학살당하고 국익이 손상받기를 무의식적으로 바라게 된다.

도착된 욕망이다. 하지만 인간이란 '그런 존재'다.

공평함을 유지하기 위해 반대의 예를 들어보면, 원자력발전 반대 운동을 오래도록 추진해온 사람들은 도카이촌 방사능 누출사고 소식을 들었을 때 "내 그럴 줄 알았지!"라고 외쳤을 것이다. 그때 '피폭자의 불행에 대한 슬픔'과 비슷한 정도로 '자기 의견의 옳음이 사실로 증명된 기쁨'을 느낀 사람이 있다 해도 나는 이상하게 여기지 않을 것이며, 나에게 그것을 윤리적으로 비난할 자격이 있다고도 생각하지 않는다.

인간이란 '그런 존재'다.

위험 대비의 필요성을 주장하는 사람은 그 의견이 세상에 받아들여지지 않으면 점차 위기의 실현을 바라게 된다. '고질라 습격 대비'의 필요성을 주장하는 사람이 주위의 비웃음과 욕설을 앙갚음하고 그의 선견지명을 증명할 방법은 하나밖에 없다. 바로 '고질라 습격'이라는 사실뿐이다.

그러므로 외국 무장 세력의 국토 침범 위험을 소리 높여 논하는 사람들의 통찰력과 선견지명이 찬양받고, 그 사회적 위신과 인기를 드높이려면 아무래도 외국 무장 세력의 영토 침범이 바람직한 것이다. 그렇다면 마음 약한 인간이 어떻게 그런 '비상시'를 간절히 바라는 것을 억압할 수 있겠는가.

9·11 뉴욕 테러 때, 미국에서도 일본에서도 내심 기뻐 날뛴 사람들이 틀림없이 많았을 것이다.

'이걸로 군사 예산이 생기겠어. 이걸로 국론이 통일되겠어. 이걸로 유사법제에 탄력이 붙겠어.'

그래서 나는 위기론자들이 (자기도 모르게) '외국 공작원이 침입해서 원자력발전소가 파괴되거나' '공작선이 영해 내에 미사일 공격을 시도하는' 사태를 내심 기다린다 해도 그것을 비난하지 않는다.

인간은 그런 식으로 사고하는 법이니까.

하지만 인간이란 그런 존재다, 라고만 이야기를 끝낼 수도 없다. 주관적 바람, 그것도 본인이 의식하는 데 억압이 작용하는 종류의 주관적 바람('외국 무장 세력의 영토 침범'을 바란다는 욕망은 당연히 억압될 수밖에 없다)은 그 사람의 정세 판단에 깊고도 결정적인 영향을 끼치기 때문이다.

'유사사태를 위한 대비가 필요하다'고 판단하는 사람은 눈에 들어오는 온갖 정보 가운데 그의 판단을 지지할 만한 논거만을 선택적으로 주워 모으게 된다. 그리고 충분한 논거가 없을 경우는 자신의 주장을 뒷받침할 논거, 즉 '유사사태의 발생'을 무의식적으로 간절히 바라게 된다.

〈D-13〉이라는 할리우드 영화가 있다. 쿠바 위기 때 케네디 대통령과 로버트 케네디 법무장관, 오도넬 보좌관이 살얼음판을 걷는 심정으로 어떻게 핵전쟁을 피하고 흐루쇼프 소련 서기장과의 교섭을 성립시켰는지를 그린 작품이다. 이때 미군 장군들은 지극히 징후적인 태도를 취한다. 그들은 케네디 형제의 소련 교섭을 간접적인 방법으로긴 해도 방해하려 한다. 생각해 보면 당연하다. 막대한 국가 예산이 책정된 이상 미국의 육군, 해군, 공군, 해병대는 국가에 반드시 필요한 존재라는 점을 정기적으로 납세자들에게 인정받을 필요가 있다. 물론 이를 위한 가장 좋은 방법은 '전쟁에서 이기는' 것이다. 그러므로 장군들은 전쟁을 (무의식적으로긴 해도) 간절히 기다리게 된다.

이것이 군대가 품는 본질적인 패러독스다.

군대는 '존재하지만 사용되지 않는' 형태가 최선이다(노자는 이를 '병자불상지기兵者不祥之器'*라는 말로 표현했다). 그러나 '사용되지 않는' 기간이 너무 길어지면 '존재하는 것' 자체에 대한

---

* 무기는 사람을 해치는 데 쓰이므로 상서롭지 못한 기구라는 뜻.

회의가 국민 사이에 퍼진다. '군대를 위해 그 정도의 국가 예산을 탕진할 필요가 있을까? 더 먼저 고려해야 할 사용처가 있지 않을까?'라고 생각하는 사람들이 늘어난다. 그렇게 되면 '군대의 필요성'을 어디쯤에서 빈틈없이 호소해두지 않으면 '곤란하다'는 분위기가 군대 쪽에서 조성되는 것은 막기 힘들다. 그리고 국가에 치명적인 피해는 입히지 않지만 군대의 필요성을 전 국민이 뼈저리게 실감할 정도의 '외국 무장 세력의 영토 침범'이 실현되기를 바라는 심정이(적어도 그 가능성을 과대평가하려는 경향이) 군대의 필요성을 주장하는 사람들 사이에서 서서히, 그러나 확실히 뿌리를 내리게 된다.

집요하게 들리겠지만 나는 이를 '나쁘다'고 말하는 게 아니다.

'원래 그런 법'이기 때문이다.

그러므로 '원래 그런 법이다'라는 전제로 이야기를 하지 않으면 곤란하다고 말씀드리는 것이다.

우리가 자신의 주장과 어울리지 않는 데이터를 배제하고 자기 의견을 뒷받침하는 데이터만을 선택적으로 '발견'하는 것은 인간인 이상 어쩔 수 없다. 어쩔 수 없지만 '인간은 자신의 주장과 어울리지 않는 정보를 배제하고 유리한 정보만을 주워 모아 대체로 객관적으로 정세를 판단한다는 생각으로 주관적 바람을 이야기하는 생물이며, 나도 그 예외가 아니다'라는 사실은 머리를 식히기만 하면 누구든 의식할 수 있다.

지금 일본에 꼭 필요한 것은 어떤 '주관적 바람'과도 관계없는, '일본이 무력 공격받을 가능성과 패턴과 리스크 헤지와 코스트 퍼포먼스'에 대한 쿨하고 리얼하고 계량적인 논의다. 나는 그렇게 생각한다.

어떤 나라가 일본을 무장 침략할 가능성이 있는가. 그것은 어떤 문맥에서, 어떤 정치적 효과를 노리고 할 수 있는 행동인가. 그 가능성은 어떤 외교적 배려로 미리 뿌리 뽑을 수 있는가. 일본에는 이런 사항을 '주관적 바람' 없이 쿨하게 살펴볼 지성이 필요하다.

그러나 미디어에 한해 말하자면 이 논건에 대해 주관적 바람을 자제하는 논자와 만나기는 힘들다.

다들 '열정적'인 것이다.

이 점은 히로카네와 같은 칼럼에서 '유사법제 반대' 의견을 실은 작가 헨미 요도 마찬가지다. 헨미의 글은 "온몸이 떨릴 정도로 강한 분노를 느낀다"는 문장으로 시작된다. 하지만 나는 이건 '곤란하다'고 생각한다. "온몸이 떨릴 정도로 강한 분노"가 뒷받침되어 세상이 살기 좋아지는 사회적 논건도 분명 있다. 그러나 전쟁은 그런 논건이 아니다.

『전쟁론』의 저자 클라우제비츠가 지적했듯, 국민국가가 실행하는 전쟁기계에 구동력을 주는 것은 언제나 '분노와 증오'

다. 국민국가 내부에 축적되는 분노와 증오는, 그것이 어떤 형태든(가령 전쟁 성립을 설명하는 말의 형태를 취하든, 전쟁을 억제하는 말의 형태를 취하든) 전쟁기계에게 (적어도 그 일부분은) 수탈당하여 전쟁기계를 앞으로 나아가게 하는 동력을 제공한다. 이는 이미 두 세기 전부터 알려진 사실이다.

절대로 '화내지 않을 것'. 쿨해질 것. 자신의 주관적 바람이 객관적 정세 판단에 편견을 제공한다는 사실을 항상 계산에 넣을 것. 그것이 전쟁을 향한 자원 투입과 전쟁으로 인한 재해의 도래를 1초라도 미루기 위한 가장 좋은 방법이라고 나는 믿는다.

그러므로 군사나 전쟁이나 침략에 대해 이야기할 때는, 위기를 기대하는 주관적 바람에 몸을 맡기는 것도 호전파를 향한 분노에 몸을 맡기는 것도 다 같이 자제해야 한다.

전쟁은 우리가 상상할 수 있는 가장 잔혹하고 비통한 사건이다.

그러므로 그것을 예방하기 위해서는 지성을 최대한으로 사용할 필요가 있다.

경제적으로 볼 때 '화내는' 것은 지성을 최대한으로 사용하는 데 도움이 되지 않는다. '화내는' 사람이 대립자까지 대표하는 합의 형성이나 다른 의견과의 공존을 이루어냈다는 사례를 나는 유감스럽게도 알지 못한다.

무장 세력의 영토 침범이나 전쟁은 최악의 사태다. 최악의 사태에 대해 생각할 때야말로 가능한 한 최고로 '쿨'한 태도로 지성을 행사해야 한다.

외국의 무력 침략을 받는 일은 누구나 싫어한다. 이 점에 관해서는 유사법제에 찬성하는 사람이건 반대하는 사람이건 일본 국민 전체가 기본적으로 합의되어 있으리라. 원칙적인 합의가 형성되어 있다면 찬반 어느 쪽 입장이든 우리는 '쿨'하게 이야기를 나눌 수 있을 것이다. '유사'란 무엇인가, '유사'사태에 어떻게 대비해야 하는가 등에 대해 차분한 말투로 이야기를 나눌 수 있을 것이다.

유사법제에 대해 많은 논의가 오가는 가운데 "이 정도로 중요한 논건에 대해서는 가능한 한 쿨하고 품위 있는 말투가 필요하다"고 설득하는 언론만이 구조적으로 빠져 있다. 사안이 중요하면 중요할수록 '정열적으로 변하는' 것을 모두가 당연하다고 보고 이상하게 여기지 않는다. 나는 이 점을 슬퍼해야 한다고 생각한다.

마지막으로 원칙적인 이야기를 다시 한 번 반복한다.

'국익'에 대해, 혹은 '국방'에 대해 논하려 한다면 그 사람은 자신의 정치적 의견에 반대하는 사람까지 포함하여 '국민'을 대표하는 입장을 어떻게든 찾아내야만 한다. 그리고 그런 '입장'은 결코 한 가지 정치적 의견으로 모이는 경우가 없다. 그것은 '다른 의견이 만나고 공존하는 장'을 확보하려는 끝없는 노력 그 자체이기 때문이다.

'눈에는 눈, 이에는 이'의 모순

2002년 5월 5일 아사히신문의 〈나의 시점〉에 가나가와 대학 교수인 윤건차라는 분이 '전쟁에 대한 반성이야말로 일본의 길'이라는 글을 실었다. 어떻게 보면 아사히신문 입장에서는 '모범 답안'인 유사법제론이겠지만, 나는 다 읽고 표정이 좀 어두워졌다. 그 글에서 전개된 논의는 어느 정도 '아사히'의 독자에게는 '귀에 익은' 말이리라. 하지만 나는 '이런 논의 패턴에 익숙해지는 것은 좀 곤란하지 않은가'라는 생각이 든다. 이에 대해 써보겠다.

글은 다음과 같이 시작한다.

'유사법제'는 '전쟁법'이다. 즉 '유사'란 전쟁 혹은 전쟁을 예상하는 상태이며, 일본은 언제든 선생을 불사한나는 명확한 의사 표시다. 이는 일본 식민지 지배의 소산인 재일조선인의 한 사람으로서 도저히 받아들일 수 없다.

이 문장에는 논리적 단차가 있다. 나는 이 '단차'가 신경 쓰인다.

여기에는 두 문장이 있다. 전단은 유사법제의 정의라는 사실 인지이며, 후단은 재일조선인으로서의 정치적 태도를 말한 의사 표명이다.

유사법제에 대한 정의는 (말투는 다소 강하지만) 이로써 옳다고 나도 생각한다. 그러나 이 '옳은' 전단과 (언뜻 보기에) 역시 '옳은' 후단의 언명 사이에는 논리적 '단차'가 있다는 점은 지적해둬야 한다. 이 '단차'를 뛰어넘기 위해서는 어떤 논리적 가교가 필요하다. 가능한 논리적 가교는 다음 두 가지밖에 없다.

(1) 어떤 나라든 '전쟁을 불사하는 나라'라는 의사 표시를 하는 것은 용납되지 않는다.

(2) 전쟁 피해자인 국민은 전쟁 가해자인 국민이 '전쟁을 불사한다'는 의사 표시를 하는 것을 용납하지 않는다.

윤 씨가 이 둘 중 어느 하나를 논리적 가교로 채용한다면 이야기는 통하고 '단차'는 해소된다.

윤 씨가 (1)의 입론을 선택하지 않았다는 사실은 금방 알 수 있다. '전쟁을 불사하는 나라'라고 의사 표시하는 나라는 전 세계에 200군데 가까이 있지만, 논리의 전개에 비추어볼 때 이 모두에 대해 윤 씨가 "도저히 받아들일 수 없다"고 주장한다고는 보이지 않기 때문이다. '일본의 식민지'와 '재일조선인'이라고 한 문장에서 두 번 '일본'을 반복한 데서 알 수 있듯, 윤 씨는 일본의 유사법제에만 반대하고 있다.

윤 씨가 이상주의적 반전론자가 아니라는 점은 그가 조선민주주의인민공화국에 소속감을 느끼는 그 천명으로부터도 짐작할 수 있다. 북한의 현재 지도자는 '전쟁을 불사하는 나라라고 의사 표시'를 하고, 누차 '전쟁 카드'를 내비침으로써 아슬아슬한 국제 외교를 전개해나가는 것으로 유명한 인물이다. 북한은 '전쟁을 불사하는 나라'라는 '명확한 의사 표시'를 하고 있으며, 윤 씨가 이에 대해 반대하는 것 같지는 않다.

요컨대 윤 씨가 채용할 수 있는 논리적 가교는 필연적으로 (2), 즉 '전쟁 피해자인 국민은 전쟁 가해자인 국민이 〈전쟁을 불사한다〉는 의사 표시를 하는 것을 용납하지 않는다'가 된다.

이로부터 우리는 다음과 같은 언외의 결론을 이끌어낼 수 있다.

바로 '전쟁을 불사하는 나라'라는 의사 표시를 '해서는 안 되는 나라'와 '해도 되는 나라'가 있다는 것이다. 일본은 그런 의사 표시를 '해서는 안 되는 나라'지만 북한은 '해도 되는 나라'다. 윤 씨는 아마 그렇게 생각할 것이다. 그렇게 생각하지 않는다면 이런 식의 글은 쓸 수 없다.

나는 그런 사고방식을 부당하다고 여기지 않는다. 오히려 지극히 '일반적인 사고방식'이라고 생각한다.

모든 국가가 천편일률적인 윤리 코드를 따를 필요는 없다는 사고방식은 지극히 '일반적'인 발상이다. 어떤 국가 분쟁에 대해서건 '피해자'와 '가해자'에게 적용되는 윤리 코드에는 차이가 있는 게 당연하다는 점을 '일반적인 사람'이라면 누구든 인정하리라.

이를테면 과거 제국주의적·식민지주의적인 침략을 받은 경험이 있는 '피해국'은 '가해국'에게 윤리적인 '빚'을 지우고 있으므로, '가해국'에는 허용되지 않는 종류의 정치적 행동(가령 독재나 테러나 폭력)이 자신에게는 허용된다는 사고방식이 존재한다. 이는 '윤리의 대칭성'('동죄형법', 즉 '눈에는 눈, 이에는 이'의 원리)에 입각한 발상이며, 인류 역사와 비슷하게 오래되었다. 1960년대 민족해방투쟁에서는 이 논리를 전 세계의 '좌익 지식인'이 따라 외쳤고, 아직도 이 논리에 바탕을 둔 '대의' 아래 매일 세계 각지에서 수많은 테러가 일어나고 있다.

윤 씨의 다음과 같은 결론을 보고 나는 그 역시 동죄형법적 사고를 채용했다는 사실을 알았다.

　　일본 매스컴이 선동하는 조선민주주의인민공화국(북한)의 일
　본인 납치 의혹이나 공작선 사건도, 그 해결 방안은 우선 일본이
　과거의 식민지 지배를 반성하고 국교를 수립하는 것이다. 그 과정
　에서 미해결된 현안 사항은 해결의 실마리를 찾을 것이며, 또 북
　한의 폐쇄적·경직적 체질도 점차 개선될 것으로 기대된다.

　윤 씨는 가령 일본과 북한 사이에 납치 사건이나 공작선 사
건, 대포동 미사일 사건 같은 '미해결된 현안 사항'이 있다 해
도, 그 현안을 해결하기 위해서는 북한이 어떤 행동을 취하는
것에 앞서 '먼저' 일본이 과거 식민지 지배에 대해 반성하는
일부터 시작해야 한다고 주장한다. 다시 말해 만약 북한이 '나
쁜 짓'을 했다 하더라도 그것은 일본이 과거에 저지른 '더욱
나쁜 짓'에 대한 필연적 대가이며, 일본의 죄는 이 정도의 '나
쁜 짓'으로 트레이드오프할 수 있는 것이 아니다. 그러므로 '먼
저' 일본부터 반성해야 한다는 논법이다.
　이는 전형적인 '동죄형법적 사고'다.
　나는 동죄형법적 사고법이 우리 몸 깊숙이 뿌리 내린, 거의
태곳적 조리라는 점을 인정한다. 하지만 그럼에도 여전히 동죄
형법적 사고로는 국제 평화가 결코 뒷받침되지 않으며, 윤 씨

가 바라는 '아시아 여러 나라의 사람들과 손을 잡고 걷는' 결과를 얻기는 어렵다고 생각한다.

이제와 내가 말할 것도 없지만, 필요할 경우 전력을 행사한다는 의사 표시의 권리는 현재 지구상 거의 모든 국가가 선언하고 있다(스위스나 오스트리아 같은 영세 중립국에서도 다른 나라의 침략으로부터 자국을 지키기 위한 전력 행사는 가능하며, 이를 위한 법제도 정비되어 있다). 마찬가지로 과거 식민지 제국이었으며 식민지 시민을 수탈했고, 지금도 전력을 보유하며 자위권을 당당히 주장하는 나라 역시 이 세상에 얼마든지 존재한다. 이는 역사적 사실 관계가 어떻든 국가 분쟁에 관해서는 어느 국민이든 "우리야말로 피해자다"라고 호소할 수 있기 때문이다.

예를 들어 아메리카 합중국은 북미 대륙의 선주민을 학살하고 토지를 빼앗는 것에서 시작하여 19세기에는 멕시코, 쿠바, 필리핀 등을 침략한 '식민지 제국'이며, 그 뒤로도 베트남이나 아프가니스탄, 이라크에서 수많은 사람들을 살상하고 있지만 주관적으로는 언제나 '피해자'의 입장에서 '국토 방위 전쟁'을 해왔다. 히로시마와 나가사키의 원자폭탄 투하에 대해서도 많은 미국인들은 진주만 피해를 '청산'하기 위한 당연한 보복 조치라고 생각한다.

그런 식으로 생각하는 것이 '일반적인 나라'의 '일반적인 사람들'이다.

이는 그들이 진심으로 '당하면 되갚아주는 것이 당연하다'고 믿기 때문이다.

'일반적인 나라'의 '일반성'을 뒷받침하는 것, 그것이 동죄형법적 사고다.

동죄형법은 '모든 인간은 윤리적으로 동격'이라는 것을 전제로 삼는다. '맞으면 되받아치는' 것이 윤리적인 행동이며, '맞아도 되받아치지 않는' 것은 규칙 위반이다. 그런 불평등을 당사자 중 누군가에게 강요하는 것, 혹은 그런 수난을 감수하는 것은 모두 '부정'으로 간주된다. 동죄형법적 사고에서는 '용서하는 것'이 용서되지 않는다.

그러므로 윤 씨는 일본이 과거 식민지 지배의 범죄성을 '반성'하지 않는 한, 일본에 '현재 북한 정치 체제의 범죄성'을 규탄할 자격은 없다고 생각한다. 하지만 이 논법으로 일본 국민을 설득하기란 어려울 것이다. 윤 씨가 동죄형법적 사고의 근본적 모순을 알아차리지 못한 듯하기 때문이다.

'맞으면 되받아치는' 규칙을 사람끼리 싸우는 장면에 적용할 경우에는 '부상으로 인해 무승부가 되었다'는 '아픔의 대칭성'을 실감하게 만들 수 있다. 그러나 이는 '시간'이 관여하지 않은 경우에만 성립하는 일종의 '공론'이다.

국가 정치의 경우 '때리는' 행위와 '반격하는' 행위 사이에

송송 몇 십 년이라는 긴 시간차가 끼어든다. 항쟁 당사자 세대가 모두 죽은 뒤에도 여전히 '반격'이 완수되지 않는 경우도 생긴다. 그 경우, 피해자 측에서는 '얻어맞은 아픔'의 경험이 집요하게 구전되지만 '때린' 가해 경험은 대개 다음 세대로 전해지지 않는다. 그러면 일정한 시간이 지난 뒤에는 피해자 쪽의 리얼리티와 가해자 쪽의 리얼리티 사이에 유의미한 차이가 발생한다. 피해자 측으로부터 "우리에겐 반격할 권리가 있다"는 말을 들어도 가해자 측에게 '가해의 실감'이 없는 경우가 생기는 것이다.

현재 일본인 대부분은 직접적으로 식민지 지배에 관여한 적도 없고, 아시아 인민을 살상한 경험이나 박해한 경험도 없다. 그런 우리가 "식민지 지배를 지금 여기서 청산하라"는 말을 들어도 그것을 심리적으로 받아들이기는 어렵다. 그 어려움을 해소하고 우리에게 '가해자 의식'을 철저히 불어넣기 위해서는 하나의 논리적 가교를 세워야 한다.

바로 '국민국가는 영속불멸이다'라는 이데올로기를 개입시키는 것이다.

요컨대 세월이 아무리 지나도 가해자 세대가 모조리 죽어도 일본 국민의 국가 정체성은 확고한 것이며, 그 사건으로부터 한 세기가 지나든 열 세기가 지나든 '일본인은 미래에도 영원히 일본인이어야 한다'는 국민 환상을 부활시키지 않고서는

'동죄형법'을 적용할 수 있는 장소는 담보할 수 없다.

어떤 범죄자의 범죄를 동죄형법적으로 청산하려면 그 범죄자는 청산이 끝날 때까지 어떻게든 살려둬야 한다. 만약 범죄자가 범죄를 인정하지 않으면 죄를 인정할 때까지 영원히 살려둬야 한다.

이것이 동죄형법적 응보주의가 '시간'이라는 요소를 계산에 넣는 것을 잊어버린 탓에 일어나는 근본적인 모순이다.

동죄형법적 사고는 '고통과 굴욕의 대칭적 상쇄'를 최우선으로 삼기 때문에 결과적으로 '최종 상쇄가 완수되는 그날까지 범죄자가 영원한 생을 누리는 것'을 묵인하고, 경우에 따라서는 지원하기까지 한다.

동죄형법적 '과거 청산' 이론을 말하는 사람들은, 말하자면 무시간적 모델 위에서 국제 관계를 구상한다. 그러므로 그 주장 자체가 당사자 양국의 국민국가 환상을 '영속화·항구화'하는 '시간적 현상'을 초래한다는 사실에 대해 충분한 자각이 없다.

오해하지 말아주셨으면 하는데, '국민국가가 저지른 역사적 범죄에 대해 사죄나 반성을 요구하는 것은 온당치 못하다'는 말을 하는 게 아니다. 그런 도덕적 해이는 국민국가 환상의 영속화보다 한층 해롭다.

내가 하려는 말은, 정말로 실질적인 '과거 청산'을 완수하기를 바란다면 피해자도 가해자도 동죄형법적 도덕을 바탕으로 문제를 생각하는 습관을 슬슬 버려야 하지 않겠는가, 라는 것이다.

우리와 아시아 인민 사이에 '시간'이라는 요소를 포함한 우애와 연대 관계를 구축하려면 어떻게 해야 하는가. 문제는 그런 식으로 다시 세워져야 하지 않겠는가.

이를 위해서는 일찍이 일본이라는 국민국가가 저지른 국가적 범죄의 사죄와 청산은 그런 이기적인 국민국가 환상을 우리 일본인 스스로 없애서 무해하게 만들고, 보다 개방적이고 관용적인 공동체를 미래지향적으로 형성해나가는 일 자체를 통해 완수된다는 사고방식을 채택할 필요가 있다. 이는 배상 청구나 공식 사죄를 '할 필요 없다'는 뜻이 아니다. 그러나 배상 청구나 공식 사죄가 '동죄형법' 논리의 틀 안에서 이야기되는 한, 그 논의는 반드시 국민국가와 내셔널리즘을 한층 강화하고 경직시키는 위험한 반작용을 초래하리라고 말씀드린다.

논리적으로는 '과거 청산' '아픔과 굴욕의 트레이드오프'야말로 '정의'다. 그러나 역사가 가르쳐주듯, 이제껏 거의 모든 '가해자'는 자신이 휘두르는 가해적 폭력을 '반격'이라고 변명하며 정당화했다. 일본의 아시아 침략은 주관적으로는 '생명선 사수'로서 수행되었으며, 태평양 전쟁은 'ABCD 포위망'*에 대한 반격이라고 정당화되었다.

모든 '가해 행동'은 이전 역사에 '피해 경험'을 가지고 있으며, 그 트레이드오프로서 움직임을 시작한다. 그리고 내가 아는 한, 동죄형법 규칙을 적용하면서 '가해와 피해의 인과 관계를 더 이상 이전으로는 소급하지 않는다'는 것에 대해 관계자 모두의 합의를 이끌어내는 데 성공한 정치가는 지금까지 존재하지 않는다(그 단적인 예가 중동 분쟁이다).

'과거 청산'을 원리로 삼는 '정의'는 효과적으로 스스로를 실현시킬 수 없다. 이는 우리가 역사적 경험으로 배운 엄연한 사실이다.

이를 바탕으로 우리는 이대로 동죄형법적 사고에 집착하며 '과거 청산'과 '고통과 굴욕의 트레이드오프'의 성취를 계속 요구할지, 아니면 이 논리로부터의 전환을 논할지에 대해 숙고해야 할 시기에 직면해 있다. 나는 동죄형법적 사고가 이제 한계에 달했다고 본다. 반복해서 말하건대 그것이 '옳지 않기' 때문이 아니다. '실효적이지 않기' 때문이다.

아시아 인민과의 연대와 공생을 지향하는 국민적 합의 형성이야말로 우리의 국민적 목적으로 설정해야 하며, 그 과정에서

---

* 1930년대 후반 일본에 가해졌던 무역 제한을 일본에서 일컫는 말. ABCD 는 미국(America), 영국(Britain), 중국(China), 네덜란드(Dutch).

'전쟁 및 전후 책임 인수'는 '부채 청산'이라는 형태가 아니라 '보다 나은 관계 구축'이라는 형태로 완수될 것이다. 그런 미래 지향적 모습으로 바꾸어나가는 것 외에, 막다른 곳에 있는 동죄형법적 무시간 모델을 극복할 방도는 없다. 나는 그렇게 생각한다.

이를 전제로 일본은 '일반적인 나라'가 되어서는 안 된다는 나의 의견을 다시 말씀드리고 싶다.

일본은 '전쟁을 불사하는 나라'라는 의사 표시를 '하지 않을 권리'가 있다고 나는 생각한다. 그 논거는 물론 일본국 헌법 제9조다. 제9조에는 "무력에 의한 위협 또는 무력의 행사는, 국제 분쟁을 해결하는 수단으로서는 영구히 포기한다"고 명시되어 있다. 나는 이 이상주의적 조항의 역사적 의의를 높이 평가한다.

이 규정을 공상적으로 보고 미국이 일본을 정치적으로 거세하기 위해 강요한 조항이라고 비판하는 사람이 많은데, 그 '개헌론자'들은 제9조 규정이 프랑스 외무장관 브리앙과 미국 국무장관 켈로그의 공동 제안인 이른바 '부전 조약'(1928)의 문언을 재록한 것이라는 사실을 의도적으로 빼먹고 말하는 경향이 있다. 이는 수상히 여겨야 할 일이다.

'부전 조약'은 제1조에서 "국제 분쟁 해결을 위해 전쟁에 소구하는 것을 옳지 않다고 보고, 또 그 상호 관계에서 국가 정책 수단으로서의 전쟁을 포기할 것을 각자의 인민의 이름으로 엄숙히 선언한다"고 규정하고 있다. 그리고 당시 세계의 거의 모든 나라가(물론 일본도) 이 국제 조약에 가맹 조인했다. 제9조는 스스로 조인하고 스스로 짓밟은 '부전 조약'에 다시 서명한 것이다. 나는 이렇게 이해하고 있다.

그러므로 헌법 제정 당시 일본 위정자나 관료가 연합군 총사령부에서 제시한 헌법 제9조 초안을 읽고 놀라 자빠졌다는 것은 논리적으로 '있을 수 없는' 일이다. 그것은 불과 18년 전그들의 전임자가 충분히 음미하며 읽은 끝에 조인한 국제 조약의 문언 그대로였기 때문이다.

이 '두 번째 부전 조약'에 조인한 나라가 일본 뒤로 없는 것은 국제 평화를 생각하면 슬퍼할 일이지만, 그래도 여전히 헌법 제9조의 이념 자체가 한 번은 전 세계적인 인정을 받았던 것이라는 '사실'은 개헌론자가 뭐라 하든 흔들림 없다.

일본은 '두 번째 부전 조약에 조인한 세계 유일의 나라'라는 위치에 있다. 나는 이를 '명예로운 고립'이라 생각한다. 이 '고립'된 위치에서 일본은 다른 어떤 나라로도 대체할 수 없는 독특한 국제 전략을 전개해야 한다고 생각하는 내 입장은 이제까지 변함없었고, 아마 앞으로도 변하지 않을 것이다.

일본인이라는 점의 '꼬임'

중국의 제휴 학교에서 객원 연구원으로 오신 R선생의 환영회가 있었다. 옆자리에 앉아 술잔을 주고받던 중 선생으로부터 상당히 매서운 말을 들었다.

현대 중국의 일반 서민 감각으로 아무래도 이해되지 않는점은 '왜 일본은 중국 침략에 대해 공식적인 사죄를 하지 않는것인가'와 '왜 정치가들은 전범을 합사한 야스쿠니 신사에서참배하는가'라는 말이었다.

그 이유를 물어본들 나로서도 설명할 수 없다. 잠자코 "죄송합니다"라고 고개를 숙일 수밖에.

우리 세미나의 한 학생이 지난번 세미나에서 해외여행 도중중국인과 만날 때마다 "왜 일본은 난징 대학살의 범죄성을 과

소평가하려 하는가……""왜 역사 교과서에서 자국의 전쟁 범죄를 정당화하는가……"라는 힐문을 반복해서 받아서 슬슬 진절머리가 난다는 이야기를 했다.

학생의 개인적인 감촉 수준에서는 '중국인은 일본인을 보면 질책만 하네……'라는 '불쾌감'이 차츰 조성되고 있다는 위험한 현실이 존재한다.

이는 분명 감각적으로는 이해가 된다.

'일본인이니까'라는 이유로 일본 정치사의 모든 문제점에 대해 책임이 있다는 식으로 취급받는 것은 학생들 입장에서는 그야말로 부조리한 일이리라. 애초에 학생들이 '선거권'을 얻은 것은 바로 1년쯤 전의 일이며, 또 필시 이전에도 그랬겠지만 이후에도 '난징 대학살을 정당화하는 정치가'나 '야스쿠니 신사 공식 참배를 단행하는' 정치가에게 투표 같은 걸 할 리 없다.

자신의 정치적 의견을 참정권을 통해 행사할 수 없었던 시기의 정치적 행동에 대해, 그리고 자신이 반대하는 정책에 대해 '일본인이니까'라는 결론으로 문책당하는 것은 학생들 입장에서는 어지간히 부조리한 경험이리라. 그러나 이 '부조리한 느낌'을 경시해서는 안 된다고 나는 생각한다. 그렇게 말해봤자 당신네 일본인은 식민지적 수탈의 여록으로 오늘날의 경제적 번영을 구가하고 있으니 당신들도 '공범'이다, 라는 논리는 이치상 정론이다. 하지만 그로써 사태가 호전되는 종류의 정론이라고는 여겨지지 않는다.

일찍이 중국 정치가 저우언라이는 중국인이 미워해야 할 대상은 '일본 군국주의'라는 이데올로기지 '일본 인민'이 아니라는, '이데올로기'와 '생활자' 사이의 수준 차이에 대해 이야기하여 중국과 일본 양쪽의 국민 사이에 우호의 기초를 마련하는 데 성공했다. 나는 이 정치적 통찰력에 경의를 품는다.

그러나 이 말은 중국인이 입에 담는 것은 허용되지만 일본인이 입에 담는 것은 허용되지 않으며, 중국인을 향해 "그렇게 말해주세요"라고 우리 쪽에서 요구할 수 없다.

우리는 역시 R선생이 '대표하는' 중국 인민의 호소 앞에서는 일본인을 '대표하여' 조용히 고개를 숙이며 "죄송합니다"라고 사죄하는 것 외에 선택할 길은 없다.

국민국가란 그런 '의제擬制'라고 생각한다.

내가 실제로 국화 문장이 들어간 여권을 쓰는 한, 일본 정부가 우리에게 제공하는 국가적 서비스의 은혜를 입는 한, 나는 공식 행사에서는 '기미가요'를 따라 부르고 '일장기'에 경례할 것이다. 이는 '의제로서의 국민국가'를 내가 '이용'하는 것에 대한 내 나름의 '대가 지불'이다. 즐겁지는 않지만 어쩔 수 없다.

국가를 상대로 '언제나 싱글벙글' 할 수는 없다. 국가와 그런 이상적인 관계를 맺을 수 있으며, 또 반드시 맺을 수 있다고 믿는 사람이 있다면 그는 생각이 얕은 것이다.

그렇다 해서 "국가와 나는 아무 관계도 없다"고 내뱉을 수도 없다. 그렇게 말하는 사람도 실제로 있고, 그 사람에게는 나름대로의 당당한 주장이 있겠지만 나는 말할 수 없다.

나는 일본이라는 국가를 벗어날 수 없는 '공범자'다.

내가 명백히 국가로부터 '은혜'를 입고 있기 때문이다. 얼마쯤 호된 경험도 하지만, 전체적으로는 '내가 국가에 봉사한 것보다 상당히 많이 국가로부터 은혜를 입고 있다'는 점은 확신할 수 있다.

내 경우와 마찬가지로 R선생에게도 중국이라는 국가는 '의제'다.

R선생은 중국공산당의 부패에 대해 지독히 비판적이었고, 관료의 부정이나 연해부와 내륙부의 경제 격차에 대해서도 고민이 깊었다. 하지만 그럼에도 불구하고 '역사적 사명이 끝나가는 중국공산당'이나 '앞이 보이지 않는 자본시장화'를 '포함'해서, '중국'이라는 나라를 '대표'하여 발언하고 있었기 때문이다.

일단 나라 밖으로 나온 이상 국민 한 사람 한 사람에게는 국가의 '죄'를 포함하여 그 '대표'로서 설명하고, 변명하고, 장래의 방향에 대해 약속할 책임이 있다는 게 R선생의 '상식'이다.

나는 이 '상식'이 건전하다고 본다. 일단 우리는 이 '상식'에서 출발할 수밖에 없을 것이다.

이러한 '상식'에 의거하는 한 어디까지나 결과적으로는 '국민국가'라는 근대적 틀을 추인 追認하고 경우에 따라서는 강화할 뿐이라는 것은 알고는 있지만, 그렇다 해도 '국민국가'가 만든 '빚'은 '국민국가'의 '통화'로 갚을 수밖에 없다.

우리는 이 빚을 다 갚은 다음에야 간신히 "이제 국민국가 같은 틀로 생각하는 건 관두자"라는 '다음 단계'로 나아갈 수 있으리라.

R선생과 대화하며 느낀 점은, 중국인들도 어떤 면에서는 이런 논의에 '넌더리를 내고 있다'는 것이었다. 그들 역시 이런 논의의 수준에서 슬슬 벗어나 더욱 리얼하고 더욱 개방적이며 더욱 생산적인 '중·일의 미래'에 대해 이야기를 나누고 싶어한다. 하지만 그 단계로 나아가지 못하고 제자리걸음하는 이유는 우리 측 책임이지 중국인들의 책임이 아니다.

이를 위해 필요한 일은, 부조리하게 들리겠지만 외국인에 대해서는 '나와는 의견이 다른 사람들도 포함한 일본'이라는 나라를 우리 한 사람 한 사람이 '대표'한다는 '고역'을 받아들이는 것이라고 생각한다. 그러한 '고역'을 구태여 떠맡는 국민들 사이에서만 '국민국가를 지양할' 방도에 대해 이야기를 나눌 기회가 생길 것이다.

일본은 중국에게 잘못된 짓을 했다고 인정하고, 기회가 있을 때마다 '일본을 대표해서' "죄송합니다"라고 사죄할 것. 이는 한 흐름으로 이어지는 행위라서 어느 것 하나만 떼어낼 수 없다.

이것은 내가 일본 정부의 시책에 개인적으로 반대하며, 나 자신이 자민당에 투표한 적 없다는 사실로는 결코 회피할 수 없는 '국민의 의무'라고 생각한다.

재일 문제와 국민의 '권리와 의무'

    무용평론가 스즈키 쇼 선생이 서평을 쓴 정대균 씨의 『재일
한국인의 종언』이 도착해서 그 책을 읽는다.

    정 씨의 주장은, 재일한국인은 국가에 대한 소속감이 희박
해지고 있는 한국 국적에 연연하지 말고 일본 국적을 취득하
여 일본의 완전한 멤버가 되는 편이 좋다는 것이다.

    현재 일본에 사는 한국·조선적* 사람은 63만 명. 그 가운데
52만 명이 샌프란시스코 강화 조약으로 일본 국적을 잃은 사

---

* 1945년 해방 이후 일본에 거주하던 재일동포 가운데 한국이나 북한의 국
적을 보유하지 않았지만 일본에 귀화하지도 않은 이들에게 부여된 일본
외국인 등록제도상 편의상의 적(籍)으로, 일본 법률상 무국적으로 간주된
다.

람들과 그 자손에 해당하는 '특별 영주자'다. 일본에 귀화하여 일본 국적을 취득한 사람은 1952년부터 1999년까지 23만 명. 그 수는 결코 많지 않은데, 여기에는 몇 가지 이유가 있다.

조총련의 입장은 명확하다. 조총련은 '귀화는 민족에 대한 배신'이라고 천명하며, '재일在日'은 어디까지나 일시적인 신분이고 조국으로 돌아가 '당당한 조선민주주의인민공화국의 공민으로' 사는 것이 '본래'의 모습이라고 말한다. 바로 이 때문에 1980년대까지 북조선 귀국 운동이 존재하여 9만 3천 명이 '귀국'을 완수했던 것이다(그 뒤 북한의 실상이 재일조선인에게도 점차 알려져서 귀국 운동은 기세가 약해졌다. 그래도 북한이 언젠가 그에 걸맞은 '조국으로서의 위엄'을 회복하면 귀국 운동은 다시 일어나리라).

그들은 머무는 기간은 길지만 본질적으로는 '일시 통행객'이다. 그러므로 조총련이 일본 국적을 바라지 않음과 동시에 참정권도 요구하지 않고 지문 날인*도 거부하지 않는 것은 어

---

* 1952년에 제정된 일본의 외국인등록법 제14조는 일본에 1년 이상 체류하는 외국인이 거주 등록을 할 때 반드시 지문을 날인하도록 의무화했는데, 주로 재일한인을 대상으로 한 이 제도는 명백하게 외국인을 감시하고 통제하려는 정책적 의도에 따른 것이었다. 1980년대 들어 재일한인을 중심으로 지문날인 거부운동이 일어났고, 1993년부터는 지문날인제도 자체가 폐지되었다.

쨌거나 논리적인 행동이다('지나치게 긴 일시 통행'이 초래하는 모순에 언젠가 직면할 수밖에 없겠지만).

그러면 한국 국적의 사람들은 왜 일본 국적을 취득하지 않는가.

물론 가장 큰 이유는 '차별 국가' 일본의 국적을 취득하는 것은 식민지주의의 피해자라는 입장을 포기하고, 말하자면 가해자와 하나가 되는 일이라는 강한 심리적 저항이 작용하기 때문이다.

그러나 외국인으로서 일본에 머무는 한, 그들은 한국과 일본 어느 국가의 완전한 멤버도 아니라는 냉엄하고 무거운 짐을 짊어지게 된다.

재일한국인은 병역 의무와 한국 주민등록이 없어서 선거권도 없다(개중에는 '한국에 사는 재일한국인'이라는 상당히 복잡한 상황에 놓인 사람들도 있다. 주민등록을 해서 일본 영주권을 포기하면 한국의 완전한 멤버가 될 수 있지만, 그런 결단을 하는 사람은 드문 모양이다).

정 씨는 '한국과 일본 어느 국가의 완전한 멤버도 아니다'라는 이도 저도 아닌 상황을 되도록 빨리 해소하는 편이 좋다고 생각한다. 반면 이 '공중에 매달린 상황'을 오히려 사상적인 측면에서 '생산적'이라고 생각하려는 사람들이 있다. 정 씨에 따르면 일본의 '공생론자' '다문화주의자' '인권주의자'들은 그렇게 생각하는 경향이 있다고 한다.

여기에는 그야말로 '차별 국가 일본'의 제도적 모순 속에서 살아가는 사람들이 바로 국가 제도 변혁의 기수가 되어야 한다는 (마르크스 이후의) '제도의 최대 피해자=제도 개혁의 주체'라는 사고방식이 존재한다. 확실히 미디어의 논조에 비추어 보건대 조금이라도 좌익 성향이 있는 일본 지식인은 이 입장에 몹시 친화적이다. 그 탓에 현재 일본 사회에서는 귀화에 대한 정신적 지원이 놀랄 정도로 적다.

정 씨의 생각은 '국적을 취득함으로써 잃는 것'과 '국적을 취득함으로써 얻는 것'을 쿨하게 계량하면 결론이 나오지 않는가 하는 것이다. 이 같은 계량적 지성의 모습을 나는 지지한다.

분명 '심리적 저항'이나 '르상티망ressentiment',* '민족의 긍지' 같은 정신적 요소는 계량적으로 논하기 어렵다. 그러나 한국과 일본 어느 나라에도 충분히 속할 수 없는 'No man's land'의 주민으로 계속 지내는 현재의 삶을 이 이상 유지하는 데서 적극적인 의미를 찾아내는 것도 마찬가지로 어렵다.

정 씨는 이렇게 썼다.

---

* 원한, 복수감 등의 뜻.

재일한국인이 한국 국적을 유지하며 사는 데는 역사적, 도덕적 의미가 있다고 말하는 사람이 있다.

하지만 내 생각에 재일한국인이 일본에서 생활하는 데는 깊은 의미나 특별한 뜻이 없다. 재일 1세대들은 한반도보다 일본을 생활의 터전으로 선택했던 것이며, 그 자손인 우리도 그것을 수용했을 뿐이다. 그리고 우리는 앞으로도 일본에서 생활해나가야 한다는 사실을 알고 있으며, 일본에서 생활하는 이상 일본 국적이 필요하다는 점도 알고 있다. (생략) 즉 재일한국인은 '영주외국인' 같은 어중간한 존재보다는 일본 국적을 취득하여 이 사회의 완전한 멤버로서 살아가면 되며, 이를 위해 필요하다면 귀화 수속의 폐단을 지적하면 된다. (생략)

중요한 점은 우리가 외국 국적을 가진 한 정치적 권리로부터뿐만 아니라 책임이나 의무 감각으로부터도 멀어진다는 것이다.

(정대균 『재일한국인의 종언』, 2001년)

이를 위한 구체적인 제언으로 정 씨는 '특별영주자'는 '조사 없이' 신청에 의거하여 국적을 취득할 수 있도록 할 것, 성姓으로 써도 되는 한자에 제한을 두지 말 것, 특별영주자 외의 '일반영주자'(1952년 이후에 자리 잡은 사람들)에게도 일본 국적을 취득할 방안을 확보해줄 것, 특별영주자에게는 이중국적을 인정해줄 가능성도 살펴볼 것을 들었다.

분명 재일한국인에게 귀화는 심리적으로 쉬운 선택이 아닐 것이다. 하지만 귀화의 물리적 조건을 되도록 완화할 수는 있다. 물리적 허들을 가능한 한 낮추어 심리적 저항'만' 극복하면 국적을 취득할 수 있도록 제도를 정비하자고 제언하는 것은, 공생론자나 다문화주의자가 생각하는 만큼 기만적이고 범죄적인 일은 아닐 것이다.

일본 국적을 취득하는 것과 민족 정체성을 유지하는 것은 딱히 모순되지 않는다. 실제로 한국계 미국인이나 중국계 미국인은 '미국 국민'이면서도 각자의 민족 정체성을 강하게 의식하여 전통 문화나 고유의 가치관을 미국 사회에 인식시키려고 노력해왔으며, 이는 일정한 성과를 거두었다.

이와 같은 일이 어째서 일본에서는 불가능하며 시도해서도 안 된다고 여겨지는가. 정 씨와 마찬가지로 나도 잘 이해되지 않는다.

일본 사회에 문화적 다원성과 혼질混質성을 가져다준다는 목적만으로 말하자면, 그 주체가 '한국계 일본인'이나 '조선계 일본인'이어서는 안 되고 '재일한국인' '재일조선인'이어야만 한다고 생각할 이유는 없을 것이다.

앞에서 미국에서의 민족 정체성을 예로 들었는데, 솔직히 말하자면 나는 그것이 어느 나라든 자신의 '민족 정체성'을 소리 높여 주장하는 사람을 별로 좋아하지 않는다.

나는 민족적 집단은 '단일민족·단일언어·단일문화'의 모놀리스monolith(단소체)여야 한다는 환상은 되도록 빨리 버려야 할 '유물'이라 생각한다. 그럼에도 민족 정체성을 구태여 주장하고 싶어 하는 사람의 마음은 존중하는 수밖에 없다.

"좋다고는 생각하지 않지만, 그 정도로 고집한다면 편할 대로 해"라며 어깨를 으쓱할 수밖에 없는 경우도 때로는 존재한다.

'외국인 참정권' 문제에 대해 작년(2000) 10월 무렵 이 홈페이지에 나의 감상을 적은 적이 있다. 이에 대해서는 꽤 여러 곳에서 비판받았다. 내가 하려는 말은 그때와 조금도 다르지 않다. 그리고 그것은 정 씨의 주장과 많은 부분 겹친다.

(1) 일본 사회가 다민족·다문화 공생형 사회가 되는 것은 좋은 일이며, 애초에 그것 말고 현실적인 선택지는 없다고 생각한다(이 점에서 나는 내셔널리스트와 의견을 달리 한다).

(2) '단일민족·단일언어·단일문화의 조국'에 대한 환상적 소속감은 다민족·다문화 공생 사회를 만들어나가는 데 저해 요인이 될 것이다(이 점에서 나는 '공생론자'와 의견을 달리 한다. 그들은 다양한 국적과 민족적 정체성을 가진 '외국인'의 혼재를 '다문화 공생 사회'라고 생각하기 때문이다. 이 '이상적인 사회'는 내게 삭막하고 관용 없는 곳으로 보인다).

(3) 다양한 문화적 배경을 가지고 있으며 출신이 다른 사람들이 의지만 있으면 쉽게 정규 일본 국민이 될 수 있고 동일한 정치적 권리와 의무를 가지는 제도를 정비할 필요가 있다(단 '권리'라는 말에 내가 부여하는 의미는 일반적인 이해와 다를 수도 있다).

어떤 사회에서 '시민으로서의 정치적 권리를 행사한다'는 것은, 그저 한 시민으로서 사회 제도의 불비, 범죄성, 후진성을 고발하거나 규탄하는 일이 '가능하다'는 뜻만은 아니다. '일본인을 대표하여' 양국의 우호적 미래를 약속하는 것뿐만 아니라, (자신이 개인적으로는 반대하는 정책에 대해서조차) '일본인을 대표하여' '외국인'의 질책에 머리를 숙이고 귀 기울이는 것 역시 국민의 '정치적 권리' 중 일부라고 생각한다.

나는 전날 중국인 R선생에게 '일본인을 대표하여' 고개 숙여 사죄했다. 만약 내게 "우치다한테 그럴 권리는 없다"고 말하는 사람이 있다면 나는 "아니, 내게는 그럴 권리가 있다"고 대답할 것이다. 나는 일본의 완전한 멤버이기 때문이다. 내게는 '몹시 부끄러워할 권리'가 있다. 역설적인 말이지만 내게는 일본인으로서 '책임을 질 권리'가 있다.

'비판은 하지만 책임은 지지 않는다'는 것은 집단의 완전한 멤버가 취할 수 없는 태도다. 최종적으로 한 사회를 살기 편하게 만드는 사람은 그 사회가 '살기 불편하나'고 언성을 높여 비판하는 사람이 아니라, 그 사회가 '살기 불편하다'고 비판받을 때 '몹시 부끄러워하는' 사람이기 때문이다.

물론 누군가가 처음에 "살기 불편해"라고 언성을 높이지 않는 한 문제는 눈앞에 드러나지 않는다. 그러므로 자신이 속한 사회를 전투적인 말투로 '비판'할 수 있으며, 또한 그 '비판'을 스스로의 '아픔'으로 받아들일 수 있는 이중의 능력이 집단의 완전한 멤버가 될 조건이라고 나는 생각한다.

한 집단에 대해 오로지 '비판적'으로만 관계하고, 그 집단이 가진 결함이나 불비에 대해서는 책임을 느끼기 싫다는 태도는 완전한 멤버에게는 허용되지 않는다. 하지만 그렇게 '무구' 하고도 '무책임'하게 지낼 수 있는 사회적 포지션이 없는 것은 아니다.

'아이'가 바로 그런 존재다.

그래서 우리 사회에서는 '아이'에게 참정권을 인정하지 않는다.

인종이라는 이야기의 유통기한

석간에 〈몬스터 볼〉이라는 영화의 평이 실렸다.

배우 할리 베리의 소개 중 한 문장이 마음에 걸렸다.

이런 문장이다.

"올해 아카데미 시상식에서 흑인 아버지, 백인 어머니를 부모로 둔 할리 베리가 흑인 여성으로서는 처음으로 여우주연상을 수상하여 화제가 된 작품."

이런 거, '이상하다'고 생각하지 않으시는지?

만약 '야마가타 현 사람인 아버지, 효고 현 사람인 어머니를 부모로 둔 야마다는 야마가타 현 사람으로서는 처음으로 전미 오픈 골프 선수권 대회에서 우승했다'는 기사를 읽으면 나는 '이상하다'고 생각할 것이다.

'효고 현은 어떻게 된 거지?'

이어서 아마 이렇게 생각하리라.

'전미 오픈이랑 어디 현 사람이라는 게 무슨 상관이지?'

미국에서는 '흑인 아버지와 백인 어머니를 부모로 둔 아이' 는 '흑인'으로 분류하는 것이 '일반적'이다. 그러므로 "이건 딱 히 사상적인 천명이 아니라 그저 객관적 사실을 기술했을 뿐 이야"라는 식으로도 말할 수 있을지 모른다.

과연. 그렇다면 할리 베리는 분명 '흑인'이다.

그녀가 백인 남성과 결혼해도 그 아이들은 '흑인'이다.

그 아이들이 흑인이 아닌 사람과 결혼해도 손자들은 '흑인' 이다. 이하 무한히 이어진다⋯⋯

이렇게 이해해도 괜찮은 걸까.

투명한 물에 먹물 한 방울이 떨어진 것과 마찬가지로, 아무 리 '희석'해도 '태초의 투명함'으로는 결코 돌아갈 수 없다.

이렇게 이해해도 괜찮은 걸까.

하지만 그렇다면 반대로 '하얀 물감'을 물에 떨어트리면 투 명한 물이 '뿌옇게 흐려져서' 아무리 '희석'해도 '태초의 투명 함'으로는 돌아갈 수 없다는 '백인오염원'론이 있어도 좋으리 라.

그러나 '흑인 아버지와 백인 어머니를 부모로 둔 백인 여성' 이라는 말은 아무도 하지 않는다.

어째서 하지 않는 것인가.

한편 선주민과의 혼혈 배우들(말론 브란도, 버트 레이놀즈, 케빈 코스트너 등 얼마든지 있다)에 대해서는 '백인 아버지와 인디언 어머니를 부모로 둔 인디언 배우'라는 식으로 소개하지 않는다. 그들은 얼마나 농후하게 네이티브 아메리칸의 '피'가 섞여 있든 '백인'이다.

요컨대 '백인'이라는 분류는 실정적으로는 존재하지 않는다.
'흑인'이라는 분류가 존재할 뿐이다.

이는 미국에서는 '하얗다'는 것이 무표無標적·무구적이라는 뜻인데 반해 '까맣다'는 것은 유표有標적＝오점을 뜻하기 때문이다.[*]

게슈탈트 심리학에서 자주 쓰이는 '마주 보는 두 여자의 하얀 옆얼굴'과 '까만 꽃병' 그림이 있다. 여자들의 옆얼굴을 바라보면 꽃병은 배경으로 사라진다. 꽃병을 바라보면 여자들은 배경으로 사라진다.

그림과 배경의 반전을 결정하는 것은 '보는 쪽'이 어느 쪽을 '유표'한 대상으로 보는가 하는 주체의 '결의'에 달려 있다.

---

[*] 언어 요소 가운데 어떤 특징을 적극적으로 드러내는 것을 유표, 이에 대립하는 개념을 무표라 한다. 가령 lion과 lioness의 경우 전자는 사자 전체, 후자는 암사자만을 가리키므로 후자가 유표다.

'흑인' '백인' 문제는 요컨대 '어느 쪽을 유표항(오점)으로 보는가'라는, 순수하게 '보는 쪽'의 결단에 달린 문제다.

'흑인 아버지와 백인 어머니를 부모로 둔' 사람은 흑인이라고 보는 '일반 견해'를 '객관적 사실'로 받아들이는 이는 스스로 자각이 있든 없든, 그가 백인이든 흑인이든, KKK든 공민권 운동 활동가든, 본질적인 부분에서 '인종주의자의 시선'으로 세계를 바라보는 것이다.

'피차별자 해방'이라는 사업이 어느 단계까지 '피차별자의 유표화'를 전략으로 삼을 수밖에 없다는 점을 나는 이해한다.

'흑인'이든 '유대인'이든 '재일한국인'이든 '부락민'*이든, 그 사람이 실제로 받는 차별을 거부하기 위해서는 '피차별 유표자'로서의 위치를 분명히 드러내는 것이 필요한 과정일 것이다.

하지만 차별 해소가 '유표화하는 시선' 자체를 없애는 것을 목표로 삼는다면, '유표화' 전략은 '어딘가'에서 버려야 한다.

나는 '지금 당장' 버리라고 말씀드리는 게 아니다.

그것이 무리라는 사실 정도는 알고 있다.

---

* 근세 이후 봉건적 신분제상의 최하층민을 중심으로 형성된 '피차별부락'에 사는 사람. 1871년에 법제상의 차별은 철폐되었으나 현재까지 사회적 차별이나 인권 침해가 남아 있어 부락해방운동이 이어지고 있다.

그저 '언젠가, 어딘가에서' 버려야 하는 전략이라는 점은 머리 한구석에 놓아두자고 말씀드리는 것이다.

'흑인 아버지와 백인 어머니를 둔 아이는 흑인이다'라는 유표화의 말은 현재 '상식'으로 통용된다. 그러나 이는 '일단은 통용되지만 언젠가 폐기해야 할 상식'이라고 생각한다.

나는 '상식'에도 '유통기한'을 각인할 필요가 있지 않느냐고 말씀드리는 것이다.

누군가가 "이것은 지금은 〈상식〉으로 통용되지만, 유통기한이 조만간 끝나니 그 뒤에는 버려주세요"라고 계속 말할 필요가 있다.

하지만 이런 수수한 일의 의의를 이해해주는 사람은 여간해서는 없다.

"상식은 영원히 상식이지" 아니면 "버려야 할 것은 지금 당장 버려라", 어느 한쪽으로 정해서 속 시원해지고 싶다는 분들뿐이다.

많은 상식은 유통기한이 지나면 '썩는다'. 하지만 유통기한이 지날 때까지는 '먹을 수 있다'. 그런 법이다.

"언젠가 썩는 것이라면 버리자"라고 말하는 사람도 있지만, 그것을 버리면 당장은 달리 먹을 게 없는 경우도 있다(민주주의나 국민국가, 일부일처제 등은 그런 '것'이다).

모든 사회 제도에는 '전사前史'와 '후사後史'(이런 말은 존재하지 않지만)가 있다. 그것이 생겨난 데는 생겨날 만한 역사적 조건이 있으며, 그것이 소멸하고 다른 무언가에 의해 그 사회적 기능이 대체되려면 나름의 역사적 조건이 숙성될 필요가 있다.

우리 세계에 '미래에도 영원히 올바를 제도'라는 건 존재하지 않으며, 마찬가지로 '존재하는 것 자체가 인간성을 거스를 만큼 본질적으로 악랄한 제도' 역시 존재하지 않는다. 각각의 제도나 이데올로기, 관습은 완수해야 할 역사적 사명이 있어서 등장했고, 그 사명을 마치면 퇴장한다. 그저 그뿐이다. 그러므로 '제도의 유통기한'을 확인하여 '썩은 것을 먹지 않고' '아직 먹을 수 있는 것을 버리지 않는' 작업은 상당히 중요하다.

이를 바탕으로 나는 할리 베리를 '흑인 여배우'라고 부르는 습관을 슬슬 그만두지 않겠느냐고 제안한다. 이 '슬슬'이라는 부사를 사용한 방식에 내 만감이 깃들어 있는데 유감스럽게도 그 부분을 이해해주시는 분은 별로 많지 않다.

일본인이라는 점의 '꼬임'에 대한 재고

지난주에 R선생에 대해 썼더니 가고시마의 Y가와로부터 두 번에 걸쳐 '의견 메일'이 왔다. 나는 Y가와의 의견이라면 언제나 최대한의 경의를 품고 경청한다. 여기에 그 의견을 소개하고, 함께 나의 답변도 실어서 이 문제에 대해 조금 더 입체적인 설명을 시도해보려 한다.

우선 첫 번째 편지부터.

안녕하세요. 건강히 지내고 계시지요?

가고시마는 엄청나게 덥습니다.

그런데 6월 9일의 일기를 읽고, 아무래도 이해가 잘 안 되는 부분이 있어서 메일을 씁니다. 화내는 것도 불평하는 것도 아닌 그저 의견입니다. 평소와 마찬가지로 서는 대형大兄의 귀중한 시간을 뺏을 생각은 없으니 답장은 신경 쓰지 마세요. 그럴 시간이 있다면 레비나스론이라도 얼른 마무리해주세요.

납득이 안 가는 부분은 "일본은 중국에 대해 잘못된 짓을 했다고 인정하고 (생략) '일본을 대표해서' '죄송합니다'라고 사죄할 것. 이는 한 흐름으로 이어지는 행위라서 어느 것 하나만 떼어낼 수 없다"라는 대목입니다. 저도 모르게 "잠깐만" 하고 따지고 싶어졌습니다.

대형이 어느 정도 수준에서 사죄를 생각하시는지 모르겠지만, '일본은 대표해서'라는 건 역시 지나치지 않은지요?

애초에 임의의 한 개인이 '일본을 대표해서' 사죄하는 게 농담이 아닌 형태로 가능할까요? 저는 잘 모르겠습니다. 대형은 구체적으로 어떤 장면을 상상하고 계십니까?

나는 이 편지에 대해 이런 답장을 썼다.

Y가와 님

중국이나 한국이나 타이완, 그 밖에도 많은 아시아의 '과거 피점령국' 분들이 우리에게 어떤 대응을 바라는지 저도 '정답'은 모릅니다(아마 '정답'은 없겠지요).

요전에 이야기를 나눈 R선생은 자신이 '중국 인민'을 대표해서 말씀하셔서(그야말로 그런 말투로) 저도 '일본 국민'을 대표하여 그를 대접하는 것이 '이야기의 이치'라고 생각했습니다.

물론 권리상 R씨 개인이 13억 인구를 대표할 수 있을 리 없고, 제가 1억 2천만을 대표할 수 있을 리도 없으니 실제로는 R씨 개인과 우치다 개인이 마주 앉아 있는 것에 불과합니다. 하지만 역사적 문맥은 두 개인이 '국민을 대표하는' 듯한 '의제'의 유효성을 시사하는 느낌이었습니다. 즉 그러한 '의제'를 사이에 둠으로써 R선생 개인과 우치다 개인 사이의 대화가 보다 '유의미'해졌는지 아닌지로 대접이 잘 되었나 못 되었나를 판단할 수밖에 없습니다.

우리는 다양한 장면에서 그때마다 어떤 집단을 '대표'하게 됩니다(가족이든 소속 대학이든 불문업계든 효고 현이든 지구든……) 아마 그때 중요한 점은 귀속 집단의 범위를 설정한 방식이 상황상 적절한지 아닌지겠지요.

제가 설정한 '대표'의 범위가 '상황상 적절'했는지 아닌지는 일단 지금 단계에서는 저도 모릅니다. 하지만 어쨌거나 그때그때 직관에 맡겨서 해나갈 수밖에 없다는 것을 실감합니다.

우리는 그대가 말한 '근본적인 문제', 즉 중일 관계를 근원적인 방식으로 변용시키는 국제정치적 문제에 '직접' 관계할 수 없습니다.

가령 다나카 가쿠에이*는 중일 관계를 극적인 방법으로 호전시킨 정치가였지만, 니가타 3구에서 그에게 투표한 유권자 가운데 직전 총선거에서 중일 관계의 개선을 기대하며 그에게 한 표를 던진 사람은 거의 없었겠지요.

우리에게는 (테러리즘을 제외하면) 직접 외교 관계에 영향을 끼칠 수 있는 정치적 회로가 제도적으로 준비되어 있지 않습니다. 우리가 '접할' 수 있는 대상은 지금 눈앞에 있는 외국인 한 사람이며, '그 사람과 어떤 식으로 의사소통이 가능한 회로를 만들어나갈 수 있는가'라는 수준에서 생각하는 것은 나름대로 긴급한 일이라고 생각합니다.

개인이 아무리 "좀 봐주세요"라고 말해도 국가 관계에는 아무 영향도 없을지 모릅니다. 하지만 '민초'의 개인적 관계가 시나브로 양국 국민 사이에 끼치는 심리적 영향은 의외로 만만하게 볼 수 없답니다.

어떻습니까?

이에 대해 Y가와로부터 다시 다음과 같은 의견이 도착했다.

---

* 제 67, 68, 69대 내각총리대신을 역임한 인물로 중일 국교 정상화를 성립시키는 등의 업적을 쌓았으나 비리와 뇌물수수로 실형을 선고받았다. 그는 자신의 출신지인 니가타 3구에서 당선되며 정계에 입문했는데, 뇌물수수 사건 등에도 불구하고 니가타 주민들은 선거 때마다 그를 압도적으로 지지했다.

말할 것도 없이 저는 대형의 홈페이지 서포터 중 한 사람입니다.

다시 말해 저는 지극히 선의 넘치는 독자이며(정말일까), 대형을 응원하는 것 외의 목적으로 그 페이지를 클릭하는 일은 없습니다.

하지만 서포터에게는 또 응당 와야 할 오노나 나카다의 패스가 오지 않을 때는 야유를 보내거나 격문을 띄워서 재빨리 목소리를 낼 권리가 있습니다(있지요?). 그러므로 이번에도 평소와 플레이 스타일이 좀 다르다는 생각이 들어서 살짝 야유를 보내봤습니다.

이를테면 저는 고저(『망설임의 윤리학』)에 실린 「애국심에 대해」에서 대형이 말한 내용에는 전면적으로 찬성합니다. 즉 국민과 국가의 관계는 '꼬여' 있는 게 당연하다는 이야기지요. 그런데도 바로 그 본인이 "일본은 중국에 대해 잘못된 짓을 했다고 인정하고 '일본을 대표해서' '죄송합니다'라고 사죄할 것. 이는 한 흐름으로 이어지는 행위라서 어느 것 하나만 떼어낼 수 없다"고 말하는 것은 마치 "어이, 너희들 〈기미가요〉 안 부르는 거야? 얼른 불러"라는 듯한 느낌이 들어서 이상했습니다. 뭐, 어디까지나 의식의 문제지만요.

국가와 국가가 대치하는 공식적인 자리라면 '일본을 대표하는 사죄'가 당연히 있어야겠지요. 하지만 개인과 개인의 만남에서는 딱히 국가와 국가 관계를 흉내 내지 말고 그 '꼬임'을 솔직하게 드러내면 된다고 생각합니다.

"일본은 정말 곤란하지. 하지만 이게 우리나라인걸. 난 미안하다고 사과하고 싶지만 내 나라는 사과하지 않아. 어쩔 수 없어. 어째서 우리들의 목소리가 이렇게 나라에 가닿지 않는 걸까. 흑흑," 저는 이런 식으로 말하는 편이 대형답다고 생각했습니다(실제로 저는 우리 대학의 중국인 교사나 중국에서 온 유학생에게는 그렇게 합니다). 하지만 답신을 읽고 '일본을 대표해서'가 그 정도로 강한 의미는 아니라는 것을 납득했으므로 이 문제는 이제 괜찮습니다.

한편 제가 '일본을 대표해서' 운운하는 감각에 위화감을 느끼는 데는 나름의 이유가 있습니다. 아시는 대로 저는 태어난 곳은 우연히 도쿄였지만 자란 곳은 홋카이도, 지금은 가고시마에 삽니다. 말하자면 일본의 변두리를 떠도는 인간이죠. 게다가 인생 최초의 기억은 호주여서 일본에 '왔을' 때의 '싫은' 기분은 아직도 잊을 수 없습니다. 자작나무와 원시림이 이곳저곳 흩어져 있는 대지에서 기독교도로 자란 제가 신사나 절이 '일본적'이라고 생각했을 때의 '혐오감' 역시 잊을 수 없습니다. 일본사 시험에서 교토의 절 이름을 쓰는 문제가 나와서 "웃기지 마"라며 전부 백지로 낸 적도 있습니다. 백사청송白沙青松이나 후지 산에 뜬 태양 등은 저와 가장 인연이 없는 풍경입니다. 노도 가부키도 제게는 '일본적'이지 않습니다. 칼싸움 영화나 시대극을 처음부터 끝까지 전부 본 적은 몇 번밖에 없습니다. 엔카나 나니와부시*가 들리면 머리가 아파서 귀를 틀어막고 싶어집니다. 제게 '일본적'인 건 (아마 일본어를 예외로 치면) 거의 이 나라에서 (혹은 이 나라를 방문하는 외국인이) 공식으로 '일본적'이라고 여기는 것이 아닙니다.

이런 이야기는 별로 한 적이 없지만, 일본인을 가장해야 하는 성가심은 아마 제가 대형보다 더욱 자주 느낄 것입니다. 이 느낌은 평소 여간해서는 입 밖으로 꺼내지 못하는 만큼 한층 더 성가십니다. 그저 저는 철이 든 무렵부터 항상 자신이 일본의 '중앙대로'를 절대로 걷지 못하는 인간이라고 체념하고 있습니다.

과연 국가와 국민의 관계는 꼬여 있습니다. 하지만 그 '꼬임'의 정도는 각양각색입니다. 아마 일본 국적을 취득한 재일 사람들, 혹은 자신이 류큐** 왕국의 후예라고 생각하는 오키나와 사람들 등등은 분명 어지간해서는 '일본을 대표해서'라는 마음을 가지지 못하겠지요. 저 역시 거의 본능적으로 '좀 참아줘'라는 기분이 듭니다. 이는 정말로 솔직한 기분의 문제이지 이념이 아닙니다. 사상 이전의 신체적 거부 반응입니다. 이를 바꾸라고 말하는 것은 거의 호모에게 헤테로가 되라고 말하는 것과 마찬가지겠지요. (생략)

---

* 일본의 전통 악기 샤미센의 반주에 맞춰 부르는 일본 고유의 창.
** 오키나와의 옛 이름.

폐현치번[*]이나 주도제^{**} 도입이 검토되고 지방분권이 본격적으로 일정표에 오른 지금, 이러한 '꼬임'의 다원성에는 더더욱 주의를 기울여도 된다고 생각합니다. "〈꼬임〉의 다원성에 좀 더 시민권을"이라고 말하고 싶습니다. '국민국가'를 대신할 수 있는 보다 유효한 기구는 "저는 아무래도 일본을 대표할 수 없지만"이라고 말하는 사람들이 서로 솔직하게 속마음을 털어놓을 때 비로소 생기지 않을까요.

변함없이 영리한 Y가와 학형의 지적이다.

말씀하신 많은 부분에 대해 이론은 없다. 그리고 그 대부분은 어조가 다소 다르긴 해도 그야말로 내가 '말하고자 하는 바' 그 자체다. 그가 나의 논의 중 '알아듣기 힘들다' '납득하기 어렵다'고 지적한 논점은 분명 '몹시 이해받기 어려운 내용'이다. 과연, 이 부분이 납득이 안 되는 것인가, 하고 Y가와에게 배웠다.

지적을 기회 삼아 그 '알아듣기 힘든' 논점을 조금 더 깊이

---

* 메이지 유신 직후 당시의 번(藩)을 폐지하고 새로운 부현(府縣)을 행정구획으로 설치한 '폐번치현'에 대립되는 개념으로 작은 크기의 기초자치체가 중심이 되는 지방자치체를 뜻함.

** 주(州)나 도(道)를 행정구획으로 두는 지방행정제도.

이해시키기 위해 설명을 보충하려 한다.

　내가 국민국가에 대해 생각할 때 가장 기본에 깔려 있는 것은 '국민국가라는 정치 단위를 무해하게 만들려면 어떤 방법이 있는가?'라는 물음이다.

　나는 국민국가라는 개념은 정치를 생각할 때의 기초적인 조작 단위로 계속 존재해서는 안 된다고 생각한다. 국민국가보다 '큰' 단위나 '작은' 단위를 '애드 호크ad hoc'*로 기준 삼아 정치 과정을 분석하거나 예견하는 것이 언젠가 정치학을 지배하는 '상식'이 될 테고, 되어야 한다.

　그런 전망에 있어서 나와 Y가와의 입장은 아마도 별반 다르지 않을 것이다.

　아마 입장이 나뉜다면 그다음의, 그렇다면 어떻게 '국민국가를 무해하게 만들까?'라는 물음에 대한 대답 방식에서 갈라질 것이다.

　나는 이 물음에 대한 답을 '국민주체가 국민국가의 무장해제에 동의서명을 하는' 식의 준비로서 구상한다. 즉 국민국가를 무해하게 만들기 위해서는 자신의 유해성에 대한 해소를 선언하는 '주체'가 먼저 가동되어야 한다.

---

* '특정 목적을 위한' '특정 목적의' 등을 뜻하는 라틴어.

"나는 나의 역사적 사명을 끝냈다"라는 선언에 정통성을 부여하려면 그 선언을 할 수 있는 '나'가 있어야 한다. 이는 일본국헌법 제정을 위해 대일본제국헌법의 국회법에 기초하여 제국의회가 소집되거나, 제3공화제의 종언을 선언하고 페탱 Philippe Pétain 원수에게 전권을 위양하기 위해 공화제 최후의 국민의회가 소집된 것과 비슷하다.

어떤 제도를 끝내려면 누군가가 그 제도의 '최종 주체'라는 성가신 역할을 떠맡아야 한다. 나는 그렇게 생각한다.

이에 대해 나는 예전에 문예평론가 가토 노리히로의 『패전후론』에서 영향을 받아 「전쟁론의 구조」(『망설임의 윤리학』 수록)에 이렇게 쓴 적이 있다.

우리는 이제까지 미국의 세계 전략에 대한 '종속'이나 '저항', 영령의 '진혼'이나 전쟁 피해자에 대한 '보상'을 이야기하면서 거기서 종속하거나 저항하거나 진혼하거나 보상하는 '주체'가 애초에 '누구'인가, 라는 근본적인 문제를 무시해왔다.

전후 일본의 경우 보수파는 '미국의 세계 전략을 어떻게 뒷받침할까'라는 형태로, 혁신파는 '미국의 세계 전략을 어떻게 방해할까'라는 형태로, 개헌파는 '야스쿠니의 영령을 어떻게 위령할까'라는 형태로, 호헌파는 '아시아의 죽은 이들에게 어떻게 속죄할까'라는 형태로 저마다에게 '속 시원한' 질문을 내세워왔다.

그 절묘한 '분업'이야말로 전후 일본이 채용한 '꼬임' 처리법이다.

대립하는 두 가지 정체성, 두 진영의 모순 속으로 모든 것을 흘려 넣고, 그러는 동안에는 대화도 화해도 타협도 '있을 수 없다'고 선언함으로써 일본은 근본적인 '꼬임'을 해소하지 않은 채 전후 반세기를 지나왔다. '아시아 인민에 대한 사죄'를 목 놓아 외치는 지식인과 '실언'을 반복하는 정치가는 각자의 역할에 맞춰 절묘한 '이인극'을 연기한다. 거기에는 조금의 '꼬임'도 없다.

개인적인 경험으로 말하자면 이 '이인극'을 잘하는 사람은 '경찰'과 '야쿠자'다. '경찰의 취조'와 '야쿠자의 공갈'은 매우 비슷한 구조를 가지고 있다(독자 가운데 양쪽을 경험한 분이 얼마나 있을지 모르겠지만).

그들은 대개 '이인조'로 등장한다.

한 사람은 "이봐, 너, 우습게 보지 마!"라고 덮어놓고 호통을 치고, 다른 한 사람은 "그렇게 큰 소리를 내니까 이 형씨가 놀라잖아. 어이, 형씨, 기분 풀어"라는 식으로 '회유'에 나선다.

그리고 이 '회유파'에게 그만 마음을 열고 "어쩔까요, 저분이 저런 식으로 말씀하시는데 어떻게 좀 해주세요"라며 화해를 위한 협상 회로를 만들려는 바로 그 순간, 방금 전까지 생긋 생긋 웃고 있던 바로 그 '회유파' 아저씨가 표정을 싹 바꾸며 "어디서 어리광 부리면서 기어오르는 거야. 이봐, 죽는다, 너" 라며 위협하고, 틀림없이 '공감파'였던 건달이 이번에는 "뭐, 그렇게까지 말 안 해도 되잖아"라며 도와주는 것이다.

이 절묘한 '역할 교환'으로 이루어지는 '이인극'을 마주하며 '피해자'는 카프카적 부조리 속으로 천천히 빠져들고, 이윽고 자존심과 판단력을 잃어서 그들이 '말하는 대로' 하게 된다.

경험한 적 있는 사람은 잘 알 것이다.

내 말은 아시아나 구미 나라들 입장에서는 우리 일본인이 이 '야쿠자 이인조'처럼 보이지 않을까, 라는 것이다.

일본을 마주하는 외국 사람들은 '얼핏 보면 다른 사고방식을 가지고 대립하는 것처럼 보이지만, 응답 책임의 소재가 눈이 핑핑 돌아갈 정도로 빠르게 변하는 탓에 결국 제대로 된 대화 상대가 되어줄 사람이 어디에도 없다'는 좌절을 느끼지 않을까.

'꼬임'은 동일 인격 속에 모순을 품고 있기 때문에 '꼬임'이라 부르는 것이며, 다른 의견을 가진 사람들이 저마다 자기완결적으로 혼재하는 상황은 '꼬여 있다'고 일컫지 않는다.

Y가와는 이렇게 썼다.

이러한 '꼬임'의 다원성에는 더더욱 주의를 기울여도 된다고 생각합니다. "〈꼬임〉의 다원성에 좀 더 시민권을"이라고 말하고 싶습니다. '국민국가'를 대신할 수 있는 보다 유효한 기구는 "저는 아무래도 일본을 대표할 수 없지만"이라고 말하는 사람들이 서로 솔직하게 속마음을 털어놓을 때 비로소 생기지 않을까요.

"일본인 하나하나가 일본을 대표하는 권리와 책임을 자각해야 한다"는, 그야말로 마음 무거워지는 나의 말에 대한 Y가와의 '신체적 거부반응'은 잘 알고 있다. 하지만 내가 토해낸 열변은 애초에 '나는 나와는 의견이 다른 사람들까지 포함하여 일본을 대표할 수 없고, 할 마음도 없다'는 사람들로 유지되어 온 '55년 체제'*에 대한 비판이었다는 '일의 경위'를 떠올려주기 바란다.

내 말투는 여느 때처럼 몹시 '규범 강제적'이므로, "거 참 못 견디겠군. 그만해"라고 말하고 싶어지는 Y가와의 기분은 잘 안다. 잘 알지만, 그럼에도 일본인 모두가 전후 반세기 동안 '꼬임의 다원성' 속에서 편히 지내온 결과 우리가 막다른 길에 내몰린 게 아닌가 하는 의심이 본래 내 논의의 초기 조건이다.

---

* 1955년에 만들어진 일본 자민당의 장기집권 체제.

우리 모두가 국민국가의 '주체'로서 국민국가 자체의 '무장 해제 계획'에 동의서명하지 못하는 한, 국민국가를 둘러싼 출구 없는 상황은 조금도 변하지 않는 게 아닌가? 이것은 가토 노리히로의 『패전후론』에 담긴 가장 중요한 생각이라고 여겨서 내가 「전쟁론의 구조」의 출발점으로 삼은 질문이다.

외부에서 접근하는 사람들에 대해서는 누구든 처음 접촉하는 이가 '일본을 대표하여 교섭 상대가 된다'는 각오가 지금 일본인에게는 필요하다.

이는 그 사람이 개인적으로 일본의 정치 체제에 반대하거나 문화적 전통에 친근감을 느낄 수 없다거나 자신을 일본인으로 여기지 못하는 것과는 관계없이 필요한 일이다.

카프카의 소설 『성城』의 부조리성은 그곳에 성이 있고 성에서 보호받거나 기생하며 살아가는 사람들이 실제로 있으면서도 그 사람들 가운데 누구 하나 성을 대표하지 못하여 K의 항의나 요청, 질문에 모두가 "그에 관해 대답할 권리가 제게는 없습니다"라고 슬픈 듯 뿌리치는 '비빌 언덕이 없는 불쾌함' 속에 존재하지 않을까.

요컨대 내 말은 일본 사회를 "'성과 반대되는 곳'으로 다시 구축하자, 일본인 한 사람 한 사람이 외국인에게 '비빌 언덕'이 되어주자"라는 게 전부다.

'일본도 참 곤란한 나라야'라는 생각은 분명 나의 거짓 없는 심정이다.

"정말이지 국가 차원에서는 서로 고생하네요"라고 외국 여러분과 어깨를 서로 두드리며 그로써 모든 외교가 순조롭게 정리된다면 나도 그쪽이 훨씬 기분 좋다.

하지만 국민 모두가 "이 나라는 정말 어떻게 되는 걸까"라며 깊이 탄식하게 되었을 때, "죄송합니다. 어떻게든 하겠습니다"라고 말하는 사람이 한 명도 없어졌을 때, 외국에서 과연 그 나라를 '주권국가'로 인지할 것인가. 나는 이 부분이 걱정이다.

누군가 "죄송합니다"라고 말하는 고역을 자진해서 떠맡지 않는 한, 그런 시시한 역은 아무도 하지 않을 것이다.

아무도 안 하지만 누군가 해야 하는 일이 있다면 그때는 '내'가 할 수밖에 없다. 그것이 '어른의 상식'이라고 나는 생각한다.

어떻습니까, Y가와. "그런 게 어디 상식이에요?"라고 물어볼 것 같은데, 이건 곤란하게도 내 늙은 스승의 가르침이랍니다.

베트남 청년이 가르쳐준 것

베트남 지인 팜 듀크 빙의 〈베트남에서 본 일본〉 강연회.

주도면밀하게 준비한 데다 실로 명석한 일본어로 진행한 발표였다. 빙은 고작 약관 스물다섯 살. 이미 프랑스에서 박사학위를 땄으며 다낭 대학 문학부 강사가 된 엘리트지만, 무엇보다 조금도 의욕이 앞서나가는 일 없이 한 나라를 대표하여 21세기의 베트남-일본 관계를 시야에 넣은 당당한 발표를 일본어로 소화하고 질의응답에 적절하게 대답하는 그 성숙도에 우치다는 감동했다.

지금 일본의 스물다섯 살 청년 가운데 홀로 베트남으로 향하여 현지어로 베트남-일본 관계의 과거와 미래를 논하며 나나 나보다도 몇 세대 위인 나바에* 씨 같은 나이 많은 '아저씨'

를 포함한 청중을 감동시킬 수 있는 사람이 몇이나 될까.

빙과는 1996년 프랑스의 브장송에서 처음 만났다. 그때 빙은 스무 살이었고 나는 마흔다섯 살이었다. 부자지간처럼 나이차가 나는 우리가 '친구'가 될 수 있었던 이유는 그가 그때 이미 당당한 신사였기 때문이다.

빙은 아마 예외적인 인물이 아닐 것이다.

베트남이라는 나라에는 그런 당당한 청년을 조직적으로 길러내는 '성숙을 위한 시스템'이 있는데 반해 일본에는 그런 시스템이 없다는 점이 교육자인 내게 쓰라리게 느껴진다.

강연 준비 중 짬을 내어 둘이서 '비고의 가게'에서 차를 마실 때 이런 이야기를 들었다.

미국의 베트남 종군 병사들은 심각한 트라우마를 품은 채 1970년대 이후를 살았다. 팀 오브라이언의 소설에서 묘사된 것 같은 병사들은 자신이 베트남에서 범한 파괴와 포학의 기억을 껴안고 몇 십 년에 걸친 불면의 밤을 보냈다. 그 '베테랑'들이 1990년대 들어 잇따라 베트남의 과거 전지를 방문하게 되었다.

그들이 거기서 발견한 것은 파괴되었던 들판이 푸르른 무논

---

* 나바에 미치야스(難波江通泰), 중국 문학과 중국 철학 학자로 난해하기로 이름 높은 왕양명의 「공이公移」를 최초로 번역하기도 했다.

제4장 어른의 상식 **309**

으로 변했고 모조리 불탔던 촌락이 도시가 되었으며 학살 속에서 살아남은 사람들이 웃는 얼굴로 그들을 환대하는 풍경이었다. 그 광경을 접하고 베트남 귀환병들은 '구원'을 얻었다고 한다.

물론 그들이 범한 죄에는 변호의 여지가 없다. 하지만 변호의 여지가 없는 죄를 껴안고 어떤 매도도 감수한다는 각오로 베트남 땅을 찾은 '베테랑'들이 베트남 농민의 따뜻한 얼굴을 봤을 때, 그 마음에 싹텄을 깊은 회한과 감사의 마음을 상상할 수는 있다. 아마 수많은 옛 병사들은 무릎을 꿇고 뜨거운 눈물을 흘렸을 것이다. 30년 전에는 결코 입에 담을 수 없었던 "미안합니다"라는 말이 그들의 입에서 흘러나왔을 것이다.

사죄로 끝나지 않는 일이 있다. 베트남에서 행한 미군의 파괴는 사죄로 끝날 일이 아니다. 그러나 빙은 베트남 사람들이 미국인을 '용서한다'고 단언했다.

과거는 과거, 현재는 현재, 미래는 미래라고 말했다.

미국인은 많은 것을 파괴했다. 당시 베트남 국민의 10퍼센트를 살육했다.

"하지만 이미 끝난 일이니까 괜찮아요"라고 빙은 말한다. "앞으로 사이좋게 지내요."

혹은 빙의 의견이 베트남 사람 가운데서는 소수 의견일지도 모른다. 그러나 베트남 전후 25년의 역사는 "프랑스도 일본도 미국도 중국도 우리 국토를 유린했지만, 그건 이미 끝난 일입니다. 앞으로는 사이좋게 지내요"라는 말을 웃으며 할 수 있는 한 청년을 낳은 두께를 지니고 있었다.

이 한 가지 일로 나는 베트남이라는 나라에 대해, 그 나라의 성숙도에 대해 깊은 경의를 품게 되었다.

한 사람의 국민은 그 나라를 대표한다.

그 나라를 대표하여 다른 나라 국민을 규탄할 권리가 있고, 다른 나라 국민을 용서할 권리가 있으며, 다른 나라 국민 앞에서 고개를 숙일 권리가 있다. 나는 국민국가라는 것은 그런 한 사람의 국민이 가진 '대표권'의 환상 위에서만 비로소 건전하게 기능한다고 생각한다(이 부분에 대해서는 이미 몇 번 썼다).

나는 일본인을 대표하여 일본이 베트남에 범한 죄과에 대해 빙에게 사죄했고, 빙은 베트남인을 대표하여 미소로 답해주었다.

우치다에게는 그럴 권리가 없어, 라고 말하는 사람이 있을 수도 있다. 빙에게도 그럴 권리는 없을지도 모른다. 하지만 나는 얼굴과 얼굴을 맞댄 이런 수준에서 "미안해" "뭐, 괜찮아요"라는 말이 오가는 장면이 무수히 쌓여야만, 국민국가 사이의 커뮤니케이션이 구축되어나가리라 생각한다.

오늘 강연을 통해 나는 여러 가지를 생각했다.

베트남은 21세기 일본에게 소중한 아시아의 맹우다. 일본과 베트남 사이에는 깊은 우호와 신뢰 관계가 구축되어야 한다.

　내가 아는 베트남 사람은 빙밖에 없다. 하지만 내가 빙에게 느끼는 경의는 빙 같은 당당한 청년 신사를 낳은 베트남 고유의 지적·문화적 풍토에 대한 경의로 직접 연결된다.

소통이 잘 되는 국부란

　북한(조선민주주의인민공화국)과의 국교 정상화를 향해 첫 걸음을 내딛게 되었다.

　납치 문제, 공작선 문제 등 '목구멍에 걸린 가시' 같은 안건은 남아 있지만, 어쨌거나 그런 문제를 포괄적으로 해결하기 위한 방향으로 한 걸음 내디뎠다는 점에서 이번(2002년 9월) 평양 정상회담은 역사적 평가를 받을 가치가 있을 것이다.

　그럼에도 약간의 불안은 남아 있다.

　이번 북한-일본 국교 정상화에 즈음하여 정부가 1965년 한일 국교 정상화 때의 정치적 '실패'로부터 반성의 재료를 얼마나 길어냈는지, 신용하기가 다소 힘들기 때문이다.

　한일 국교 정상화도 이번과 마찬가지로 동북아시아 정세의 안성화를 요구하는 미국 세계 전략의 일환으로 그 석극석인 개입을 받아 진행되었다. 한국과 일본 사이의 국교가 정상화되고, 외교 사절을 교환하고, 통상 조약을 체결하고, 과거의 침략 행위로 입은 피해의 보상과 경제 협력을 약속했다.

아마 앞으로의 북한-일본 정상화 과정은 이 37년 전 한일 국교 정상화와 거의 같은 수순을 밟게 될 것이다.

그런데 이 한일 조약 체결 당시 양국에서 얼마나 많은 반대 운동이 일어났는지, 연배가 어느 정도 되는 분이라면 기억할 것이다. 일본에서는 1965년 10월의 시위에 수십만 명이 참가했다. 한일 투쟁은 60년대 말 학생 운동의 '전주곡'이 되었다. 한국의 반대 운동은 더욱 격렬해서 학생 운동을 진압하기 위해 군대까지 출동했다.

왜 국교 정상화라는 누가 생각해도 '좋은 일'에 이 정도로 반대가 있었는가.

이는 당국이 조약의 역사적 의의나 조약 제정에 이르기까지의 과정에 대한 정보를 개시하지 않아서 국민적 이해를 얻지 못한 채 정치 책략을 우선했고, 특히 미국의 동아시아 전략 중한 과정으로서 일부 당국자 사이에서만 비밀리에 수면 아래에서 교섭을 진행한 데 원인이 있다고 생각한다. 그 결과 일본의 대한국 경제 협력에 의해 조약상으로는 한국에 보상을 끝마쳤는데도 현실의 한국 국민은 전혀 그것을 실감하지 못하게 되었다. 실제로 경제 협력이라는 명목으로 한국에 쏟아 넣은 자금은 양국의 특권 계급층을 살찌웠고, 일부는 일본 기업으로 되돌아왔다.

분명 일본이 보상을 위해 내놓은 자금을 일본 기업의 품으로 되돌릴 궁리를 해두고서, 한국 국민으로부터 '일본의 사죄와 보상'이 충분히 이루어졌다는 신의를 얻을 수 있다고 생각했다면 어지간히 뻔뻔한 이야기다.

결국 한국과 일본의 대립 감정이 완화되어 영화나 음악 같은 영역에서의 '해빙'과 문화적 교류가 민초 수준에서 뿌리내리기 시작한 것은 1990년대 들어서였고, 월드컵 공동 개최로 두 나라가 일체감을 (일시적으로, 또 환상적인 수준에서긴 하지만) 경험하기까지는 한일기본조약으로부터 무려 37년의 세월이 필요했다.

이는 한국과 일본의 진정한 '정상화'로서는 너무도 긴 세월이었다.

훨씬 더 짧은 기간 안에 '일의대수'*인 두 나라 사이에서 친화와 신뢰 관계의 기초를 다질 수 있었다. 왜 이토록 시간이 걸린 것일까. 왜 국민적 교류의 문이 열리기까지, 그 당시의 한일

---

* 냇물 하나를 사이에 둔 가까운 이웃.

외교 당사자 세대가 모조리 죽어 없어질 때까지의 세월이 필요했던가.

그 이유에 대해 우리는 더욱 진지하게 생각할 필요가 있다.

결과적으로 한일의 화해를 상징한 것은 '월드컵 공동 개최'라는 '축제'나 〈쉬리〉〈공동경비구역 JSA〉 같은 영화였다. 유화를 견인한 것은 정치도 외교도 아닌 양국민의 '보통의 생활 감각'이었다.

최종적으로 두 나라 사이의 '벽'을 부수는 것은 정치가의 연설도 외교관의 사전 교섭도 미디어의 선동도 초강대국의 천상적 개입도 아닌 '보통 국민의 보통 생활 감각' 수준에서의 '친밀감'과 '경의' 조성이다. 국민감정 수준에서의 친화와 경의. 그것 없이는 외교 관계의 초석을 다지기란 불가능하지 않을까.

가령 나는 미국이라는 나라를 싫어한다. 초강대국임에도 불구하고 국제 사회에서 보여주는 나쁜 매너는 거의 '유아'나 마찬가지다. 그러나 나는 이제껏 많은 미국인과 개인적으로 교류하며 거의 모두에게 친밀감과 경의를 느낄 수 있었다. 그 결과나는 '미국'이라는 글자를 볼 때 강권적인 '국가'의 이미지와 구체적인 얼굴을 가진 '미국 친구들'의 이미지를 동시에 떠올리게 되었다. 구체적인 '미국 친구들'과의 추억이, 내가 미국의 시책을 싫어하면서도 그 나라를 전체적으로 미워하는 것을 가로막는다.

미일관계는 현재 우호적으로 변하고 있는데, 그 가장 큰 이유는 미국의 세계 전략과 일본의 국익 사이에 밀접한 관련이 있기 때문이 아니라 오히려 일본 국민의 상당수가 일상생활 속에서 실제로 미국인을 만나 친밀하게 교류한 경험을 가지고 있기 때문이라고 생각한다.

바로 그런 의미에서 한일 국교 정상화는 '실패'였다.

재일조선인 차별 문제나 위안부 문제를 생각하면 이룬 것 없이 흘려보낸 세월은 너무도 길다. 이 '실패'는 양국의 정관재계 톱 레벨에서의 합의와 미국의 적극적인 중개가 있었음에도 불구하고 국민적 수준에서의 '친밀함과 경의' 조성을 위한 국민적 운동이 결국 일어나지 않았던 데서 비롯되었다.

이와 같은 일을 북한-일본 국교 정상화에서 반복해서는 안 된다.

이번의 북한-일본 정상회담은 외교사적으로는 앞 단계가 있는 것 같지만, 요 몇 개월간의 사전 교섭은 비밀리에 일부 외무 관료들만의 주도로 이루어졌다고 보도되었다. 정상회담이 일단 공동성명발표에 이르렀다는 점에서 정치가와 관료 가운데는 '정치적 성공'을 축하하는 사람도 있을 것이다. 하지만 참된 정상화로는 아직 한 걸음도 내딛지 못했다. 몇 장의 외교 문서 교환이나 군사 행동을 자제하자는 약속으로는 국교 정상화의 초석을 다질 수 없다. 두 나라 사이에 열린 외교 관계를 구축하는 것이 양국 국민에게 '좋은 일'이라는 일반 국민의 생활 감각에서 우러난 동의, 이것이 국교 정상화를 뒷받침한다. 우리에게 무엇보다 필요한 것은 '친밀함이 느껴지고 경의를 품을 수 있는 북한 사람'과 개인적으로 만나는 경험이다. 북한 국민에게 무엇보다 필요한 것 역시 '친밀함이 느껴지고 경의를 품을 수 있는 일본 사람'과 개인적으로 만나는 경험이다. 그런 국민적 공감이 뒷받침되지 않는 한, 번드르르한 외교적 약속이나 거액의 경제 협력은 양국 관계에 거의 도움 되지 않을 것이다. 나는 그런 '원활한 소통'만이 참된 의미의 '안전 보장'을 담보한다고 생각한다.

그런 의미로는 이번 납치 사건에 대해 외무성이 취한 '비밀주의'나 정보를 찔끔찔끔 내놓는 전략(요사이 온갖 정관재계 불상사에서 볼 수 있는 전형적인 스타일이다), 혹은 수많은 미디어에서 목 놓아 외친 '굴욕 외교' 캠페인만큼 흐름을 거스르는 일은 없을 것이다.

이렇게 쓴 뒤 미디어는 고이즈미 내각의 지지율이 75퍼센트로 급반등했다고 알렸다. 오른쪽부터 왼쪽까지 거의 모든 미디어가 납치 문제에 관한 '정부의 저자세'를 매도하는 와중에 '보통 국민의 보통 생활 감각'은 고이즈미 방북으로 '문'이 열리고, 거기서 '원활한 소통'이 이루어지는 것을 어쨌든 환영한 것이다. 나는 이 상식의 편에 서겠다.

네오콘과 애국심

헌법기념일이니 정치에 대해 생각해보려 한다.

내 홈페이지에 따끈따끈한 뉴욕 정보를 전해주는 K씨의 어제 일기에 네오콘 해설이 있어서 무척 흥미롭게 읽었다.

읽은 사람도 많겠지만 이야기 사정상 그대로 다시 싣겠다.

신보수주의neoconservatism에 대해 기초 수준의 독서를 한다. '신보수주의'란 부시 정권에서 영향력을 가지고 있다고 일컬어지는 이데올로기(하지만 굳건한 사상은 아닌 모양이다). 버넌 반다이크Vernon Van Dyke라는 사람이 쓴 『이데올로기와 정치적 선택 Ideology and Political Choice』이라는 책의 「신보수주의」 장을 읽어본다.

흠, 이거 재미있구나.

어빙 크리스톨Irving Kristol이나 노먼 포드호레츠Norman Podhoretz와 같은 신보수주의 논자들의 말에 대한 설명을 읽었더니 여러 생각이 든다.

이 사람들의 좌익 비판에는 상당히 날카로운 면이 있어 보인다. 원래는 이 사람들도 좌익이었지만 1960년대 이후 신보수주의로 전향했다. 어느 시점에서 자신의 과오를 깨닫고 전향한 사람은 그 반동으로 과거의 자신을 떠올리게 하는 사고방식을 철저하게 비판하는 경향이 있는 듯한데, 이 사람들의 좌익 비판도 그런 느낌일 수 있다. 그런 사람일수록 '과거의 자신'을 향해 섀도복싱을 하는 경향도 있을지 모른다. 반다이크의 지적처럼 그들은 '그런 리버럴파가 실제로 어디 있어?'라는 생각이 드는 가공의 적을 그린다고 한다.

반다이크에 따르면 신보수주의가 비판하는 것 중 하나는 '평등주의egalitarianism'. '평등주의'라 해도 무엇이 평등한지에 따라 그 의미는 완전히 달라진다. 가령 '시민은 법으로 평등한 보호를 받는다'는 말에는 신보수주의자도 당연히 찬성한다. 신보수주의자가 반대하는 것은 '자산의 재분배로 빈부 차이를 없앤다'나 '페미니즘으로 젠더 차이를 없앤다' 등의 강제적인 '균질화'인 모양이다. '자유경쟁하면 격차가 생기는 건 당연하니까 모두 다른 방식으로 살아가면 되잖아. 필요한 건 모두 똑같아지는 게 아니라 사회가 전체적으로 풍요로워지는 거야. 그러면 약자에게도 좋은 사회가 될 테니까'라는 주장 같다. 이렇게만 쓰면 구멍투성이 논의로 들리겠지만, 어쨌거나 신보수주의에는 그런 '평등주의 비판'이 있는 모양이다.

그런데 신보수주의는 이른바 보수주의와는 달리 복지국가를 추구한다. '약자를 도와주지 않는 사회는 좋은 사회가 아니야'라고 생각하는 것이다. 크리스톨은 『Two Cheers for Capitalism』이라는 책에서 자본주의는 다른 시스템과 비교하면 가장 좋은 시스템이지만 절대적인 평가로 만점은 줄 수 없다고 썼다 한다(영어로 Three Cheers가 만점인데 자본주의에는 Two Cheers를 준다는 뜻). 그는 '개인이 자율적으로 자유롭게 생각하고 행동할 수 있는 자본주의는 근사하지만, 그러면 아무래도 자기중심적으로 움직이는 사람들이 등장하여 사회 전체에 좋지 않은 상황을 만들어낸다. 그것이 결점이다'라고 생각한다. 그래서 이 자본주의의 문제를 시정하려면 약자를 도와주는 복지 시스템뿐만 아니라 '타인을 배려하는 도덕관'이 반드시 필요해진다고 본다. 또 크리스톨에 따르면 이 도덕관은 근대적 합리주의로는 얻을 수 없으므로, 여기서 요구되는 것은 일종의 '포스트모던'한 가치관이라는 뜻이 된다. 이때 '포스트모던'은 가치의 상대주의가 아니라 종교처럼 합리성을 초월한 절대적인 도덕심을 말한다.

나처럼 무지한 사람이 이렇게 정리해봤자 아론 윌다브스키

Aaron Wildavsky나 크리스톨, 포드호레츠가 말하려는 것조차 전해지지 않을 테지만, 아무것도 몰랐던 나는 이 사람들이 하는 말 가운데는 흥미로운 지적도 있다고 생각했다. 재미있어서 정치사상에 대해 좀 더 공부해보고 싶어졌다. 그런데 위와 같은 크리스톨의 논의를 읽고 문제라고 생각하는 점은 역시 '초월적인 도덕관(종교)' 부분이다. 그 도덕관의 구조가 어떠한지에 따라서도 달라지겠지만, 그가 말하는 신보수주의 도덕관은 지나치게 '명료'해서 무섭다는 생각이 든다. 크리스톨이나 포드호레츠는 신보수주의는 이데올로기가 아니라고 말한 모양이지만, 사회에 그런 '도덕'을 강요하면 사회가 '균질화'되고 말 것이다. '경제가 아니라 도덕의 빈곤과 싸우며, 사회를 도덕적으로 균질화함으로써 통합한다'는 것이 신보수주의의 목표이리라. 그 이면에는 반드시 타자에 대한 억압이 있다. 그것이 좋은 사회일까.

이상이 K씨가 쓴 리포트다.

'신보수주의'라는 이데올로기에 대해서는 그것이 조지 부시의 측근들 사이에서 지배적인 정치사상이라는 점과 1930년대 미국 좌익 사상의 '미운 오리'라는 점만 알았는데, K씨의 해설을 읽고 몰랐던 내용을 여러모로 배웠다.

K씨의 지적에서는 네오콘의 특성이

⑴ 원래 좌익이었던 '전향' 그룹이어서 리버럴파에 대해 근친증오적 원한을 품고 있다.

⑵ 평등주의를 싫어하고 자유경쟁에 따른 사회의 다원화를 목표로 삼는다.

⑶ 경쟁으로 탈락하는 약자에 대한 배려는 '종교적 도덕성'으로 담보된다.

위의 세 가지로 좁혀진다.

과연 '네오'라 부를 만하다.

'다양성'과 '윤리성'이라는 '포스트모던기期에서 빼놓을 수 없는 개념'이 빈틈없이 끼어 있기 때문이다.

나는 업계 안에서 '네오소프트 내셔널리스트'로 분류되는데, 그렇게 보면 분명 나 또한 '원래 좌익이었던 전향 그룹'이고, '사회의 다양화'를 추구하며, 어떤 '윤리성'으로 인간의 행동을 규율해야 한다고 말하는 점에서 네오콘의 주장과 상당히 '겹친다'.

하지만 꽤나 온도차가 있는 느낌도 든다.

'겹치지만 다른' 경우도 있다.

이에 대해 잠시 언어학의 용어를 써서 설명해보겠다.

말의 '의미'에는 '어의語義, signification'와 '가치valeur'의 두 종류가 있다.

이는 그 유명한 페르디낭 드 소쉬르 선생이 『일반언어학 강의』에서 장황하게 설명했던 매우 중요한 사상이다.

'어의'란 '말의 사전적 의미'이고 '가치'란 '의미의 두께나 폭'이다.

예를 들어 프랑스어로는 '양'을 가리킬 때 mouton이라는 단어를 쓴다. 영어에는 '양'을 가리키는 단어가 두 개인데 '살아 있는 양'에는 sheep, '먹는 고기로서의 양'에는 mutton을 사용한다. 우리는 태연하게 "영어로 sheep은 프랑스어로 mouton이야"라는 식으로 분류하고 이를 의심하지 않지만, sheep에는 '식육 가공된 양고기'라는 뜻이 없으므로 이 두 단어는 '어의'는 겹치지만 '각 단어가 가진 의미의 두께나 깊이 (즉 〈가치〉)'는 다르다.

소쉬르가 그 언어학에서 '의미의 차이'라고 말할 때 문제 삼은 것은 우리가 무심코 지나치기 쉬운 말의 '가치' 쪽이다.

나는 근간적인 부분에서는 네오콘의 주장을 인정하지만, 다양성과 윤리성이라는 용어를 쓸 때의 '말의 가치'가 나와는 상당히 다른 듯한 느낌이다.

다양성의 확보(즉 행동 방식이 다른 다양한 사회 집단의 혼재)가 사회 시스템의 건전한 기능을 위해 반드시 필요하다는 점에 대해서는 전혀 이의가 없지만, 이는 '자유경쟁'에 의해서가 아니라 오히려 '경쟁하지 않는 집단'을 향한 세분화를 통해 안정적으로 확보된다고 생각한다.

자유경쟁에 의해 분명 사회 집단 사이에는 '벽' 같은 것이 생긴다.

그러나 이런 '벽'(연수입의 벽, 학력의 벽, 교양의 벽……)은 사회를 세분화할 때 효과적인 장치로 기능하지 않는다.

왜냐하면 경쟁이 정말로 자유롭다면 한 인간의 사회적 신분은 살아 있는 동안에도 눈이 돌아갈 정도로 빠르게 뒤바뀔 것이며, 사람들은 바로 그런 계층 이동을 '자유와 사회적 활력의 증거'라고 예찬할 것이기 때문이다.

학창시절 친구와 오랜만에 만났더니 홈리스가 되어 있었는데, 다시 상당한 시일이 지난 뒤 만나자 이번에는 리무진을 타고 엽궐련을 물고 있었다……라는 식의 '오르락내리락'이 일상적으로 일어나고, 다들 이를 환영하는 것이 '자유경쟁사회'라는 뜻이 된다.

하지만 그렇게 성급한 사회적 계층 이동을 정상적인 상태로 보는 사회를 '다양성이 보장된 사회'라고 할 수 있을까?

아마 할 수 없을 것이다.

서로의 꼬리를 쫓다가 버터로 변해버리는『꼬마 검둥이 삼보』의 네 마리 호랑이처럼, 숨 가쁜 사회적 이동이 장려되는 사회에서는 머지않아 모두가 '분간하기 힘든 버터'로 변할 것이기 때문이다.

'연수입의 벽'은 그 말의 정의대로 매년 갱신된다.

매년 갱신되는 '벽'은 사회를 안정적인 하위 집단으로 세분화하는 데는 거의 쓸모없다.

그리고 인류학에서는 '모두를 교체할 수 있는 사회'를 생존 전략상 몹시 위험한 사회로 본다.

원리적으로 말하자면 사회를 다양한 하위 집단으로 세분화하려면 집단 간의 '벽'을 뛰어넘지 못하도록 자유경쟁이 불가능해야 한다.

'벽'이 기능할 때 사회는 활성적이지는 않지만 안정된다.

사회 질서가 흐트러지는 것은 '벽'이 무너져 사회 계층 사이의 이동이 격화될 때다(전국 시대의 '하극상'이라든지 메이지 유신 때라든지).

좋고 나쁨과는 별개로 이것이 세상의 원칙이다.

우리는 이 원칙을 근거로 '적당히 활성적이고 적당히 안전한 사회 시스템'을 구상해야 한다. 나는 그렇게 생각한다.

그러므로 나는 '사회계급간 이동의 전면적 자유' '사회적 경계 철폐' 같은 위험한 계획에 반대한다.

K씨의 요약에 따르면 "자유경쟁하면 격차가 생기는 건 당연하니까 모두 다른 방식으로 살아가면 되잖아"라는 게 네오콘의 주장인 모양인데, 나는 그런 일은 불가능하다고 생각한다.

자유경쟁으로 생기는 것은 '삶의 방식의 차이'가 아니라 '동일한 삶의 방식의 격차 차이'뿐이다.

격차만 있고 가치관은 동일한 사회(예를 들어 모두가 '돈이 필요해'라고 생각하는, '부자'와 '가난뱅이' 사이에 차별적인 격차가 존재하는 사회)는 삶의 다양성이 확보된 사회가 아니다. 이는 근본적인 삶의 방식이 모두 같아져서 저마다의 양적 격차만 눈앞에 드러나는 사회다.

그런 균질한 사회는 우리의 생존에 위험한 곳이다.

단지 희소한 자원으로 많은 사람들이 몰려들어 거기서 경쟁적 폭력이 발생하기 때문에 위험한 것은 아니다. 사회 구성원 모두가 서로를 대체 가능하다고 생각하는 사회('나도 언젠가는 꼭대기로……' '나도 기회가 있으면 아이돌이……'라는 바람을 모두가 환각으로 보는 사회)에서는 개인의 '둘도 없는 소중함'에 대한 시장 가치가 제로가 되기 때문이다.

많은 사람들이 착각하는데, 사람의 가치는 그 사람에게 어느 정도의 능력이 있는지가 아니라 그 사람을 '대체'하는 것이 얼마나 어려운지를 기준으로 평가된다. 실제로 '명예퇴직'은 '대체할 수 있는 사원'을 자르고 '대체할 수 없는 사원'을 남기는 형태로 진행된다. 얼마나 유능한 사원이든 그 사람이 담당하는 일이 '월급이 더 싼 사람으로 대체 가능'하다면 망설임 없이 버려진다.

인간의 시장 가치는 이 세상에 같은 일을 할 수 있는 사람이

n명 있으면 n분의 1이 된다. 그런 법이다.

따라서 인간적인 경의는 '이 사람 말고 누구도 이 사람이 담당하는 사회적 기능을 대신할 수 없는' 대체 불가능성의 상호 인정 위에서만 생겨난다.

하지만 경쟁 사회는 모두의 대체 가능성을 원리로 삼는 사회다(그러므로 '경쟁 사회'는 반드시 '매뉴얼 사회'가 된다).

그런 사회에서 개개인의 다양성이나 한 사람 한 사람의 '둘도 없는 소중함'에 대한 경의가 어떻게 뿌리내릴까.

처음 논의로 되돌아가자면, 네오콘 사람들이 생각하는 '다양성'은 요컨대 동일한 가치관 아래 꼭대기부터 바닥까지 사회 구성원이 죽 늘어선 '서열화'된 상태다.

같은 척도로 정량적으로 평가된 사람들 사이에 존재하는 것은 '서열'과 '계층'과 '차별'과 '선망'뿐이며, 이는 '다양성'과 가장 거리가 먼 요소들이다.

하나 더, K씨도 걱정한 부분이지만 '종교적 도덕성'으로 담보된 '타자에 대한 경의'라는 수상쩍은 생각에 대해서도 일본 이야기와 관련지어 한마디 하고 싶다.

초등학교 6학년의 통지표에 '나라'나 '일본'을 사랑하는 마음이 있는지 없는지를 '평가'하는 평가 항목을 도입한 학교가 있다.

2002년도부터 새 학습 지도 요령이 시작되어 '나라를 사랑하는 마음'의 육성이 사회과 학년 목표가 된 것에 대한 대응이다.

평가 항목의 문구는 "우리나라의 역사나 전통을 소중히 여기고 나라를 사랑하는 마음을 가짐과 동시에 평화를 바라는 세계 속의 일본인으로서 자각을 가지려 노력한다". 이 평가 항목에 대해 교원이 ABC의 3단계로 평가를 실시한다.

나는 남들도 다 아는 '애국자'지만 이 지도 요령에는 벌린 입을 다물지 못했다.

'애국심 기르기'를 교과 목표로 삼아 교사가 학생의 애국 정도를 평가한다'라니, 대체 문부성 관료는 무슨 생각을 하는 것일까. 제정신인가.

왜냐하면 내 생각에는 '애국심'이야말로 모든 인간적 활동 가운데 가장 학교적·정량적 평가와 어울리지 않기 때문이다.

대체 '애국심'이란 무엇인가.

개인적인 정의로는 '애국심'이란 '국익의 최대화를 우선으로 생각하는 심적 활동'이다. 이것 말고 더 '올바른' 정의가 있다면 가르쳐주시기 바란다. '국익'이란 단적으로 말하자면 이 국민국가의 모든 구성원이 생명·신체·재산을 효과적으로 보호받고 인간적인 자유를 보전받는 것을 뜻한다.

아마 여기까지는 어느 분도 불만 없으리라.

하시만 여기서의 근본적인 문제는 그럼에도 불구하고 '국익'이란 무엇인가에 대한 국민적 합의가 존재하지 않는다는 점이다.

가령 정치가 오자와 이치로가 '국익'이라고 생각하는 것과 내가 '국익'이라고 여기는 것은 완전히 다르다.

오자와는 '보통 국가'가 되어 상비군을 가지고 미국의 군사적으로 대등한 파트너가 되는 것이 일본 시민들에게 다른 선택지보다 많은 국익을 가져다주리라 예측한다.

나는 반대로 일본은 '다른 것으로는 대체하기 힘든 독특한 나라'를 지향해야 하며, 그 대체 불가능성으로 국제 사회에서 안전한 자리를 찾아내야 한다고 생각한다.

그렇다 해서 내 국익 예측이 옳고 오자와 이치로의 예측은 틀렸다는 게 아니다.

이런 일은 사람에 따라 다른 것이 당연하다. 어느 쪽이 '옳다'는 말은 가볍게 입에 담아서는 안 된다.

그러므로 국익을 지키자는 '총론'에는 모두의 의견이 일치하더라도, 구체적으로 어떤 정치적 옵션을 채택하는 것이 국익을 '최대화'하는가라는 '각론'으로 들어가면 그 순간 다들 생각이 달라진다.

나는 '그래도 좋다'고 본다.

국익에 대한 각자의 의견을 나누고 자기 의견에 찬성하는

다수파를 형성하기 위해 필사적으로 언론 활동을 전개하는 것이 민주주의라고 생각하기 때문이다.

이런 말만으로는 일이 전혀 진척되지 않으니 국제정치에 뒤떨어지게 된다, 얼른 합의를 형성해야 한다고 말한다면 누군가가 '국익'을 인격적으로 대표하는 독재자가 되어주실 수밖에 없다. 그러면 급한 국론은 금세 훌륭하게 통일되리라.

하지만 그런 독재자 아래에서의 삶이 어떨지는 이라크나 북한을 보면 대강 상상이 된다. 다른 사람은 어떨지 몰라도 나는 딱 질색이다. 나는 합의 형성에 시간과 비용이 얼마나 들건 민주주의가 훨씬 좋다.

'국익에 대한 의견의 다양성 보장', 이것이야말로 민주주의의 원점이다. 나는 그리 생각한다.

이를 바탕으로 '애국심'이 무엇인지 생각하면, 그것이 '측정 불가능'한 마음이라는 점은 누구든 이해하리라.

국민이 어떤 식으로 행동해야 국익이 최대화되는지에 대한 생각은 사람마다 다르다는 게 이야기의 전제이기 때문이다.

당연히 초등학교 6학년이라도 '어떻게 하면 이 나라가 좋아질까'에 대한 생각은 학생 하나하나마다 다를 것이다.

나는 어린 시절부터 나름대로 나라를 사랑했다. 이 나라를 어떻게든 더욱 살기 좋은 곳으로 만들고 싶다며 매일 없는 지혜를 쥐어짰다. 그런 나에게 만약 6학년 학급 담임이 '우치다의 집은 국경일 때 국기를 게양하지 않는다'라든지 '〈기미가요〉를 큰 소리로 부르지 않는다'라든지 '전통 문화를 경시하고 프랑스인의 책을 탐독한다'라는 이유로 '일본인으로서의 자각이 부족하다'며 C 평가를 줬다면 나는 분해서 피눈물을 흘렸을 것이다.

반대로 만약 초등학생이 우익의 가두 선전차로 학교 운동장까지 와서 전투복을 입고 국기에 경례하고 군가를 절창하며 따라 부르지 않는 동급생을 두들겨 팬다면, 교사들은 그의 '일본인으로서의 자각' 점수를 어떻게 줄 셈인가(그들은 A 평가를 거부할 어떤 이유를 생각해낼 것인가?).

어리석은 이야기다.

'일본인으로서의 자각'에 외형적 기준은 존재하지 않는다.

그것은 일본인 한 사람 한 사람의 기본적인 사고 틀이며 완전히 개인의 자유에 속한다.

그것은 산수 계산력이나 역사 지식이나 한자 독해 능력 등과 전혀 다른 수준의, 누구도 평가할 수 없으며 아무도 평가해서는 안 되는 심적 활동이다.

'일본인으로서의 자각'이나 '애국심'은 그저 입장이 다른 사람들과의 대화적·논쟁적 소통을 통해 한 사람이라도 동의자를 더 많이 얻으려는 지적 노력으로만 검증된다. 나는 그렇게 생각한다.

애국심을 교과적으로 평가할 수 있다고 생각하는 점에 있어서, 이런 항목을 떠올린 말단 공무원은 (개인적인 국익의 기준으로 말하자면) 우리나라의 국익을 가장 깊게 해치고 전통과 문화를 더럽히며 애국심의 건전한 육성을 저해하는 사람들이라고 해야 한다.

'네오소프트 내셔널리스트'의 입장에서 단호히 말하자면, 나는 애국심을 교과적으로 평가할 수 있다고 생각하는 (국민국가의 환상성을 우습게 본) 사람에게는 국가의 이상적인 모습에 대해서도 아이들의 교육에 대해서도 듣고 싶지 않다.

이런, 그만 흥분하고 말았다.

이 이야기는 '사회를 지탱하는 환상은 실정적으로 평가하면 안 된다'는 논리로 네오콘의 종교성과 타자성의 논점으로 이어지지만, 그 이야기를 시작하면 더욱 길어질 성싶으니 그것은 다음 기회에.

굿바이, 아메리카

9·11 테러로부터 1년이 지났다.

작년에는 파리의 한 호텔 방에서 뉴스를 들었다. 이튿날 신문(⟨피가로⟩)의 헤드라인은 Nouvelle Guerre(새로운 전쟁)이었다.

그로부터 1년, 미디어의 논조가 상당히 바뀌었다. 대체로 일본의 미디어는 같은 방향으로 우르르 몰려가는 경우가 많은데, 테러 사건에 대해서도 '국민적 합의'가 대강 이루어진 모양이다.

'테러리스트도 나쁘지만 애초에 테러의 원인을 만든 것은 미국의 세계 전략 아닌가'라는 '혐미' 감정이 밑바닥에 깔려 있어서다.

내가 철이 든 뒤로 이렇게까지 국민 전체에 '혐미' 감정이 넘쳐흐르고 그 나라 대통령의 지능이 이다지도 의심받는 경우는 과거에 전례가 없다(존슨이나 닉슨도 일본인에게는 미움 받았고, 지미 카터나 포드도 정치 센스가 없다고 꽤나 지적받았지만 조지 부시만큼 미워하는 동시에 바보 취급한 미국 대통령은 없다).

이는 마르크스주의의 최후와 마찬가지로 딱히 미국 정부가 결정적으로 어떤 정치적 결단을 잘못했거나 미국 세계 전략의 본질적인 오류가 증명되었기 때문이 아니다. 그저 미국이라는 나라가 여태껏 내뿜었던 '기운'이 서서히 사라지고 있다는 뜻이다.

'어쩐지 굉장한 것 같은 나라'에서 '어쩐지 바보 같은 나라'로의 '이미지' 전환은 딱히 개별적인 원인이 있어서가 아니다.

어디까지나 '어쩐지'니까.

"미국에서는 이렇게 해. 그러니까……"라는 말에 대해 "미국에서는 그런다고 해서, 그게 뭐?"라고 말대꾸를 당하여 말문이 막히는 경우가 다방면에서 생기고 있다.

이제까지는 그런 '말대꾸'를 하는 사람이 별로 없었다. 말해봤자 아무도 귀 기울이지 않았다. 미국은 모든 사람의 성공 모델이라는 것이 '상식'이었기 때문이다.

1990년대의 논의에 자주 등장했던 '보통 국가'라는 말은 요컨대 '미국 같은 나라'를 의미했다. '미국적'인 것이 '보통'이라고 열변을 토해도 아무도 불평하지 않는 시대가 '팍스 아메리카나' 시대다.

"미국적이라는 건 요컨대 미국적이라는 거지?"라는 당연한 정의가 위화감 없이 공유될 때 '미국의 가치관이 지배하는 시대'는 끝난다.

지금 미국이 세계 초강대국인 시대가 끝나고 있다.

물론 기본적인 군사적·경제적·문화적 자원이 방대하게 저축되어 있으니 당분간은 유지되겠지만, 이미 '내리막길'에 접어든 것은 일본과 마찬가지다.

미국은 선진국 중에서는 보기 드문 '다산의 나라'다. 출산율은 2.0이 넘는다. '이민자가 많이 낳아서'다. 즉 앞으로 몇 십 년 안에 미국은 '백인의 나라'가 아니게 된다는 뜻이다. 히스패닉과 흑인, 아시아인이 지배적인 민족 그룹이 될 것이기 때문이다. 그들이 영국에서 청교도 이민을 싣고 미국으로 온 메이플라워호적 에토스ethos와 개척자 정신을 계승하리라고는 생각할 수 없다.

데이비드 그리피스 감독의 〈국가의 탄생〉을 보면 알 수 있다.

1915년에 제작된 이 영화는 당시 미국인의 '국민적 통합'을 향한 의욕을 훌륭하게 영상으로 그려냈는데, 그 의욕을 몰고 가는 것은 '니그로에게 미국을 넘기지 마라'는 기괴한 원한이다. 할리우드는 고작 80년 전까지만 해도 '큐 클럭스 클랜KKK'이 영웅으로 묘사되는 영화를 만들었다.

그 뒤, 역시 이대로는 너무 차별적이라는 말이 나와서 할리우드의 대세는 '기병대가 인디언을 죽이는' 영화로 이동했다. 그러다 선주민을 학살하는 것에도 뭐라고들 하니 '미국 병사가 나치를 죽이는' 영화를 대량으로 만들었다. '미국 병사가 일본인을 죽이는 영화'는 미국 내 반일 감정이 고조되면 지금이라도 만들어질 것이다. 1980년대부터는 '미국인 영웅이 아랍계 테러리스트를 죽이는' 영화가 주류다.

미국은 그런 나라다.

이제 슬슬 '그런 짓'은 그만두는 편이 좋지 않을까.

언제까지나 미국 국민을 '메이플라워호'와 조지 워싱턴으로 통합할 수는 없다. 하지만 미국에는 이를 대신할 통합축이 존재하지 않는다. 그러므로 머지않아 국민국가로서는 해체될 것이다.

그것은 별로 먼 미래의 일은 아니라고 생각한다.

동물원의 평화를 칭찬한다

3학년 세미나에서 '헌법 개정'이라는 큰 제목이 나왔다.

"헌법 개정에 관한 국민 투표가 눈앞에 다가왔습니다……"라는 현상 분석으로 시작하는 큰 화제였는데 우선 그 '전제'에 놀랐다.

잠깐만.

대체 언제부터 "국민 투표가 눈앞에 다가왔습니다"가 국민적 상식으로 등록된 것인지, 그 부분을 명확히 해줬으면 한다.

확실히 이런 것은 '시대의 분위기' 문제라서 딱히 통계적 근거가 뒷받침된 말은 아니다.

필시 지난번 총선거(2005년)에서 고이즈미 압승을 이끌어낸 '시대의 분위기'는 헌법 개정까지 포함한 격렬한 사회 구조의 변화를 갈망하는 것이리라.

어떤 변화인지는 분명치 않으나, 어쨌거나 이 '꽉 막힌 느낌'을 어떻게 좀 해줬으면 좋겠다는 신음 소리가 이 사회의 여기저기서 들려오는 것은 확실하다.

'헌법 개정'은 그런 '변화'의 상징이다.

'뭔가 바꿔야만 한다'는 점에 대해서는 국민적 합의가 형성되어 있다.

나도 이에 대해서는 같은 의견이다.

국민의 약 절반이 '헌법을 바꿈'으로써 이 꽉 막힌 느낌이 '어떻게든 되지 않을까'라는 막연한 기대를 품고 있다.

나는 이 판단에 동의하지는 않지만, 판단의 옳고 그름을 떠나서 그런 기대가 실제로 '있다'는 점은 인정한다.

자민당의 개헌안에는 여러 사항이 들어 있으나 일본국헌법 개정은 명백히 '9조 제2항'의 철폐를 뜻하며, 그게 다라고 해도 좋을 것이다.

다시 한 번 9조를 읽어보자.

제9조 [전쟁 포기, 전력 및 교전권 부인]

(1) 일본 국민은 정의와 질서를 기조로 하는 국제 평화를 성실히 희구하고, 국권이 발동되는 전쟁과 무력에 의한 위협 또는 무력의 행사는 국제 분쟁을 해결하는 수단으로서는 영구히 포기한

다.

(2) 전항의 목적을 달성하기 위하여 육해공군 및 그 밖의 전력을 보유하지 않는다. 국가의 교전권은 인정하지 않는다.

아시는 대로 9조 제1항은 부전 조약의 조문과 거의 같다. 1928년 다나카 기이치 내각 때 일본은 이에 조인했다.

그 제1조는 다음과 같다.

체약국은 국제 분쟁 해결을 위해 전쟁에 소구하는 것을 옳지 않다고 보고, 또 그 상호 관계에서 국가 정책 수단으로서의 전쟁을 포기할 것을 각자의 인민의 이름으로 엄숙히 선언한다.

이 부전 조약에는 일본 외에 미국, 영국, 프랑스, 이탈리아, 독일, 소련 등 63개국이 서명했다. 여기에는 기한이 명기되어 있지 않으므로 국제법상 부전 조약은 지금도 유효하다고 간주된다.

그럼에도 불구하고 서명한 나라들이 오늘날까지 80년 동안 '국제 분쟁 해결을 위해 전쟁에 소구하는 것'을 옳다고 보고 전쟁을 반복하는 이유는 이 조약이 '자위自衛 전쟁'을 금지하지 않기 때문이다.

모든 전쟁은 자위를 위해 일어난다.

따라서 '자위를 위한 교전권을 남겨둔 부전'이란 '생명 유지를 위한 섭식권을 남겨둔 단식' '용건이 있는 경우의 외출권을 남겨둔 감금'과 비슷한 표현이다. 즉 헌법 9조 제1항은 전쟁을 막는 데는 무의미한 조항이며, 평화 헌법의 정치적 기능은 제2항에만 있다.

이런 이야기는 내가 하지 않아도 다들 이미 아실 테니 이 이상 논할 필요가 없다.

어쨌거나 자민당이든 민주당이든 개헌을 바라는 사람들은 9조 제2항을 철폐하고 싶어 한다.

전쟁에 관한 '자유재량'을 회복하기를 바라는 것이다.

보다 엄밀히 말하자면 '(본심은) 전쟁 같은 건 그다지 하기 싫지만 〈전쟁이 일어날 수도 있다〉는 정치 카드를 자유롭게 뒤섞을 수 있는 국가가 되고 싶다'고 바란다.

'전쟁이 일어날 수도 있다'는 긴장 상태가 국민 사이에 번지는 데는 무수한 장점이 있기 때문이다.

나는 호헌파 사람이지만 그래도 '개헌해서 〈전쟁을 할 수 있는 나라〉가 되는 데는 장점이 있다'는 주장의 일부에는 일리가 있다고 말해야겠다.

개헌해서 전쟁할 수 있는 나라가 되면 어떤 장점이 있는가?

되는 대로 꼽아보자면 맨 먼저 '증세'가 가능해진다.

아시는 대로 전시 체제 때 증세에 반대할 수 있는 정치가는 없다.

전쟁 전, 전쟁 중에도 군비 확충을 위한 증세의 국회 의결은 거의 언제나 '만장일치'였다.

'전쟁에 임하는' 분위기 조성은 확실히 국민의 압도적인 지지를 얻어 증세할 수 있는 기회를 제공한다.

현재 일본의 국가 재정은 위기에 빠져 있고, 많은 재정통은 증세 말고는 재정 재건의 선택지가 없다고 말한다.

그러나 증세를 내세워 총선거를 치를 경우 자민당이 정권을 빼앗길 확률은 몹시 높다.

증세를 도입하면서도 자민당 정권을 유지하려면, '국난'을 부추김으로써 온 국민이 하나가 되는 체제를 만들어내어 '국민 한 사람 한 사람이 아픔을 나누는' 이데올로기적 열광으로 반대 여론을 가로막는 것이 필수다.

그러므로 내가 지금 자민당 재무 부문의 책임자라면 반드시 '개헌'을 호소할 것이다.

두 번째도 마찬가지로 경제적 이유다.

'전쟁이 일어날 수도 있다'는 위기감 조성으로 거액의 공공 투자가 검사 없이 가능해진다.

'고속도로 건설' '신칸센 건설' '비행장 건설' '터널 건설' 등에 세금을 투입하는 것에 대한 반대는 '국방상의 요청'이라는 한마디로 일축할 수 있다.

건설업계뿐만 아니라 모든 제조업자에게 '전쟁이 눈앞에 닥쳐왔다'는 시장의 흥분은 커다란 사업 기회다.

따라서 사업가들이 개헌을 간절히 바라는 것도 나는 잘 이해한다.

세 번째 이유는 좀 더 심리적인 것인데, 미디어 지식인이 개헌 쪽으로 슬금슬금 다가가는 이유는 아마도 이 때문일 것이다.

바로 '전쟁이 일어날 수도 있다'는 위기감 속에서 일본 젊은이들이 '정신을 차릴' 가능성이 있다는 것이다.

생물은 자연히 '안전'한 상태가 오래 지속되면 감각은 둔해지고 활동은 저하되며 생명력은 쇠약해진다.

반대로 생명의 위기에 맞닥뜨리면 그때까지 잠들어 있던 신체 자원이 폭발적으로 꽃핀다.

동물원 얼룩말의 눈은 '흐리멍덩'하지만 사바나 얼룩말의 눈은 '초롱초롱'하다.

당연히 동물원은 '안전'하므로 얼마든지 굼뜨고 둔하게 지낼 수 있지만, 사바나에서는 생물로서의 능력을 최대한 발휘하지 않으면 금세 사자나 하이에나의 먹이가 되기 때문이다.

평화 헌법 아래에서 흘러간 60년은 일본인을 '동물원의 초식동물'처럼 맥 빠진 생물로 바꿔놓았다.

학력 저하, 니트족, 히키코모리, 자해, 해혼解婚, 저출산, 비혼,

소년 범죄…… 이들은 모두 어떤 면에서는 '평화의 대가'다.

'동물원 증후군'이라 불러도 좋으리라.

이 같은 '너무도 평화로운 나머지 생명력이 위축됨으로써 생기는 병적 증세'는 '전쟁이 가까워졌다'는 대기압 아래에서는 깨끗이 사라질 것이다.

많은 사람들은 남몰래 그렇게 기대한다.

나도 그 기대에는 나름의 근거가 있다고 생각한다.

전쟁 중인 사회에서 신경증에 걸리는 사람은 없다. 정신과 대기실은 파리를 날린다.

이는 질병사적 사실이다.

중증 정신병 환자조차 죽을 때가 다가오면 제정신으로 돌아온다.

사람은 제 몸이 위기에 직면했을 때 정신적인 문제로 고민할 수 있을 정도로 강인한 생물이 아니다.

위기 상황에 빠진 사람은 쓸 수 있는 모든 자원을 '일단 밥을 먹는다, 일단 섹스를 한다, 일단 잠을 잔다'와 같은 원시적인 활동에 집중시킨다.

신체 능력도 당연히 향상된다.

남자들은 모두 번쩍번쩍한 눈빛으로 고슴도치처럼 피부 감도를 높이고 도시를 걷게 된다. 여자들은 배우자를 고를 때 '뛰어난 서바이벌 능력'과 '강한 생물적 힘'을 연수입이나 학력이

나 외모나 좋은 취향보다 더 중요한 조건으로 꼽게 되리라.

아마 많은 일본인들이 그런 식의 '일본 젊은이의 야생화'를 환영할 것이다.

외형적으로는 지금의 '맥없는' 젊은이들보다 훨씬 '좋게' 보이기 때문이다.

등교 거부아나 히키코모리나 니트족은 '후방 방비'라는 근로의 의무를 중대하게 위반한 것으로 간주되어, 엄격한 사회적 지탄을 받으며 엉덩이를 걷어차여 근로에 동원된다.

후생성은 "낳자, 늘리자"라고 부르짖고 결혼율은 급상승하며 출산과 육아는 국민의 의무를 이행하는 행위로 크게 장려된다.

가정에서도 학교에서도 지역 사회에서도 기업에서도 '윗사람의 명령'을 따르는 것의 중요성이 사회 전체의 합의를 얻어 인정된다.

가부장권은 부활하고 학교 체벌이 허용되며 흐리멍덩한 청소년은 길거리의 아저씨를 스쳐 지나갈 때 "국민도 아닌 놈!"이라며 얻어맞게 된다.

전장에서는 지휘계통을 무시하는 병사가 사살되는 게 당연하기 때문이다.

여봐, 그렇게 들으니 왠지 근사한 세상이 올 것 같은데.

뭐야, 헌법 개정은 전혀 나쁜 게 아니잖아.

이렇게 생각하는 분이 많으시리라.

그러니까 개헌 분위기가 이 정도로 고조된 것이다.

나는 그런 기대가 있다는 것을 이해한다.

이해는 하지만 개헌에는 반대다.

나는 개헌해서 '사바나의 얼룩말'이 되기보다 '평화 얼간이' 인 채 '동물원의 얼룩말'로 지내는 편이 백 배는 더 행복하다 고 확신한다.

이 점은 다시 한 번 단호히 말씀드려야겠다.

그 이유를 알려드린다.

이 분위기에 휩쓸린 개헌에는 중대한 하자가 있다.

이 개헌 기운機運은 '전쟁이 일어날 것 같지만 실제로는 일 어나지 않는 상황으로 얻는 이익'만을 계산할 뿐, '전쟁이 실제 로 일어난 경우의 손해'에 대해서는 아무 생각이 없다는 것이 다.

혹은 백 보 양보해서 전쟁이 일어날 경우에도 '일본에서는 일어나지 않는다'는 잘못된 전제를 깔고 있다.

누구든 좋으니 근처에 있는 개헌론자를 붙들고 "당신은 '전 쟁'이라고 하면 어떤 광경이 떠오릅니까?"라고 물어보시라.

그들은 아마 반사적으로 중동의 사막이나 중미 정글의 게릴 라전, 아시아나 아프리카 도시의 시가전, 해상 교통로나 영해 부근의 해전 같은 광경을 떠올리리라.

'전쟁의 피해'라는 말에서는 베트남이나 이라크의 민간인 아이나 여자 들의 우는 얼굴을 떠올릴지도 모른다.

그들이 결코 상상하지 않는 것은 '거센 불길에 휩싸인 도쿄' '약탈당하는 자기 집' '적군에게 강간당하는 아내나 딸'의 모습이다.

전쟁은 '여기가 아닌 어딘가'에서 일어나는 것이고, 전쟁으로 파괴되는 곳은 '일본이 아닌 어딘가의 도시'이며, 전쟁으로 죽는 사람은 '자신이 아닌 병사들'이다.

자기네는 텔레비전이나 인터넷으로 접하는 전쟁 보도에 두근두근해하거나 전쟁이 가져다주는 여러 이익을 누릴 뿐이라고 개헌파들은 믿는다.

어째서 전쟁이 일어나면 자신이 죽고 자신의 동네가 파괴되며 자신의 재산이나 자유가 빼앗긴다는 상상은 하지 않는가?

이유는 의외로 간단하다.

개헌파들이 '전쟁'이라는 단어를 쓸 때 '미국인이 〈전쟁〉이라는 단어를 쓸 때의 뜻'으로 쓰기 때문이다.

『거리의 미국론』에서도 썼지만, 미국은 전쟁으로 다른 나라 군인에게 침략당한 경험이 거의 없다.

예외는 인디언 추장 시팅 불이 이끄는 수족Sioux에게 커스터 장군의 제7기병대가 전멸당한 리틀 빅혼 전투와 진주만 공습뿐이다.

단, 수족은 그 후 귀순하여 미국 국민이 되었고 진주만 공습은 아직 주(州)로도 승격되지 않았던 머나먼 태평양 저편의 하와이에서 일어난 일이다.

미국인에게 그 외의 전쟁은 미국·멕시코 전쟁도 미국·스페인 전쟁도 제1차 세계대전도 태평양 전쟁도 6.25도 베트남 전쟁도 소말리아전도 걸프전도 아프가니스탄전도 이라크전도 모두 국경선 바깥에서 일어난 사건이다.

그러므로 미국인은 미국 영토 안에서 미국 국민을 대상으로 미국인의 생명과 재산과 자유를 빼앗기 위해 일어나는 전쟁을 상상하는 습관이 없다(9·11은 '테러'지 '전쟁'이 아니다).

미국적인 '전쟁' 개념은 민족지에 등장할 법한 기이한 풍습에 지나지 않는데, 일본의 국제 관계론이나 외교 문제 전문가들은 이 특이한 '전쟁' 개념을 무비판적으로 '일반해'로 받아들인다.

평화 헌법에 등장하는 '전쟁 포기'조차 '무력에 의한 위협 또는 무력의 행사'를 할 수 있는 '주체'의 결단으로 행해지는 것이지 스스로를 전쟁에서 '무력에 의해 위협받고 무력을 행사당하는 쪽'에 빗대어 "그런 짓은 그만두기 바란다"고 세계를 향해 간청하는 것은 아니다(미국인이 채택한 문구이니 당연하지만).

우리는 '전쟁'을 논할 때 언제나 자신을 폭력의 '주어'로 규정하고, 폭력의 '목적어'가 되는 자신은 우선적으로 고려하지 '않는' 미국인의 습관을 당연하게 여기며 60년 동안 살아왔다.

내 생각에는 이야말로 전후 60년간 이어진 '평화 얼간이' 상태의 가장 나쁜 증세다.

우리는 너무도 평화에 익숙해진 나머지 '평화롭지 않은' 상태가 어떤 것인지를 잊어버리고, "가끔은 전쟁도 좋잖아"라는 헛소리를 무심코 내뱉게 되었다.

어리석은 일이다.

결론을 말하겠다.

현대 일본의 여러 시스템이 제대로 돌아가지 않는 원인 중 상당 부분이 '일본인의 생명력 저하'라는 것을 나는 인정한다.

생명력은 '생명의 위기'를 맞닥뜨리면 폭발적으로 발현된다는 사실도 인정한다.

그럼에도 나는 '동물원 얼룩말의 권태'가 '사바나 얼룩말의 흥분'보다 얻기 힘들다고 생각한다.

평화는 따분하며, 너무 오래 지속되는 평화는 인간을 괴롭게 만든다는 것도 진실이다.

하지만 그 권태나 고통은 전쟁이 가져오는 비참함이나 고뇌와 비교할 것이 못 된다.

'전쟁을 할 수 있는 나라'가 됨으로써 일본인이 지금보다 더 행복해질 것이라는 예측에 나는 동의하지 않는다.

'9조 제2항을 철폐하면 일본인은 지금보다 더 행복해질 수 있다'고 확신하는 사람이 있다면(많은 것 같지만), 우선 내가 지금보다 어떤 식으로 더 행복해질 수 있는지에 대해 나를 설득시켜주기 바란다.

이야기는 그 다음이다.

후기

웹사이트에 매일 끼적였던 일기풍 에세이 가운데 편집자가 몇 편을 골라내고 그 글들을 모아서 책 한 권으로 만든 것은 『망설임의 윤리학』을 시작으로 『아저씨스러운 사고』『기간 한정의 사상』에 이어 이 책이 네 권째다. 웹 일기나 인터넷 게시판뿐만 아니라 과거 2년 동안 다양한 미디어에 새로 쓴 에세이 몇 편도 가필과 수정을 거쳐 다시 실었다.

편집자 와타나베 씨의 기획은 젊은 사람을 대상으로 한 '설교책' 노선이었던 모양인데, 대국적 견지에서 젊은이에게 '사람의 길'을 말하는 것은 내 성격과 맞지 않는다. 어쩔 수 없이 「엄청나게 긴 서문」에 썼듯 '어른의 사고방식'은 (나도 잘은 모르지만) 이러이러하리라고 짐작된다, 라는 형태를 취하기로 했다.

이 책의 밑바닥에서 일관되게 흐르는 것은 세상이 앞으로 어떻게 될지 예측할 수 없을 때는 무엇이 '옳은지'를 말할 수 없다는 '불능의 깨달음'이다.

그 '불능'에 대한 인식을 바탕으로, 사물을 지나치게 단순화하는 경향이 있는 풍조에 맞서 '세상은 보다 더 복잡한 구조로 되어 있지 않은가'라는 이야기를 우물우물 해보았다.

이런 에세이의 진면목은 '쾌도난마'일 테고, 독자 여러분도 그런 상쾌함을 바란다는 것은 잘 알지만 유감스럽게도 이 책은 그런 쾌락을 제공하지 못한다. 저자는 이도 저도 아니라며 이랬다저랬다 하고, 쉽게 단언하지 않으며, 타인을 비판할 때도 자신은 도망칠 준비를 하고 있어서 이 책을 아무리 읽어도 그로써 세상의 풍경이 명확해지는 일은 기대할 수 없다. 미안하게도.

하지만 변명을 하자면 요즘의 시사평론류는 이야기를 너무 간단하게 만들고 있는 게 아닐까.

세계정세는 복잡하고도 괴기하고, 역사는 구불구불 나아가며, 일본 사회도 앞으로 어떻게 될지 조금도 전망이 보이지 않는다. 그런 때는 그 현상들 가운데 특히 이상하면서도 이해되지 않는 부분을 "모르겠다, 모르겠어"라고 중얼거리며, 고뇌의 땀을 흘리면서 기술하는 것도 귀찮은 세부를 생략하고 억지로 이야기의 맥락이 통하게 만드는 작업과 마찬가지로 필요한 일이 아닐까.

그러므로 이 책에서 받는 이미지는 요약하자면 다음 두 가지 명제로 귀착될 것이다.

첫 번째는 '이야기를 복잡한 채로 두는 편이 이야기를 간단하게 만드는 것보다 〈결론이 빠르다〉(빠른 경우도 있다)'.

두 번째는 '무언가를 〈안다〉고 오인함으로써 초래되는 재앙은 무언가를 〈모른다〉고 정직하게 신고함으로써 초래되는 재앙보다 해롭다(해로운 경우가 많다)'.

이상이다.

명제로 요약해도 여전히 "……경우가 있다"는 둥 한정 문구를 달아서 문장이 딱 떨어지지 않지만, 애초에 '딱 떨어지지 않는 것은 딱 떨어지는 것에 비해 〈좋지 않다〉고 딱 떨어지게 단언해도 괜찮은가'라는 말을 장황하게 하고 있는 책이므로 딱 떨어지지 않는 것은 '당연지사 지사장'이다(오, 이 부분만 묘하게 딱 떨어지는데).

그러므로 이 책을 처음부터 끝까지 다 읽은 사람에게 "요컨대 무슨 말이 하고 싶은 거야?"라는 질문을 받는 것은 피하기 어렵지만, 물론 그런 질문에 대해 저자는 "그러니까 말이죠, 어떤 것에 대해서든 '요컨대'라는 단순한 말은 이제 그만두자고 말씀드리는 거랍니다. 요컨대"라고 대답할 마음의 준비가 되어 있다.

요센샤洋泉社는 내가 유일하게 정기 구독하는 잡지인 《영화비보映畵秘宝》의 발행처이자 경애해 마지않는 두 걸출한 영화 비평가(웨인 마치야마와 가스 야나시타)의 홈그라운드여서, 편집자 와타나베 히데키 씨에게 출판 제의를 받았을 때는 몹시 기뻤다.

그러나 내게 요구한 것은 간절히 꿈꿔온 《영화비보》의 기고가 아니라 시사평론집이었기에 이 부분이 조금 유감이다. 어쩔수 없으니 〈아이는 이해해주지 않는다(책의 원제)〉라는 제목에 나의 요센사적 영화론에 대한 비밀스러운 오마주를 담기로 했다.*

마지막으로 이 책을 구성하는 텍스트를 쓸 계기를 만들어준 여러 벗과의 만남에 다시 한 번 감사하고 싶다. 특히 고베여학원대학의 객원 연구원이었던 류劉 선생과 베트남에서 온 빙, 이 두 아시아 친구와의 만남에서 나는 많은 것을 얻었다. '오구치 갓짱' 즉 쇼와대학의 오구치 가쓰지, 'Y가와' 즉 가고시마대학의 야나가와 히데토시, 그리고 리눅스 카페의 히라카와 가쓰미에게서 받은 다년간의 지적 자극에 대해서도 이 자리를 빌

---

* 프랑수아 트뤼포의 장편 데뷔작 〈400번의 구타〉는 일본에서 〈어른은 이 해해주지 않는다〉라는 제목으로 개봉되었다.

려 감사의 말을 전한다.

　모두 고맙습니다.

2003년 8월

우치다 타츠루

문고판을 위한 후기

　『아이는 이해해주지 않는다』가 요센샤에서 나온 것은 2003년 가을입니다. 『망설임의 윤리학』 『아저씨스러운 사고』 『기간 한정의 사상』 『거리의 현대사상』 등과 마찬가지로 인터넷 홈페이지에 쓴 시사평론적 에세이를 주로 수록한 모음집이었지요.

　출간 후 《교토 저널Kyoto Journal》이라는 영자지로부터 이 책 첫머리에 실은 「엄청나게 긴 서문」을 영역하고 싶다는 제안을 받았습니다. 물론 흔쾌히 "당연히 좋죠"라고 대답했습니다. 영어 화자가 읽어주다니 기쁠 따름이지요. 얼마 뒤 영역문이 실린 호가 도착해서 곧바로 펼쳐봤더니 '해설'이 달려 있었고, 거기에는 이런 말이 쓰여 있었습니다.

일본에는 고명한 작가나 시인뿐만 아니라 에세이스트도 있다. 하지만 일본 에세이스트들의 식견이나 통찰력이 언어의 벽을 뛰어넘어 구미 세계에 도착하는 경우는 거의 없다. 그렇게 잘 지켜지고 있는 일본의 비밀 중 한 사람으로 우치다 타츠루가 있다.

놀랍게도 저는 "잘 지켜지고 있는 비밀"이었습니다. 순간 어지러울 정도로 감동에 휩싸였지만 몇 초 뒤 평소의 냉정함을 되찾았습니다. "잘 지켜진 일본의 비밀Japan's well-kept secret"이란 요컨대 '무명'이라는 뜻 아닙니까.

실제로 그로부터 2년이 지났지만 어떤 영어권 미디어로부터도 '잘 지켜진 일본의 비밀'을 해명하고 싶다는 외침은 들려오지 않았습니다. 아마 저는 '딱히 해명하고 싶은 욕구를 불러일으키지 않는 종류의 일본 비밀'인 모양입니다. 음음.

단행본에 실린 것은 2001년부터 2003년 초까지 쓴 글입니다. 2001년이라면 벌써 5년이나 전이니까 이야깃거리로는 상당히 낡아서 "그러고 보니 그런 일도 있었죠……"라는 감상을 가지실 분도 많겠지요. 하지만 다행히 세월의 경과에 따라 소재 자체가 낡아서 이제 논의가 성립되지 않는 내용은 현재로서는 아직 없는 듯합니다. 여전히 유통기한 내에 있습니다.

그 이유 중 하나는 저의 시사평론적 글에 '여러분은 모르시겠지만 사실은……'이라는 식의 '내부자 정보'나 '업계통만 아는 최신 정보'가 없기 때문이라고 생각합니다. 딱히 의도해서 그렇게 한 것이 아니라 저 자신이 전혀 '정보통'이 아니라서 그리 되었을 뿐이지만요.

저는 아시다시피 집과 대학을 오갈 뿐, 거의 번화가에도 나가지도 않고 학생과 대학 동료와 합기도 제자 말고는 사람과 만나는 일도 드문 '산속에 사는 사람'입니다. 그러므로 제가 펜을 잡고 논할 수 있는 내용은 이미 미디어에서 보도되어 모두가 아는 이야깃거리나, 대학을 오가는 전철 속에서 실제로 보고 '과연, 인간이란 저런 행동을 하는 존재인가'라고 납득한 경험담밖에 없습니다. 전자는 누구나 아는 일이므로 정보로서의 신기함이 없고, 후자는 당사자 말고는 아무 관계도 없는 이야기이므로 정보로서의 일반성이 없습니다.

이런 빈곤한 화젯거리로 어떻게 역사의 눈바람을 어느 정도 견딜 작물을 만들어낼 수 있는가. 이 지점이 글 쓰는 사람의 승부처입니다.

글의 가치를 평가하는 데는 여러 방법이 있지만, '어느 정도의 기간 동안 읽힌다'는 것은 상당히 중요한 지표라고 생각합니다.

저는 원래 문학 연구자라서(지금은 부끄러워서 그런 소개는 자제하고 있습니다만) 연구 업적을 평가할 때 제 나름의 기준을 설정해두고 있습니다.

대개 연구자의 격格은 '국제적 저널의 게재 여부'나 '학회에서의 동료 평가', '제의받은 연구기관 직위의 위신' 등으로 평가받는데, 제가 채용한 기준은 이들이 아니라 '사용 가능 햇수'입니다. 즉 '초일류' 연구란 '100년 뒤에도 계속 읽히고 자주 인용되는 연구'. '일류'란 '50년 뒤에도(이하 동문)'.

'반세기 뒤에는 그림자도 형태도 남아 있지 않고, 그것을 참고문헌으로 삼는 사람도 인용하는 사람도 없는 연구'는 동시대적으로 아무리 찬양받아도 '이류' 이하로 분류하기로 정해두었습니다.

이것이 저의 평가 기준입니다. 꽤나 장벽이 높다고 여기실수도 있습니다. '그러면 지금 일본에는 〈일류 학자〉가 거의 없다는 뜻 아닌가'라고 의아해하는 분도 계시겠지요. 하지만 저의 의도는 '평가' 자체가 아니라, 연구자는 '현재 지배적인 패러다임' 밖으로 나가는 일에 지적 노력을 집중해야 한다는 수행적인 과제를 강조하는 데 있었습니다.

이해하기 어렵지요. 설명을 조금 더 덧붙이겠습니다.

"……은 이제 낡았어. 앞으로는 ……의 시대야"라는 말은 패션업계나 광고업계뿐만 아니라 학술계에서도 자주 쓰입니다. 얼핏 보면 '현재 지배적인 패러다임'에서 빠져나와 '새로운 패러다임'을 향해 자신을 극복해나가려는 지적으로 성실한 태도를 나타내는 것 같기도 합니다.

하지만 어떤가요. 왠지 그런 것치고는 '기시감' 드는, '손때 묻은' 문구처럼 느껴지지 않습니까?

'최신이 최고'라는 진보사관은 근대를 지배한 역사주의적 이데올로기지만, 시간적으로 나중에 나온 것이 그 이전에 있었던 것보다 '질적으로 좋은 것'이라는 판단에 저는 간단히는 동의할 수 없습니다.

예를 들어 호류지法隆寺의 오중탑을 보십시오. 7세기에 만들어진 건축물이지만 아직 지진으로 쓰러진 적이 없습니다. 지금 일본의 건설회사가 짓는 건물은 아마도 세계 최고 수준의 건축 기술을 구사하여 만들고 있을 테지만, 그 가운데 1400년 뒤에도 남을 건축물이 있을까요? 만에 하나 물리적으로는 서 있을 수 있더라도, 13세기 뒤까지 '남기고 싶다'고 바라는 사람이 있을 법한 건물을 당신은 주위에서 찾을 수 있나요?

딱히 일본 건축업계에 불만이 있는 건 아니지만, '앞으로 오래도록 남기고 싶다'는 발상 자체가 완전히 빠져 있는 조건으로 구상한 '최신'은 왠지 상당히 빈약하게 여겨집니다.

학술이나 사상의 세계도 이와 비슷한 상태인 것 같습니다.

다들 꽤나 필사적으로 '최신 유행'을 쫓아갑니다. 하지만 건물과 마찬가지로 짓고 부수고, 부수고 짓고, 그런 식으로 눈이 핑핑 돌아갈 정도로 빠르게 '썼다 버리는' 양상은 결코 지성의 정통적인 모습이 아니라고 생각합니다. 그것은 다름 아닌 '대량 소비·대량 폐기'라는 후기자본주의기 특유의 '언설 상품'의 유통 형태가 아닐까요.

'패러다임 밖으로'라는 기본적인 경향에는 물론 불만 없습니다. 그것은 생물로서 인간의 본능과 같으니까요. 그렇지만 '밖으로'가 '그때마다 신기한 것을 쫓아간다'는 뜻은 아니라고 생각합니다. 오히려 '시간 경과에 따른 변화를 견딜 수 있는' 작물의 성질 속에야말로 '밖으로'의 밑씨가 숨어 있는 게 아닐까요. 저는 그렇게 생각합니다.

그 이유를 말씀드리겠습니다.

'상당한 세월 동안 계속 읽히는 텍스트'의 조건은 무엇일까요.

그것은 결코 신기함이 아닙니다.

헌책으로 유통되기에 가장 부적절한 책은 최신 유행의 전문 용어를 여기저기 집어넣은 새로운 문구의 멀티 히트 같은 책이라는 사실은 누구나 알겠지요. '지금 최신의 것'은 '1년 뒤에는 시대에 뒤떨어진 것'이 될 테니까요. 하지만 그런 책의 유통 기한이 짧은 이유는 '1년 뒤에는 시대에 뒤떨어진 것'이 되기 때문이 아니라, 오히려 '1년 전에는 의미 불명'이었기 때문이지 않을까요.

예를 드는 것은 몹시 실례지만, 구체적인 예로 이런 문장을 살펴보겠습니다.

    자기 돈으로 운영하는 웹사이트가 없으면 2채널* 정도밖에 인터넷에 관계할 베이스가 없었던 시기가 상당히 길었던 것 같아요. 지인의 게시판이라든지. 그러면 일단 여는 페이지는 검색 엔진이고, 거기서 가려는 곳밖에 안 보고, 그곳밖에 모르는 사태가 벌어집니다. 아니, 이미 벌어져 있었죠. 다케무라 미쓰히로와 도쿄대학 미디어환경학연구실의 블로그 소동이나 이토 조이치가 선도한 일본블로그협회 좌절 소동**도 구경은 했지만 그 뒤 개인 수준의 Movable Type***라든지, 그런 블로그 붐의 시초 같은 건 안 봤어요. 아마 보긴 했겠지만 전부 구글을 통해서 이동하니까 블로그든 뭐든 마찬가지였죠.

                          (「격돌! 하테나 정상 작전」《유레카》 2005년 4월호)

---

* 일본의 익명 커뮤니티 사이트. 현재는 5채널로 이름이 바뀌었다.

** 2002년 도쿄대학 미디어환경학연구실의 조교수 다케무라 미쓰히로는 벤처투자가 이토 조이치에게 배웠다며 블로그를 시작했고, 얼마 뒤 '이토 조이치가 일본블로그협회를 만들 예정'이라는 내용의 글을 블로그에 올렸다. 이들은 일본 블로그 초창기의 주역을 자청했으나 개인 사이트 유저들은 이들이 기존의 일본 웹 문화를 무시한다고 생각하여 집단 반발했고, 그로 인해 협회 관련 계획은 좌절되었다.

*** 블로그에 많이 쓰이는 콘텐츠 관리 시스템 제품의 이름.

딱히 조악한 문장이라고 말하기 위해 인용한 것은 아니므로 인용된 분은 모쪼록 화내지 말아주세요. 제가 하고 싶은 말은 이런 글은 몇 년 뒤(더 빠를지도요)에는 대부분 무의미해지리라는 것입니다(물론 본인도 그런 생각으로 쓰셨겠지만요). 하지만 그 이유는 '금방 낡게 되는 화젯거리를 다루었기 때문'이 아니라, 오히려 '쓴 시점으로부터 2년 전이었다면 본인이 읽어도 무슨 소리인지 알 수 없는 글'을 썼기 때문이 아닐지요.

'금세 시대에 뒤처지는 말'이란 실은 '얼마 전이었다면 쓰는 본인도 의미를 몰랐을 말'입니다.

'패러다임의 바깥'을 노리는 말은, 역설적이지만 '이제는 이미 낡았다고 여겨지는 패러다임' 속에 놓아도 독해할 수 있으며 독자의 공감을 기대할 수 있는 말이 아닐까요. 즉 '미래에도 읽을 수 있는 텍스트'는 '과거에도 읽을 수 있었던 텍스트'가 아닐까 합니다.

이런 말을 하는 사람은 별로(거의) 없지만, 저는 아무래도 그런 기분이 듭니다.

저는 대학교 선생이라서 수업할 때 '이상적인 학생'을 상정하고 말합니다. 그때의 '이상적인 학생'은 사실 '스무 살 때의 나'입니다. 딱히 스무 살 때 제가 맨 앞줄에서 눈을 반짝반짝 빛내며 선생님의 말씀에 깊게 고개를 끄덕이는 타입의 학생이었기 때문이 아닙니다. 오히려 그 반대지요. 가장 뒷줄에서 책상에 턱을 올려두고 선생님을 노려보며 '무슨 소릴 하는 거야'라는 반항적인 태도를 바지런히 어필하던 학생이었습니다(지금의 저를 보면 금방 상상이 되지요).

하지만 선생으로서는 '선생이 하는 말 따윈 간단히는 안 들을 테다'라고 방어벽을 단단히 친 학생이 이쪽 이야기를 듣는 도중 푹 빠져버려서, 퍼뜩 정신이 들자 '이런, 나도 모르게 선생의 말을 성실하게 끝까지 들어버렸군' 하고 후회해도 때는 이미 늦어서 쉬는 시간을 알리는 종소리가 울리고 있었다……라는 전개를 반드시 펼쳐나가고 싶은 법입니다.

그 태도 나쁜 '스무 살의 우치다'가 '자기도 모르게 끝까지 들어버린' 말이라면 상당히 유통기한이 긴 말이 아닐까요. 저는 그렇게 생각합니다.

글을 쓰는 경우에도 기본적인 자세는 같습니다. 제가 글을 쓸 때 상정하는 독자는 사실 '과거의 나'입니다. 그러므로 제가 시사평론 같은 글에서 선택하는 화제 자체는 아무래도 좋다고 생각합니다. 이 책은 타임머신에 실어 35년 전으로 보내서 그때 스무 살이었던 저 자신에게 읽혀도 '하고 싶은 말'이 대체로 전해지도록 썼습니다. '35년 전의 나'는 '야스쿠니 참배 문제'나 '이라크 침공' 등 여기서 다룬 화제 자체는 무엇인지 모릅니다. 하지만 이야기의 흐름상 '일본의 〈패전국 문제〉는 여전히 끝나지 않았구나'라거나 '미국은 두 번째 베트남 전쟁 같온 걸 이때도 하나 보네'라는 내용은 파악하리라 생각합니다. 그리고 그런 이슈의 밑바닥에 언제나 깔려 있는, '대체 어째서 이렇게 되는 것일까?'라는 사람과 세계의 양상에 대한 물음의 형태는 시대가 달라져도 그다지 변하지 않을 것입니다.

무엇에 관한 이야기인지는 몰라도 무슨 이야기를 하고 있는지는 안다. 다루는 화제에 대한 지식 유무에 관계없이 읽을 수 있는 글은 쓸 수 있다. 그런 글쓰기는 가능할 것이며, 그런 식으로 쓸 수 있다면 좋겠다고 생각합니다.

이 책에는 오리지널 단행본에 실린 글 외에 '보너스 트랙'으로 원고 두 개를 추가했습니다. 하나는 「섹스 워크—'섹스라는 일'과 자기결정권」. 이 글은 『응용윤리학 강의 5 성/사랑』(가나이 요시코 엮음, 이와나미쇼텐, 2004)에 실린 논문입니다. 이와나미에서 나온 딱딱하고 비싼 책이라서 아마 읽은 분이 적을 테니 '덤'으로 추가했습니다. 다른 하나는 「동물원의 평화를 칭찬한다」. 2005년 11월에 블로그에 쓴 글입니다. 이미 읽은 분도 많겠지만 이 책의 주제와도 관련이 깊어서 여기에도 싣기로 했습니다.

이번 문고화 때는 문예춘추의 야마모토 히로키 씨에게 큰 신세를 졌습니다. 늘 고맙습니다. 오리지널 단행본을 내주신 요센샤의 와타나베 히데키 씨를 비롯하여 이 책의 탄생에 관여하신 모든 분들, 그리고 이 책을 들고 계신 모든 분께 다시

한 번 감사의 인사를 전합니다. 여러분 고맙습니다.

2006년 4월 10일

우치다 타츠루

옮긴이의 말

어른의 사고방식

    이 책의 원제는 '아이는 이해해주지 않는다'. 원제가 이렇게 지어진 이유는 이 책이 표면적으로는 어른을 이해하려 들지 않는 '젊은이(=아이)들'을 독자층으로 상정하여 어른의 사고방식에 대해 '리포트'하는 것을 목적으로 삼고 있어서다. 저자는 서문에서 '어른 문화의 전문가'가 쓴 '적의 동정을 시찰한 리포트'로서 젊은 분들이 읽어주셨으면 한다고 말했다. 그러나 이 말을 곧이곧대로 믿고서 그저 '어른이 이렇게 생각한다고?' 하며 이 책을 읽어나간 독자분이라면 페이지를 몇 장 넘기지도 않은 시점부터 뭔가 이상하다는 느낌을 받을 것이다. 왜냐하면 사실 여기에는 '어른의 사고방식' 하면 떠오르는 좀 고지식하고 갑갑한 '옳은' 소리가 아니라 우치다 타츠루라는 학자의 낯

설지만 설득력 있는 생각이 담겨 있기 때문이다.

여러 주제를 다루는 책이지만 그중에서도 다양한 형태로 반복되는 주장이 있다면 '현실이 복잡할 때는 이야기도 복잡하게 하는 것이 일의 순서다(그러므로 옳은 것과 그른 것으로 사태를 단순화시켜서 〈옳음〉을 고집하면 안 된다)'와 '우리는 자신의 의견에 동의해주지 않는 사람들과도 공생해나가야 하며, 그들의 권리를 지키고 이해를 대표해야 한다'일 것이다.

이 두 주장은 본문의 예시에서도 엿보이듯, 막상 실제 상황에서 적용하려면 심리적 장벽에 부딪치는 경우가 많다. 나 역시 회사를 다니던 시절에는 부조리한 상황을 맞닥뜨리면 적절한 대안을 제시하여 합의를 이끌어내기보다는 그 상황을 비난함으로써 나의 '옳음'만을 주장하려 했고, 나와 정치적 입장이 다른 사람의 권리를 지키고 이해를 대표하기는커녕 그들과 말을 섞는 것조차 싫어했다. "사회가 원래 그런 곳이야" "월급에는 그런 걸 참는 비용도 포함되어 있는 거야"라는 말은 언제나 나를 납득시키기에는 역부족이었다.

그때 내 주위에 우치다 타츠루 같은 어른이 있어서 이렇게 명료한 말로 내 사고방식을 바꿔줬더라면 나는 조금 더 나은 인간이 될 수도 있었을 것이다(본인은 어른이 아니라고 말씀하시지만). 그러나 다행히 배움에 늦음이란 없다는 말이 진실인지, 이 적지 않은 분량의 책을 옮기며 여러 번 반복해서 곱씹다보니 번역이 끝날 무렵에는 세상이 그전과는 조금 달라 보이는 느낌이 들었다. 가령 어떤 사안에 대한 주장을 접하면 그것이 '어떻게'가 빠진 '옳은 말'("전쟁은 안 됩니다!" "환경을 보호합시다!")이 아닌지 살펴보게 되었다거나, 사태가 복잡할 때는 해결 방안도 복잡한 것이 당연하다고 생각하게 되었다거나.

책에 관해 가장 자주 인용되는 명언 중 하나는 아마도 카프카의 "책은 우리 내면의 얼어붙은 바다를 깨는 도끼여야 한다"라는 말일 것이다. 인용이 잦은 만큼 식상한 느낌도 들지만, 어쨌거나 독자가 책에 기대하는 가장 큰 역할은 고착화된 생각을 깨부수어 주는 것, 그리하여 책을 덮었을 때 그전과는 뭔가 달라진 느낌을 받게 해주는 것이 아닐까.

이 책을 읽는 분들께도 크건 적건 그런 '충격'이 전달된다면, 옮긴이로서 그보다 더 큰 보람은 없을 것이다.

2018년 12월
이지수

옮긴이 | 이지수

고려대학교와 사이타마대학교에서 일본어와 일본문학을 공부했다. 편집자로 일하나
가 번역자로 전향했다. 텍스트를 성실하고 정확하게 옮기는 번역가가 되기를 꿈꾼다.
『사는 게 뭐라고』, 『죽는 게 뭐라고』, 『아주 오래된 서점』, 『영화를 찍으며 생각한 것』,
『홍차와 장미의 나날』 외 다수의 책을 옮겼다.

말하기 힘든 것에 대해 말하기

초판 1쇄 발행 2019년 1월 15일

지은이 우치다 타츠루
옮긴이 이지수

펴낸곳 서커스출판상회
주소 서울 마포구 월드컵북로 400 5층 24호(상암동, 문화콘텐츠센터)
전화번호 02-3153-1311
팩스 02-3153-2903
전자우편 rigolo@hanmail.net
출판등록 2015년 1월 2일(제2015-000002호)

ⓒ 서커스, 2019

ISBN 979-11-87295-23-5 03150

이 도서의 국립중앙도서관 출판예정도서목록(CIP)은 서지정보유통지원시스템 홈페이지(http://seoji.nl.go.
kr)와 국가자료공동목록시스템(http://www.nl.go.kr/kolisnet)에서 이용하실 수 있습니다.(CIP제어번호:
CIP2018037590)